Dialogmarket
2022/2023

Deutscher Dialogmarketing Verband e. V.
(Hrsg.)

Dialogmarketing Perspektiven 2022/2023

Tagungsband 15. wissenschaftlicher interdisziplinärer Kongress für Dialogmarketing

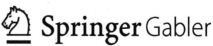

Hrsg.
Deutscher Dialogmarketing Verband e. V.
Frankfurt am Main, Hessen, Deutschland

ISBN 978-3-658-40752-0   ISBN 978-3-658-40753-7   (eBook)
https://doi.org/10.1007/978-3-658-40753-7

Die Deutsche Nationalbibliothek verzeichnet diese Publikation in der Deutschen Nationalbibliografie; detaillierte bibliografische Daten sind im Internet über http://dnb.d-nb.de abrufbar.

Planung/Lektorat: Marija Kojic
Springer Gabler ist ein Imprint der eingetragenen Gesellschaft Springer Fachmedien Wiesbaden GmbH und ist ein Teil von Springer Nature.
Die Anschrift der Gesellschaft ist: Abraham-Lincoln-Str. 46, 65189 Wiesbaden, Germany

Editorial

Dialog und persönlicher Kontakt sind durch nichts zu ersetzen!
Im September 2022 war es endlich wieder so weit: Nach zweijähriger Corona-bedingter Zwangspause war es dem Deutschen Dialogmarketing Verband e. V. (DDV) eine große Freude, das „Comeback" des wissenschaftlichen Kongresses verkünden zu können. Das deutschlandweit einzige Symposium seiner Art beleuchtete vor der Unterbrechung jeden Herbst die neuesten Erkenntnisse auf dem Gebiet der Forschung für Dialog- und Data-Driven-Marketing. Die durch Corona verursachte Unterbrechung haben wir aber genutzt: Der DDV hat im Herbst 2020 ein anderes Format für den Austausch zwischen Wissenschaft und Praxis ins Leben gerufen und den Kongress nicht einfach ins Netz verlegt. Wir haben gemeinsam mit den Dialogmarketingverbänden aus Österreich und der Schweiz die Reihe „Science Talks" gestartet und bis Anfang 2022 fortgesetzt. Diese internationale Kooperation, bei der Hochschullehrer aus allen drei Ländern in Webkonferenzen Forschungsprojekte präsentierten, diente vorrangig dem Transfer zwischen Wissenschaft und Praxis. Moderiert wurden die Vorträge jeweils von einem Praktiker, um auch damit dem Gedanken des Austauschs Rechnung zu tragen. Die insgesamt 22 Science Talks verzeichneten mehr als 500 Teilnehmer, die Aufzeichnungen – die immer noch im YouTube-Kanal des DDV verfügbar sind – wurden insgesamt mehr als 1000-mal abgerufen. Damit haben wir eine erfreulich große Reichweite erzielt und die Diskussionen länderübergreifend gefördert.

Auch wenn der Dialog in der Pandemie digital stattfand und spezifische Vorteile mit sich brachte – der persönliche Austausch, die spannenden Diskussionen und der Know-how-Transfer vor Ort mit Wissenschaftlern und Praktikern sind wichtige Bestandteile des wissenschaftlichen Kongresses, die sich virtuell nicht eins zu eins abbilden lassen. Deshalb war es uns eine große Freude, am 28.

September 2022 an der Goethe-Universität in Frankfurt mit dem 15. wissenschaftlichen interdisziplinären Kongress für Dialogmarketing die Veranstaltungsreihe wieder aufzunehmen. Seit dem Start im Jahr 2006 ist es zentrales Anliegen der Tagung, Wissenschaftler und Praktiker in den Dialog miteinander zu bringen. Und zugleich sollen die unterschiedlichen Disziplinen, die zum Dialog- und Data-Driven-Marketing forschen, miteinander vernetzt werden. Bei dem jährlich im Herbst an einer anderen Hochschule durchgeführten Symposium präsentieren deshalb Wissenschaftler unterschiedlicher Fachrichtungen aktuelle Forschungsergebnisse und diskutieren diese mit Praktikern und Kollegen. 2022 spannten die Vortragsthemen einen Bogen vom Metaverse über die Customer Journey und das Customer Success Management bis hin zu Voice Marketing und den ökonomischen Auswirkungen höherer Privacy-Anforderungen an werbetreibende Unternehmen. Der Kongress bot damit wieder ein tagesfüllendes, spannendes Programm.

Auch in diesem Jahr war die feierliche Verleihung der Alfred Gerardi Gedächtnispreise der Höhepunkt des Kongresses. Mit dem Alfred Gerardi Gedächtnispreis, benannt nach dem früh verstorbenen DDV-Präsidenten und Nestor des Dialogmarketings in Deutschland, zeichnet der Verband nun schon seit dem Jahr 1986 Dissertationen und Abschlussarbeiten zu Themen des Dialog- und Data-Driven-Marketings aus. 2020 und 2021 mussten die Verleihungen digital stattfinden und deshalb war es auch für unseren wissenschaftlichen Nachwuchspreis ein besonderes Erlebnis, Preisträger, Jury und die Schirmherrin des Wettbewerbs, Mary-Victoria Gerardi-Schmid, wieder persönlich zu treffen. Wie gute Tradition, stellten die Preisträger in Kurzreferaten die Themen und zentralen Ergebnisse ihrer Arbeiten vor. Diese Präsentationen bereichern die Konferenz durch die Perspektive des wissenschaftlichen Nachwuchses.

Nur durch das Engagement und die Unterstützung durch Institutionen, Unternehmen und einzelne Personen konnten wir den Kongress und den vorliegenden Tagungsband realisieren. Unser herzlicher Dank gilt deshalb: Prof. Dr. Bernd Skiera, Goethe-Universität Frankfurt, für die freundliche Aufnahme am Campus Westend und die Einblicke sowohl in die Geschichte der Goethe-Universität als auch in seine Forschungsschwerpunkte. Nikolaus von Graeve, rabbit eMarketing GmbH, für die kundige Tagungsleitung und Moderation. Den Referenten und Autoren für ihre spannenden Beiträge zur Veranstaltung und zum vorliegenden Band. Der Jury des Alfred Gerardi Gedächtnispreises, die die zahlreichen Bewerbungen gesichtet und die Preisträger ausgewählt hat. Und natürlich allen Nachwuchskräften, die ihre Abschlussarbeiten und Dissertationen beim Wettbewerb eingereicht haben. Unser Dank geht insbesondere an Mary-Victoria

Gerardi-Schmid, die den Award seit Anbeginn begleitet und – ebenfalls nach zwei „digitalen Jahren" – die Ehrungen 2022 wieder persönlich übergeben hat.

Danken möchten wie nicht zuletzt den Partnern und Sponsoren, die den Kongress, den vorliegenden Band und den Alfred Gerardi Gedächtnispreis mit ihrem Engagement erst möglich machen: Es sind diese neben den Partnerverbänden DMVÖ, SDV und KVD die below GmbH, Call+Care Agentur für Kundendialog GmbH, Jahns and Friends Agentur für Dialogmarketing und Werbung AG sowie zahlreiche Medienpartner. Exklusiver Sponsor des Alfred Gerardi Gedächtnispreises ist die Printus GmbH. Der DDV bedankt sich herzlich für ihr Engagement bei allen Sponsoren und Partnern.

Ich wünsche Ihnen viele neue Erkenntnisse und Anregungen durch den vorliegenden Band und würde mich freuen, Sie im Herbst 2023 zum nächsten Kongress dann hoffentlich auch wieder persönlich begrüßen zu können. Denn: Dialog und persönlicher Kontakt sind durch nichts zu ersetzen!

Kontakt
Martin Nitsche
Präsident
DDV Deutscher Dialogmarketing Verband e. V.
Hahnstraße 70, 60528 Frankfurt, Deutschland
info@ddv.de

Inhaltsverzeichnis

Macht Dialogmarketing Unternehmen agiler?

Frank Hannich, Reto Heierli und Michèle Rettenmund

Inhaltsverzeichnis

Zusammenfassung

Unternehmen sehen sich mit stetigem Wandel konfrontiert, resultierend aus verändertem Kundenverhalten und einem deutlich komplexeren Unternehmensumfeld. Die Dynamik steigt, Unternehmen sollten schneller darauf reagieren, benötigen dafür aber mehr Zeit. Um als Unternehmen in der heutigen VUCA-Welt Schritt halten zu können, stellt Agilität mitunter eine notwendige Voraussetzung dar. Ziel dieses Beitrags ist es zu untersuchen, inwiefern Dialogmarketingmaßnahmen die Agilität von Unternehmen fördern. Dafür

F. Hannich (✉) · R. Heierli · M. Rettenmund
Institut für Marketing Management, ZHAW School of Management and Law, Winterthur, Schweiz
E-Mail: frank.hannich@zhaw.ch

R. Heierli
E-Mail: reto.heierli@zhaw.ch

M. Rettenmund
E-Mail: michele.rettenmund@zhaw.ch

© Der/die Autor(en), exklusiv lizenziert an Springer Fachmedien Wiesbaden GmbH, ein Teil von Springer Nature 2023, Deutscher Dialogmarketing Verband e. V. (Hrsg.), *Dialogmarketing Perspektiven 2022/2023*, https://doi.org/10.1007/978-3-658-40753-7_1

werden in einem ersten Schritt die Charakteristika des Dialogmarketings herausgearbeitet und aufgezeigt, inwiefern damit Kundennähe geschaffen werden kann. Darauf folgt die Darlegung des vielschichtigen Themas „Marketing Agility" anhand des literaturbasierten Frameworks von Kalaignanam et al. und des „Agile Marketing Manifesto", welches von Marketingpraktikern im Rahmen von Community-Diskussionen erarbeitet wurde und bis heute stetig weiterentwickelt wird. Die bestehenden Erkenntnisse aus Literatur und Praxis werden daraufhin mit fünf Experteninterviews angereichert, wobei sowohl Einsichten in den Zusammenhang zwischen Agilität und Dialogmarketingmaßnahmen gewonnen als auch Anforderungen an Agilität in der Praxis diskutiert werden. Es zeigt sich, dass diverse Anforderungen erfüllt sein müssen, um als Unternehmen agil zu sein. Dazu zählen unter anderem flache Hierarchien, interdisziplinäre und kanalübergreifende Teams, Automatisierung mit Echtzeitreaktion und Feedbackprozesse. Die Frage, ob bestimmte Dialogmarketingmaßnahmen besonders stark oder nur wenig zu agilem Marketing beitragen können, kann aufgrund der Ergebnisse nicht eindeutig beantwortet werden. Es scheint eine Wechselwirkung zwischen Dialogmarketing und Marketing Agility zu geben. Dialogmarketing übt mutmaßlich mit all seinen Vorteilen einen positiven Einfluss auf die Agilität im Marketing aus. Gleichzeitig braucht es Agilität, um modernes Dialogmarketing zu betreiben. Obwohl die Forschungsfrage „Macht Dialogmarketing Unternehmen agiler?" nicht eindeutig beantwortet wird, ist klar, dass sich weitere Forschung sowohl für Marketingwissenschaft als auch Unternehmenspraxis lohnt.

Schlüsselwörter

Marketing Agility • Dialogmarketing • Agile Marketing Manifesto • Sensemaking • Unternehmens-Agilität • Kundenfeedback

1   Einleitung – Agilität ist Notwendigkeit und Erfolgsvoraussetzung im Marketing

Wandel ist zum stetigen Begleiter vieler Unternehmen geworden. Die Art und Weise, wie Kundinnen Kunden mit Marken interagieren, einkaufen und über welche Kanäle und Touchpoints sie mit den Unternehmen in Kontakt treten, hat sich in den letzten Jahren maßgeblich verändert (Swaminathan et al., 2020). Folglich betrachten Forscher das Einkaufen nicht mehr als linearen Weg, sondern als Customer Journey (Lee et al., 2018). Auch das Unternehmensumfeld selbst ist vielen Veränderungen unterworfen, wie der digitalen Transformation in Kombination mit einer Flut von Kundendaten (Swaminathan et al., 2020) und der sich schnell verändernden Wettbewerbs-Dynamik. Heierli et al. (2019) sprechen in diesem Zusammenhang auch von der sogenannten „Zeitschere", welche erstmals von Bleicher (2011, S. 59) erwähnt wurde. Aufgrund der zunehmenden Dynamik steht den Unternehmen weniger Zeit zur Verfügung, um Entscheidungen zu treffen, obwohl sie aufgrund der wachsenden Komplexität mehr Zeit benötigen würden. Es besteht also die Notwendigkeit, eine Möglichkeit zu finden, wie sich Unternehmen intern verändern und extern mit ihrer Umgebung interagieren können, um mit der VUCA-(Volatility, Uncertainty, Complexity und Ambiguity)-Umwelt bestmöglich umzugehen. In diesem Zusammenhang hat sich das Konzept der „Marketing Agility" zunehmend zu einem Schwerpunkt entwickelt (Kalaignanam et al., 2021). In der Forschung wird Agilität als zentrale Marketing-Disziplin (Lewnes, 2021) und als entscheidender Faktor für Service Excellence deklariert (Homburg et al., 2020). Nicht nur die Forschung, sondern auch renommierte Unternehmen wie PwC und McKinsey setzen sich intensiv mit Agilität im Marketing auseinander. Dies verdeutlicht einmal mehr, wie relevant dieses Thema aktuell ist, um als Unternehmen in dieser sich stetig wandelnden Umwelt langfristig bestehen zu können.

Ziel dieses Beitrags ist zu überprüfen, ob Dialogmarketing als Marketingform, die zu einer direkten Kundenreaktion anregt und die Kundennähe fördern will, zur Marketing Agility beitragen kann. Die zentrale Forschungsfrage ist also: Macht Dialogmarketing Unternehmen agiler im Marketing? Mit hoher Wahrscheinlichkeit kann diese Frage nicht einfach mit Ja oder Nein beantwortet werden, sodass eine ergänzende Forschungsfrage ist, unter welchen Voraussetzungen Dialogmarketing Unternehmen agiler im Marketing macht. Diese Forschungsfragen sollen hier explorativ auf der Basis der bestehenden Literatur und auf ausgewählten Experteninterviews untersucht werden.

2   Charakteristika des Dialogmarketings

Heinrich Holland (2016) beschreibt Dialogmarketing als Nachfolger des Direktmarketings. Direktmarketing „*... umfasst alle Marketinginstrumente, die eingesetzt werden, um eine gezielte und direkte Interaktion mit Zielpersonen aufzubauen und dauerhaft aufrecht zu erhalten, und hat das Ziel, eine messbare Reaktion (Response) auszulösen" (Holland, 2016, S. 11)*. Die Begriffe Direkt- und Dialogmarketing sind weitgehend Synonyme, wobei im Dialogmarketing der Fokus stärker auf den

Aufbau dauerhafter Kundenbeziehungen gelegt wird, während Direktmarketing stärker auf eine unmittelbare Reaktion der Zielpersonen ausgerichtet ist.

Dialogmarketing bringt im Vergleich zu anderen Marketingmaßnahmen viele Vorteile mit sich. Die Kommunikation findet zweiseitig statt. Angesprochene Personen haben die Möglichkeit, auf die Werbebotschaft zu reagieren, die Streuverluste fallen geringer aus und das Unternehmen generiert Wissen über die individuellen Kundenbedürfnisse, das vielseitig genutzt werden kann. Insbesondere ermöglichen die Reaktionen der Kunden, Veränderungen im Markt schnell zu erkennen und darauf zu reagieren – sprich agiler zu werden, wie im folgenden Abschnitt ausgeführt wird. Mittels Dialogmarketing ist es für Unternehmen möglich, den Austausch mit den Kundinnen und Kunden sowohl zu initiieren als auch zu intensivieren und damit die Bindung zu stärken (Holland, 2021). Denn *„in Zukunft können nur solche Unternehmen erfolgreich sein, die sich eng an ihren Kunden orientieren" (Holland, 2021)*.

Die gezielte und individuelle Ansprache der Zielgruppen mittels Dialogmarketing hat in den letzten Jahren an Bedeutung gewonnen und das nicht ohne Grund. Der Wettbewerb nahm spürbar zu, was zu gesättigten Märkten führte. Gleichzeitig werden die Produkte immer ähnlicher und austauschbarer, während die Kundenloyalität als Folge daraus sinkt (Holland, 2021).

Der stetige und wechselseitige Austausch mit den Kundinnen und Kunden, welcher durch den Einsatz von Dialogmarketingmaßnahmen angestrebt wird, führt somit einerseits zu mehr Agilität (u. a. in Form von einer höheren Reaktionsfähigkeit) und schafft andererseits noch mehr Kundennähe. Kundennähe, welche in der heutigen, von einer zunehmenden Dynamik und Komplexität geprägten Zeit eminent wichtig ist, um mit dem sich ständig wandelnden Markt- bzw. Unternehmensumfeld Schritt halten zu können.

Die Vorteile des Dialogmarketings für die Kundennähe spiegeln sich auch in den Zahlen wider. Der Dialogmarketing-Monitor 2022 der Deutschen Post (2022) zeigt, dass, nachdem der deutsche Werbemarkt im Jahr 2020 einen Dämpfer erlitten hat, sich dieser ein Jahr später bereits wieder erholt hat. So ist der Gesamtmarkt von 2020 auf 2021 um rund 6 % auf 41,8 Mrd. EUR gewachsen. Im Vergleich zum Vorjahr wuchs der Markt für Dialogmarketing um knapp 8 % und hat sich somit deutlich besser erholt als der Werbemarkt für Klassikmedien[1] mit einem Wachstum von knapp 5 %. Dementsprechend stellten Dialogmedien den stärkeren Wachstumstreiber dar und erreichten mit Ausgaben von 22,0 Mrd. EUR (52,6 % der gesamten Werbeausgaben) einen bisherigen Höchstwert. Schaut man sich die Ausgaben von Dialog- und Klassikmedien in Deutschland der vergangenen zehn Jahre an, so ist spannend zu sehen, dass die

Ausgaben für Dialogmedien[2] im Jahr 2020 erstmals höher waren als diejenigen der Klassikmedien, welche bis und mit 2019 stets höher ausfielen.

3   Marketing Agility und seine Anforderungen

Obwohl Marketing Agility immer wichtiger wird, war lange Zeit nicht klar, was darunter zu verstehen ist. Kalaignanam et al. (2021) haben diesbezüglich vor Kurzem ein Framework publiziert, welches Struktur in dieses vielschichtige Thema bringen soll (siehe Abb. 1). Das Ziel der Autoren ist die Aufstellung einer Forschungsagenda und sie werfen damit ähnlich viele Fragen auf, wie sie beantworten. Auf Basis der Literatur definieren Kalaignanam et al. (2021, S. 36) Marketing Agility wie folgt: *„Marketing agility refers to the extent to which an entity rapidly iterates between making sense of the market and executing marketing decisions to adapt to the market."*

Im Zentrum des Frameworks steht der iterative Prozess zwischen „Sensema-king" und „Marketing Decisions". Sensemaking stellt die Fähigkeit eines Unternehmens dar, unerwartete Entwicklungen im Markt zu erkennen, einzuordnen, ein gemeinsames Verständnis dafür zu entwickeln und darauf basierend weitere Erkenntnisse zu erlangen. Diese führen iterativ zu (besseren) Marketingentscheidungen. Iterativ bedeutet in diesem Zusammenhang, Marketingentscheidungen

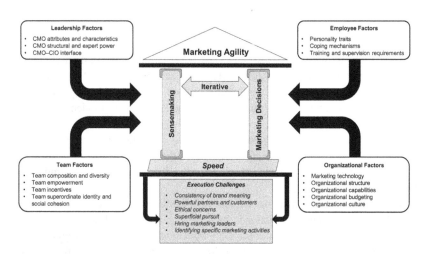

Abb. 1 Marketing Agility Framework (Kalaignanam et al., 2021, S. 38)

wiederholt anzupassen respektive zu überarbeiten, bevor sie skaliert werden. Dem iterativen Prozess unterliegt der Faktor „Speed" – eine Schlüsselkomponente der Agilität. Im Falle von Marketing Agility bezieht sich die Geschwindigkeit (Speed) auf die Zeit, die Unternehmen benötigen, um Marktveränderungen wahrzunehmen, entsprechende Maßnahmen einzuleiten, Rückmeldungen einzuholen und die Entscheidung anzupassen (Kalaignanam et al., 2021).

Kalaignanam et al. (2021) unterstreichen auf der einen Seite die Wichtigkeit von Agilität im Marketing, merken auf der anderen Seite aber auch an, dass Agilität nicht zwingend für alle Marketingentscheidungen geeignet ist. Dies bestätigt auch die Studie von Rüeger et al. (2018). Sie konnten aufzeigen, dass ein Unternehmen beides benötigt – sowohl Agilität als auch Beständigkeit. Insbesondere beim Brand Management ist eine gewisse Kontinuität entscheidend. Diese Erkenntnis deckt sich mit der ermittelten Herausforderung von Agilität betreffend Konsistenz der Markenbotschaft (Kalaignanam et al., 2021). Die Kombination von Agilität und Stabilität scheint sich vor allem auch in der Praxis bewährt zu haben. Eine Studie von McKinsey & Company konnte bereits zuvor aufzeigen, dass Managementpraktiken mittels Kombination von Schnelligkeit und Stabilität zu besseren Ergebnissen führen (Bazigos et al., 2015). Um herauszufinden, ob der Einsatz von agilen Methoden sinnvoll ist, hat sich in der Praxis unter anderem die Stacey Matrix (Diehl, 2021) durchgesetzt. Dabei stellen sich jeweils zwei Fragen:

- Wie komplex ist das zu lösende Problem?
- Wie klar respektive unklar ist die Lösung für dieses Problem?

Ist das Problem relativ einfach und das Vorgehen bekannt und/oder wurde bereits erprobt, kommen keine agilen Methoden zum Einsatz. Wird das Problem jedoch zunehmend komplexer oder sogar chaotisch, was zur Eruierung von allenfalls noch unbekannten Lösungsansätzen führt, sollten agile Methoden eingesetzt werden.

Kalaignanam et al. (2021) haben auf Basis von Literatur und Interviews vier Gruppen von Faktoren identifiziert, um Marketing Agility zu ermöglichen: „Organizational Factors", „Leadership Factors", „Team Factors" und „Employee Factors".

Innerhalb der „Organizational Factors" spielt Marketing Technology eine entscheidende Rolle. Der unzureichende Zugang zu zeitnahen und relevanten Daten kann ein wesentliches Hindernis für die Umsetzung von Marketing Agility sein. Investitionen in diesem Bereich können Marketingverantwortlichen dabei helfen, Chancen und Trends zu erkennen und zeitnah auf die Marktveränderungen zu reagieren. Darüber hinaus ist es auf organisatorischer Ebene elementar, die Autonomie der jeweiligen Teams zu gewährleisten. Gleichzeitig braucht es flexible Strukturen, die die funktionsübergreifende Zusammenarbeit und die gegenseitige Übertragung von Wissen fördern.

Organisatorische Faktoren können sich auch auf die „Team Factors" auswirken. Die zunehmende Autonomie führt gleichzeitig zum Abbau bürokratischer Maßnahmen, was die Mitarbeitenden dazu befähigt, neue Situationen effektiver zu erkennen und darauf reagieren zu können. Durch das iterative Lernen und Experimentieren ist Marketing Agility unweigerlich mit Rückschlägen und Fehlern verbunden. Es sind demzufolge Anreizstrukturen erforderlich, die der Wahrscheinlichkeit von Misserfolgen Rechnung tragen. Ebenso wichtig ist das Vorhandensein einer Fehlerkultur in einer Organisation. Mitarbeitende sollen dazu ermutigt werden, angemessene Risiken einzugehen, ohne sie für kleine Misserfolge zu bestrafen.

Die Rolle des Leaders darf bei der Förderung von Marketing Agility nicht unterschätzt werden. Dabei sollten sie zum einen über folgende drei Eigenschaften verfügen:

1. Der Leader soll ein starkes Augenmerk auf die strategische Entwicklung legen und damit über strategische Sensibilität verfügen.
2. Unter den Führungskräften muss Einigkeit herrschen, um schnelle und mutige Entscheidungen treffen zu können, ohne sich in eine „Win-Lose"-Politik zu verstricken.
3. Führungskräfte sollten in der Lage sein, Kapazitäten und Fähigkeiten zu analysieren und situationsbedingt schnell anzupassen.

Bereits zehn Jahre zuvor kam in der Praxis der Wunsch nach einer Definition von Marketing Agility auf. Auf Basis von Marketing-Community-Diskussionen entstand Mitte 2012 sodann das „Agile Marketing Manifesto", welches bis heute iterativ und mit agilen Methoden weiterentwickelt wird.

Auf Basis der letzten Iteration im Jahr 2021 haben sich fünf Anforderungen an das agile Marketing herauskristallisiert (siehe Abb. 2), welche nachfolgend erläutert werden (Agile Marketing Manifesto, 2021a):

1. Sobald die Bedürfnisse der Kundinnen und Kunden im Zentrum stehen, können relevantere und gezieltere Marketingprogramme kreiert werden. Mit anderen Worten: Kreiere „die richtigen Dinge" und nicht prinzipiell „mehr Dinge". Ein Unternehmen soll sich somit wirklich auf das konzentrieren, was

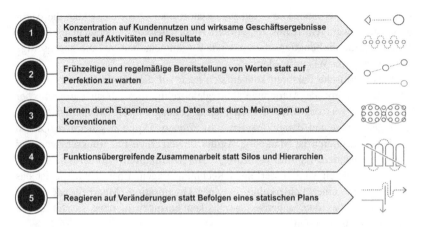

Abb. 2 Agile Marketing Manifesto. (in Anlehnung an Agile Marketing Manifesto, 2021a)

seinen Kundinnen und Kunden den größten Nutzen bringt und wie sich das wiederum auf das Unternehmen auswirkt.

2. Anstatt abzuwarten, bis alles „perfekt" ist, sollten Unternehmen bereits früher im Zyklus ihre Produkte und Dienstleistungen anbieten. Ziel dabei ist es, die Rückmeldungen der Kundinnen und Kunden zu nutzen, um von ihnen zu lernen und damit die Produkte und Dienstleistungen stetig zu verbessern und ihren Bedürfnissen anzupassen. Wenn ein Unternehmen also darauf wartet, bis alles perfekt ist, nimmt es sich die Chance, von seinen Kundinnen und Kunden zu lernen. Ebenso führt das Streben nach Perfektion zu langen Produktionszyklen und einem Big-Bang-Ansatz.

3. Daten sind heute die Basis für valide Marketingentscheidungen. Mithilfe von Experimenten können diese gesammelt und entsprechende Learnings daraus generiert werden. Es handelt sich damit um einen Prozess der Validierung von Erkenntnissen durch die Feedback-Schleife „umsetzen, messen, lernen" und nicht darum, Konventionen zu folgen oder auf der Grundlage der Meinung der bestbezahlten Person im Raum zu entscheiden, was das Beste ist.

4. Zusammenarbeit mit Ausrichtung auf den Kunden und dessen Bedürfnisse führt zu besserem Marketing als die Befolgung hierarchischer Entscheidungsprozesse. Silos führen zum Verlust von Fachwissen innerhalb einer Organisation, was die Kundenorientierung und somit auch das Erfüllen von Kundenbedürfnissen mindert.

5. Agile Unternehmen müssen in der Lage sein, auf (globale) Marktveränderungen reagieren zu können und damit von starren Plänen abzuweichen. Wer
das nicht kann, bedient die Zielgruppe nicht ausreichend und erzielt schlechte
Ergebnisse.

Beim Vergleich zwischen dem Marketing Agility Framework und dem Agile
Marketing Manifesto sind viele Parallelen erkennbar. Beide Ansätze sehen iterative Prozesse mittels des Einsatzes von Experimenten als zentrale Anforderung
an Marketing Agility. Der iterative Prozess ist das Kern-Element im Framework
und findet sich indirekt in fast allen Punkten des Agilen Marketing Manifestos
wieder. Marketingmaßnahmen sollen aus den daraus abgeleiteten Ergebnissen
getroffen werden. Ein weiterer Punkt, der sich stark überschneidet, ist die Team-
Struktur. Teams sollen weitestgehend selbstständig agieren können. Gleichzeitig
muss die funktionsübergreifende Zusammenarbeit gesichert werden, um Silos zu
vermeiden.

4 Interviews mit Branchenexpertinnen und -experten

Neben der Recherche der wissenschaftlichen Literatur und Einbezug prominenter
Praxisstudien wurden auch fünf ausgewiesene Praxisexperten für Dialogmarketing interviewt. Hierbei wurden sowohl Dienstleister der Dialogmarketingbranche
einbezogen, die jeweils Einblick in zahlreiche Kundenunternehmen haben, als
auch bedeutende Anwendende von Dialogmarketing, sodass sich ein differenziertes Bild ergibt, jedoch bei Weitem kein repräsentatives. Alle Expertinnen und
Experten sind Teil der Dialogmarketingbranche und insofern auch nicht unabhängig im Sinne der Forschungsfrage – was in mehreren Interviews auch von
den Antwortenden selbst angesprochen wurde. Dafür können sie auf breite eigene
Erfahrung und zahlreiche Beobachtungen zurückgreifen, was die Voraussetzungen
und Erfolgsfaktoren für Agilität im/durch Dialogmarketing betrifft.
Sämtliche Interviews fanden zwischen dem 12.09.2022 und dem 16.09.2022
statt, dauerten zwischen 37 und 56 min und wurden mit Zustimmung der
Interviewten aufgezeichnet. Die Tab. 1 zeigt die interviewten Expertinnen und
Experten.
Die Expertinnen und Experten waren sich weitgehend einig, die Hauptfor-
schungsfrage mit „Ja" zu beantworten, wobei direkt auch verschiedene Voraussetzungen hierfür genannt wurden. Etwas kritischer äußerte sich die Expertin

Tab. 1 Befragte Expertinnen und Experten

Expertin/Experte	Tätigkeit
Roger Muffler	Inhaber rogermuffler.gmbh, ehemaliger Präsident Schweizer Dialogmarketing Verband (SDV)
Ruth Wagner	CEO bei One Marketing Services AG
Tobie Witzig	Managing Partner bei Qmart AG, Partner Nemuk AG
Alexandra Brunner	Abteilungsleiterin Direktmarketing bei Migros-Genossenschafts-Bund (Cumulus Programm)
Daniel Schönmann	Leiter Kompetenzcenter bei Dialogmarketing & Communication bei Die Schweizerische Post

Alexandra Brunner: „Ich glaube nicht, dass Dialogmarketing alleine Unternehmen agil machen kann. Ich glaube aber auch, dass Dialogmarketing ein Medium ist, um Kundenfeedback aufzunehmen."

Neben der Hauptforschungsfrage wurden in den Interviews vor allem Voraussetzungen und Erfolgsfaktoren für Agilität durch Dialogmarketing thematisiert sowie ob sich bestimmte Dialogmarketingmaßnahmen besser oder schlechter eignen, um Agilität in den Unternehmen zu fördern. Der folgende Abschnitt diskutiert die Hauptforschungsfrage entlang der im Agile Marketing Manifesto formulierten Anforderungen und stellt eine Synthese aus den Erkenntnissen aus der Literatur und den Interviews dar.

5   Synthese von Anforderungen der Literatur und Interviews

Die im Agile Marketing Manifesto formulierten Prinzipien und Werte sollen hier als Messlatte dienen, ob Dialogmarketing das Marketing in Unternehmen agiler macht, indem es zur Erreichung dieser Werte beiträgt. Hierfür werden jeweils die Prinzipien nochmals kurz erläutert und dann die Erkenntnisse aus der Literatur und den Interviews dazu zusammengezogen.

Konzentration auf Kundennutzen und wirksame Geschäftsergebnisse anstatt auf Aktivitäten und Resultate
Die Basis für Marketingentscheidungen über Pläne und Maßnahmen soll fokussiert der Kundennutzen sein, statt einfach möglichst viel Aktivität zu entfalten.

Gerade die zunehmend komplexe und dynamische Umwelt verleitet zu immer hektischerer Aktivität (Agile Marketing Manifesto, 2021b). Holland betont, dass der 1:1-Marketing-Ansatz im Dialogmarketing gut geeignet ist, um für hohe individuelle Relevanz und damit Wertschöpfung aus Kundensicht (Holland, 2016, S. 33 ff.) zu sorgen. Die damit verbundene starke Verringerung von Streuverlusten ist also ganz im Sinne des agilen Marketings. Ebenso sind eine starke Ergebnisorientierung und Messbarkeit im Dialogmarketing vorhanden, die idealerweise auf dieses Prinzip einzahlen. Dies wurde auch von den Interviewpartnern so gesehen. In zwei der Interviews wurde aber auch vor kurzsichtigen oder mittelfristig irreführenden Kennzahlen gewarnt, insbesondere weil sie sich wie z. B. Öffnungsraten von Newslettern nur auf die unmittelbare Reaktion der Kundinnen und Kunden beziehen. Hier besteht dann die Gefahr, dass doch reine Aktivität vor Kundennutzen gestellt wird.

Frühzeitige und regelmäßige Bereitstellung von Werten, statt auf Perfektion zu warten
Dieses Prinzip betont den iterativen Ansatz des agilen Arbeitens. Durch frühzeitiges Testen und damit auch frühzeitigen Einbezug der Zielgruppen werden früh Erkenntnisse gewonnen, ob und mit welchen Aspekten ein Mehrwert für die Kunden geschaffen wird, statt ohne Kundenfeedback erst die perfekte Lösung anzustreben (Agile Marketing Manifesto, 2021c). Die Anforderung, Kampagnen iterativ aufzusetzen mit Nutzung von Lerneffekten, ist sehr gut möglich mit Dialogmarketing und Teil der Philosophie des Dialogmarketings. Gerade der Philosophieaspekt des Dialogmarketings wurde in den Experteninterviews verschiedentlich betont. Ein Dialog ist ja gerade in viele kurze Elemente aufgeteilt, die auf die Beiträge des Gegenübers reagieren und darauf angepasst sind. Es gibt aber auch noch große und starre Big-Bang-Dialogmarketingkampagnen und reine Einzelaktionen (z. B. weil das Budget nur für genau einen Schnellschuss reicht) ohne Iterationen, wie verschiedene Dialogmarketingdienstleister unter den Interviewpartnern betonen.

Reagieren auf Veränderungen statt Befolgen eines statischen Plans
Starre Planung riskiert, Veränderungen bei einzelnen Kaufenden oder ganzen Märkten zu verpassen und nicht mehr ausreichenden Mehrwert für die Zielgruppen zu schaffen (Agile Marketing Manifesto, 2021d). Dass Dialogmarketing immer auf eine direkte Reaktion ausgelegt ist, ermöglicht zumindest, die Informationen frühzeitig zur Verfügung zu haben, um die notwendigen Veränderungen einzuleiten. Ein Zitat einer der Expertinnen illustriert die Vorteile des Dialogmarketings:

„Wir sehen immer, wie viele Leute ein Angebot gesehen haben und wie viele reagiert haben. Wir können Anpassungen auf der Basis machen, was besser funktioniert hat. Wir haben schnell Feedback und das macht uns agil." Alexandra Brunner

Es ist aber nicht automatisch garantiert, dass diese Informationen auch dokumentiert, analysiert und weitergegeben werden und dass die internen Prozesse auch eine schnelle Reaktion darauf ermöglichen, wie verschiedene Experten betont haben. Hier kommt auch zum Tragen, dass Dialogmarketing häufig in Zusammenarbeit mit externen Dienstleistern oder von eigenen Bereichen im Unternehmen umgesetzt wird. Nur wenn entweder die Reaktionsmöglichkeit in den Dialogmarketingteams vorliegt oder der Informationsfluss einwandfrei funktioniert, kann das Dialogmarketing auch zur Erfüllung dieses Prinzips beitragen.

Lernen durch Experimente und Daten statt durch Meinungen und Konventionen
Dieses Prinzip des agilen Marketings ist aus Dialogmarketingsicht sehr verwandt mit dem vorigen und insofern gilt hier ebenfalls, dass das Dialogmarketing ebenso einen großen Beitrag leisten kann, wenn die organisatorischen und unternehmenskulturellen Voraussetzungen vorhanden sind. Es geht hier ebenfalls darum, zu testen und die gewonnenen Erkenntnisse zu nutzen, um bessere und effektivere Marketingentscheidungen zu treffen. Dialogmarketing unterstützt also klar mit der Generierung von relevanten Daten den organisatorischen Faktor von Marketing Agility. Wenn die Daten aus der Kundenreaktion jedoch nicht beachtet werden, gar nicht zurückfließen oder keine Reaktionsmöglichkeit im Sinne von Empowerment besteht, dann besteht das Potenzial, weiter in die falsche Richtung zu rennen. Einerseits sind Feedback-Schleifen notwendig im Sinne von „umsetzen, messen, lernen", die gegebenenfalls auch bisherige Erkenntnisse und Gewohnheiten infrage stellen, und andererseits müssen starre Hierarchien infrage gestellt werden, da die besten Informationen am Frontend ankommen (Agile Marketing Manifesto, 2021e).

Holland schreibt: „Ein Hauptvorteil des Dialogmarketing liegt in der schnellen und eindeutigen Messbarkeit des Erfolges einer Aktion. Der Erfolg einer Aktion ist schon nach kurzer Zeit zu beurteilen. Die Messbarkeit des Erfolges mit der eindeutigen Zuordnungsmöglichkeit von Kosten und Erträgen erlaubt eine genaue Rentabilitätsberechnung und die Durchführung von Tests zur Optimierung der Werbeansprache" (Holland, 2016, S. 39). Dass Test and Learn in der Dialogmarketing-DNA vorhanden ist, ergaben auch die Interviews. Alle Experten und Expertinnen betonten, dass Dialogmarketingmaßnahmen immer schnell und individuell Feedbackdaten generieren. Die Vielfältigkeit der Daten sei aber oft eingeschränkt, weil zum Beispiel nur die unmittelbare Reaktion oder rein die direkten zusätzlichen Absätze gemessen werden oder Feedback-Kreisläufe nicht vorhanden sind. Roger Muffler betont in einer Aussage, wie sehr sich dieses Prinzip mit der Dialogmarketingphilosophie deckt:

> *„Wir erhalten immer eine Response, messen sie und reagieren darauf. Das ist der Kern, das Wesen des Dialogmarketings, das es gegenüber anderen Marketingformen auszeichnet."* Roger Muffler

Alexandra Brunner ergänzte noch den Aspekt, dass das agile Vorgehen auch ein Konfliktlösungsmechanismus ist, der das Zusammenprallen unterschiedlicher Meinungen ohne ausreichende Datenbasis verhindert und so zu fundierteren Entscheidungen beiträgt.

> *„Lass es uns doch testen."* Alexandra Brunner

Funktionsübergreifende Zusammenarbeit statt Silos und Hierarchien

Das Agile Marketing Manifesto (2021f.) formuliert die Überzeugung, dass kooperatives, funktionsübergreifendes Marketing zu überlegenen Ergebnissen für die Kundinnen und Kunden führt und auch zur besseren Nutzung und Ausbau des vorhandenen Wissens. Ebenso werden im Rahmen der Team Factors flache Hierarchien und Empowerment von Teams als Voraussetzungen von Marketing Agility benannt. Dies wird auch von der Mehrheit der Befragten betont. Insbesondere, dass Dialogmarketing durch interdisziplinäre Teams ausgeführt werden sollte und dass Empowerment und flache Hierarchien notwendig sind. Als interdisziplinäres Wissen, das notwendig sei, wurden Medien, Daten und Technologie genannt und auch, dass dies am besten durch agile Teams abbildbar sei.

Zwei Experten kamen zu dem Schluss, dass Unternehmen agil arbeiten müssen, um Dialogmarketing zu betreiben mit Empowerment und flachen Hierarchien. Hinzu kommt, dass crossmediale Kampagnen nicht die Ausnahme, sondern die Regel sind, was sich in der formulierten Anforderung ausdrückt, dass auch jeweils Expertenwissen für die genutzten Medien im Team vorhanden sein muss. Das verbreitete Outsourcing von Dialogmarketing kann, aber muss kein heikler Punkt aus Sicht der Experten sein. Dialogmarketingdienstleister können ggf. eher die notwendigen interdisziplinären Kompetenzen in agilen Teams bereitstellen.

Voraussetzungen für Agilität im/durch Dialogmarketing

Trotz der positiven Grundstimmung bezüglich Agilität durch Dialogmarketing haben sich neben dem Framework von Kalaignanam et al. (2021) auch aus den

Interviews eine ganze Reihe von Voraussetzungen ergeben. Eine bedeutende brachte Daniel Schönmann prägnant auf den Punkt:

„Der Dialogmarketer braucht die Freiheit, agil zu handeln." Daniel Schönmann

Weitere Voraussetzungen, die sich sowohl aus der Literatur als auch den Interviews ergaben, sind:

- Empowerment und flache Hierarchien
- Interdisziplinäre und kanalübergreifende Teams, Kompetenz auch beim Auftraggeber
- Datenverfügbarkeit (z. B. durch eine Customer Data Platform)
- Feedbackprozesse
- Automatisierung mit Echtzeitreaktion
- Dialogmarketing als Philosophie – echtes Zuhören und Reaktionsfähigkeit (Ruth Wagner)

Zur Frage, ob es bestimmte Kanäle oder Medien gibt, über die Dialogmarketing besonders stark oder besonders wenig zu agilem Marketing beitragen kann, haben die Interviews keine eindeutigen Ergebnisse gebracht. In einzelnen Äußerungen wurden digitale Kanäle, Telefon und SMS als besonders geeignet für Agilität im Marketing durch Dialogmarketing genannt.

6 Implikationen für die Dialogmarketingbranche

Die Synthese aus Literatur und Interviews zeigt, dass Dialogmarketing als Philosophie und Methode geeignet ist, die Prinzipien des agilen Marketings zu unterstützen. Gleichzeitig zeigen die Analysen, dass im Marketing agiler zu werden ein sehr wichtiges und sehr verbreitetes Ziel von Unternehmen ist und auch die Agilität im gesamten Unternehmen unterstützen kann. Für Dialogmarketingdienstleister und Dialogmarketinganwender in den Unternehmen ist es hoch attraktiv, Dialogmarketing mit Agilitätszielen zu verbinden, da sich so zusätzliche Mittel für Dialogmarketing begründen lassen. Ein Fokus auf die Philosophie des Dialogmarketings ist jedoch notwendig, d. h., dass die Initiierung eines echten und nachhaltigen Dialogs Ziel ist und nicht nur eine kurzfristige Reaktion. Sensemaking erfordert zudem aktives Verstehen und Lernen über die kurzfristigen Kampagnenziele hinaus. Für eine Verknüpfung der Themen und Ziele spricht auch, dass agil organisierte Unternehmen klar bessere Voraussetzungen haben, um im und mit Dialogmarketing noch agiler zu werden. Eine lediglich persönliche, aber eindeutige Beobachtung der Autoren und Autorin ist darüber hinaus, dass langfristig kaum eine Alternative besteht, wenn man qualifizierte Marketingarbeitskräfte gewinnen möchte. Die heutigen Studierenden können sich in der Regel nicht mehr vorstellen, nicht agil zu arbeiten. Für die Dialogmarketingbranche geht es also auch darum, als Arbeitgeber attraktiv und als Branche zukunftsfähig zu bleiben.

7 Fazit und Ausblick

Macht Dialogmarketing Unternehmen agiler?
Die Ergebnisse dieser Untersuchung zeigen: Tendenziell ja, aber abschließend und statistisch relevant lässt sich die Frage mit dieser Untersuchung schon aus methodischen Gründen nicht beantworten. Unternehmen müssen in jedem Fall umgekehrt auch agil sein, um modernes Dialogmarketing zu betreiben.

„Dialogmarketing ist prädestiniert, um agiles Marketing zu betreiben." Tobie Witzig

„Wenn du zuhörst und richtig interpretierst, entsteht etwas, das agil macht." Ruth Wagner

„Ich glaube nicht, dass Dialogmarketing alleine Unternehmen agil machen kann. Ich glaube aber auch, dass es ein Medium ist, um Kundenfeedbacks aufzunehmen. Wir sehen immer, wie viele Leute ein Angebot gesehen haben und reagiert haben." Alexandra Brunner

„Dialogmarketing hat ein sehr großes Potenzial, Unternehmen agiler zu machen, wenn man die Brille der Agilität auch wirklich anzieht." Roger Muffler

Der explorative Ansatz dieser Forschung mit Literaturanalyse und wenigen qualitativen Interviews konnte zwar keine abschließenden Antworten zu der Frage liefern, ob Dialogmarketing Unternehmen agiler macht. Es ist jedoch eindeutig, dass sich weitere Forschung zu diesem Zusammenhang und den Voraussetzungen sowohl für Marketingwissenschaft als auch Unternehmenspraxis lohnt.

Literatur

Agile Marketing Manifesto. (2021a). Values. https://agilemarketingmanifesto.org/values/.
Agile Marketing Manifesto. (2021b). Focusing on customer value and business outcomes over activity and outputs. https://agilemarketingmanifesto.org/values/focusing-on-customer-value/.
Agile Marketing Manifesto. (2021c). Delivering value early and often over waiting for perfection. https://agilemarketingmanifesto.org/values/delivering-value-early/.
Agile Marketing Manifesto. (2021d). Responding to change over following a static plan. https://agilemarketingmanifesto.org/values/responding-to-change/.
Agile Marketing Manifesto. (2021e). Learning through experiments and data over opinions and conventions. https://agilemarketingmanifesto.org/values/learning-through-experiments/.
Agile Marketing Manifesto. (2021f). Cross-functional collaboration over silos and hierarchy. https://agilemarketingmanifesto.org/values/cross-functional-collaboration/.
Bazigos, M., De Smet, A., & Gagnon, C. (2015). Why agility pays. *McKinsey Quarterly, 4*, 28–35.
Bleicher, K. (2011). *Das Konzept Integriertes Management: Visionen – Missionen – Programme* (8. Aufl.). Campus Verlag.
Deutsche Post. (2022). *Werbemarkt Deutschland, Dialogmarketing-Monitor Studie 2022.* Deutsche Post AG.
Diehl, A. (2021). Stacey Matrix – Wann der Einsatz agiler Methoden notwendig und wirksam ist. https://digitaleneuordnung.de/blog/stacey-matrix/#stacey-meets-cynefin.
Heierli, R., Furchheim, P., Hannich, F., Rüeger, B., Crowden, C. B., Fuchs, R., Suvada, A., Müller, S., Klaas, M., Bächler, J. R., Kotowski, W., Barth, L., Stallone, V., Dietrich, D., & Caleta, M. (2019). *Komplexität und Dynamik im Marketing: Swiss Marketing Leadership Studie 2019.* ZHAW School of Management and Law.
Holland, H. (2016). *Dialogmarketing: Offline- und online-marketing.* Verlag C.H.Beck.
Holland, H. (Hrsg.). (2021). *Digitales Dialogmarketing: Grundlagen, Strategien, Instrumente.* Springer Fachmedien Wiesbaden.
Homburg, C., Theel, M., & Hohenberg, S. (2020). Marketing excellence: Nature, measurement, and investor valuations. *Journal of Marketing, 84*(4), 1–22.
Kalaignanam, K., Tuli, K. R., Kushwaha, T., Lee, L., & Gal, D. (2021). Marketing agility: The concept, antecedents, and a research agenda. *Journal of Marketing, 85*(1), 35–58.
Lee, L., Inman, J. J., Argo, J. J., Böttger, T., Dholakia, U., Gilbride, T., van Ittersum, K., Kahn, B., Kalra, A., Lehmann, D. R., McAlister, L. M., Shankar, V., & Tsai, C. I. (2018). From browsing to buying and beyond: The needs-adaptive shopper journey model. *Journal of the Association for Consumer Research, 3*(3), 277–293.
Lewnes, A. (2021). Commentary: The future of marketing is agile. *Journal of Marketing, 85*(1), 64–67.
Rüeger, B., Hannich, F., Hüttermann, M., Fuchs, R., Suvada, A., Kübler, D. L., Barth, L., Heierli, R., Rozumowski, A., & Kiarostami, T. (2018). *Swiss Marketing Leadership Studie 2018: Geschwindigkeit vs. Beständigkeit.* ZHAW Zürcher Hochschule für Angewandte Wissenschaften.

Swaminathan, V., Sorescu, A., Steenkamp, J. -B. E. M., O'Guinn, T. C. G., & Schmitt, B. (2020). Branding in a hyperconnected world: Refocusing theories and rethinking boundaries. *Journal of Marketing, 84*(2), 24–46.

Prof. Dr. Frank Hannich ist Professor für Marketing und Kommunikation an der Zürcher Hochschule für Angewandte Wissenschaften (ZHAW), stellvertretender Leiter des Instituts für Marketing Management und Leiter der Fachstelle Customer Management & E-Commerce. Neben seiner Tätigkeit in Lehre und Weiterbildung trägt er die Verantwortung für Forschungs- und Beratungsprojekte mit Schwerpunkt Kundenmanagement. Seit 2021 ist er Vorstandsmitglied des Schweizer Dialogmarketing Verbands (SDV).

Reto Heierli ist als wissenschaftlicher Mitarbeiter in der Fachstelle Customer Management & E-Commerce des Instituts für Marketing Management tätig. Neben der Tätigkeit als Projektleiter bei Forschungs- und Beratungsprojekten mit Schwerpunkt im Customer Management und Daten-basierten Marketing engagiert er sich in der Weiterbildung sowohl im CAS Customer-Centric Transformation als auch im CAS Marketing Automation & Artificial Intelligence.

Michèle Rettenmund ist als wissenschaftliche Assistentin in der Fachstelle Customer Management & E-Commerce des Instituts für Marketing Management tätig. In ihrer Funktion arbeitet sie bei verschiedenen Forschungs- und Beratungsprojekten mit und unterstützt in administrativen Belangen.

Die Analyse der Online Customer Journey mittels Process Mining – Methodologische Ansätze und empirische Implikationen

Benedikt Lindenbeck

Inhaltsverzeichnis

Zusammenfassung

B. Lindenbeck (✉)
Fachhochschule Dortmund, Dortmund, Deutschland
E-Mail: benedikt.lindenbeck@fh-dortmund.de

© Der/die Autor(en), exklusiv lizenziert an Springer Fachmedien Wiesbaden   19
GmbH, ein Teil von Springer Nature 2023, Deutscher Dialogmarketing
Verband e. V. (Hrsg.), *Dialogmarketing Perspektiven 2022/2023*,
https://doi.org/10.1007/978-3-658-40753-7_2

Die Analyse von Kontaktpunkten zwischen potenziellen Kunden und werbetreibenden Unternehmen räumt Letzteren u. a. Möglichkeiten ein, jene Kontaktpunkte zu identifizieren, die Kaufentscheidungen maßgeblich – positiv wie negativ – beeinflussen. Es ist in der Konsequenz möglich, diese Kontaktpunkte von solchen abzugrenzen, die keinen dermaßen ausgeprägten Einfluss ausüben. Basierend auf empirischen Untersuchungen, werden im vorliegenden Beitrag Möglichkeiten aufgezeigt, die werbetreibenden Unternehmen hierbei unter Einsatz des Process Minings zur Verfügung stehen. Es werden im Kontext der Analyse von Kundenkontaktpunkten im (Online-)Marketing Implikationen abgeleitet, die es ermöglichen, Absätze durch den gezielten Einsatz effektiver Werbekanäle positiv zu beeinflussen.

Schlüsselwörter

Online Customer Journey • Process Mining • Attributionsmethoden •
Empirische Analyse

1   Einleitung

Mit Blick auf die Analyse von Kundenkontaktpunkten – den sogenannten *Customer Touchpoints* (Brandão & Wolfram, 2018, S. 14) – zeigt sich bisweilen, dass in der Literatur Annahmen getroffen werden, denen es an der notwendigen Fundierung mangelt (Lindenbeck, 2022, S. 38 ff.). Im Rahmen der Analyse entsprechender Abfolgen von Customer Touchpoints – der *Customer-Journey-Analyse* – wird beispielsweise die Annahme vertreten, dass allen Touchpoints in der Regel dieselbe interpersonelle Relevanz beigemessen werden kann (Rosenbaum et al., 2017, S. 143). Eine differenzierte Betrachtung einzelner Kontaktpunkte findet hierbei maximal in Ansätzen statt.

Vor diesem Hintergrund soll im Rahmen der folgenden Ausführungen unter Einsatz des Process Minings insbesondere untersucht werden, inwiefern der Einsatz von Kontaktpunkten, die ausschließlich online eingesetzt werden, zu besseren Resultaten führt. In der Konsequenz findet sich nachfolgend eine differenzierte Analyse einer exemplarisch herangezogenen Online Customer Journey, auf deren Grundlage es werbetreibenden Unternehmen ermöglicht wird, Implikationen mit Blick auf die konkrete Bereitstellung verschiedener Online Customer Touchpoints abzuleiten.

2 Der Einsatz der Customer-Journey-Analyse im Online-Marketing

2.1 Gegenstand der Customer Journey

Der intensiven Betrachtung der Customer Journey wird sowohl aus Sicht der unternehmerischen Praxis als auch aus Sicht der Wissenschaft eine hohe Bedeutung beigemessen. Es handelt sich bei der Customer Journey um den Weg potenzieller Kunden, den diese im Rahmen ihrer Entscheidungs- und ggf. Kaufprozesse durchlaufen (Holland, 2016, S. 192; Mehn & Wirtz, 2018, S. 20). Die Customer Journey beginnt mit dem ersten Kaufimpuls und endet typischerweise mit dem Kaufabschluss (Böcker, 2015, S. 167). Sämtliche Kundenkontakte, die im Rahmen dieses Interaktionsprozesses stattfinden, werden in ihrer zeitlichen Abfolge erfasst (Esch & Knörle, 2016, S. 130; Ott, 2017, S. 84; Lindenbeck, 2022, S. 38).

Der Konzeption einer entsprechenden Customer Journey kann hierbei die Annahme zugrunde liegen, dass potenzielle Kunden entlang verschiedener Kundenkontaktpunkte einen sequenziellen Entscheidungsprozess durchlaufen (Kotler et al., 2007, S. 335). Ergänzend kann davon ausgegangen werden, dass die Entscheidung für oder gegen den Kauf eines Produktes bzw. einer Dienstleistung als die Summe der Erfahrungen angesehen werden kann, die an sämtlichen Kundenkontaktpunkten gesammelt wurde (Toth, 2019, S. 102–103). In aktuellen Betrachtungen haben zudem zyklische Darstellungen der Customer Journey Einfluss, welche die propagierte sequenzielle Abfolge in Teilen aufbrechen (Smart, 2016, S. 152; Engelhardt & Magerhans, 2019, S. 182). Hierdurch wird es umfassender ermöglicht, solche Kundenkontaktpunkte verursachungsgerechter zu berücksichtigen, mit denen potenzielle Kunden mehrfach interagieren (Olbrich et al., 2019, S. 76).

2.2 Zielsetzung der Customer-Journey-Analyse

Die Ziele, die mit der Analyse der Customer Journey aus Sicht werbetreibender Unternehmen einhergehen, sind vielfältig (Scheed & Scherer, 2018, S. 90). Insbesondere sollen unter Einsatz einer Customer-Journey-Analyse Erkenntnisse über das Verhalten potenzieller Kunden gewonnen werden. Der Einsatz einer Customer-Journey-Analyse zielt zudem darauf ab, Wirkungszusammenhänge zwischen den eingesetzten Werbekanälen zu eruieren, um darauf aufbauend Synergiepotenziale abzuleiten (Holland & Flocke, 2014, S. 828).

Die Zuordnung der Werbewirkung zu den jeweiligen Kanälen erfolgt hierbei in der Regel auf der Grundlage verschiedener Attributionsmethoden. Wesentliche Ansätze gehen diesbezüglich davon aus, dass die Werbewirkung vollständig entweder dem Werbekanal zugeschrieben wird, über den der erste oder der letzte Kontakt vor dem eigentlichen Kauf erfolgte (Flocke & Holland, 2014, S. 228; Meffert et al., 2019, S. 803). Zudem finden Methoden Anwendung, bei denen im Erfolgsfall eine verteilte Zuschreibung der Werbewirkung auf mehrere (ggf. alle) beteiligten Werbekanäle stattfindet (Kamps & Schetter, 2018, S. 165–166; Lindenbeck, 2022, S. 41 ff.).

Im Rahmen der Customer-Journey-Analyse sollen unter Einsatz entsprechender Attributionsmethoden insbesondere auch solche Kundenkontaktpunkte identifiziert werden, die in der Vergangenheit bei potenziellen Kunden den Abbruch der Beziehung zum werbetreibenden Unternehmen verursacht oder zumindest gefördert haben (Nefdt, 2018, S. 11). Die Identifikation einerseits sowie eine passgenaue Adaption des Einsatzes solcher Kontaktpunkte andererseits befähigen werbetreibende Unternehmen insbesondere darin, Marketingressourcen zielgerichtet einzusetzen.

In der Konsequenz soll es eine umfassende Customer-Journey-Analyse werbetreibenden Unternehmen ermöglichen, sowohl den Interaktionsprozess mit potenziellen Kunden zu verstehen als auch eine Steuerung dieses Prozesses mit dem Ziel zu ermöglichen, den Kunden eine möglichst gute Customer Experience zu gewähren (Schallmo et al., 2018, S. 109). In diesem Kontext kann sich die Analyse der Interaktionen nicht nur auf den Kaufabschluss selbst, sondern auch auf die Einstellung potenzieller Kunden gegenüber dem werbetreibenden Unternehmen selbst sowie gegenüber den Marken und Produkten beziehen, die von diesem Unternehmen geführt werden (Holland, 2016, S. 192).

2.3 Der Einsatz des Process Minings zur Customer-Journey-Analyse

Die grundlegende Gestalt einer Customer Journey orientiert sich i. d. R. an Annahmen, die vonseiten werbetreibender Unternehmen hinsichtlich entsprechender Verhaltensweisen der potenziellen Kunden getätigt werden. Dieser Ansatz bildet die Realität allerdings maximal näherungsweise ab (Fahland, 2021, S. 165). Im Kontext des Process Minings konnte diesbezüglich bereits belegt werden, dass es bisweilen massive Diskrepanzen zwischen den Annahmen werbetreibender Unternehmen und dem tatsächlichen Verhalten der Kunden zu konstatieren gilt (Peters & Nauroth, 2019, S. 18).

Das tatsächliche Verhalten der Kunden wird im Zuge des Process Minings erfasst und in sogenannten Ergebnisprotokollen (engl. Event-Logs) abgebildet, um im weiteren Verlauf analysiert werden zu können (Lindenbeck, 2022, S. 39 ff.). Die systematische Analyse von Prozessen auf der Basis solcher Ereignisprotokolle stellt die namensgebende Komponente des Process Minings dar (Fahland, 2021, S. 165). Eine wesentliche Zielsetzung des Process Minings besteht hierbei darin, individuelle Verläufe einzelner Customer Journeys zu vergleichen, um auf Grundlage einer überlagerten (engl. superimposed) Darstellung sämtlicher Verläufe eine umfassendere Darstellung sowie Analyse realer Verhaltensweisen zu ermöglichen.

Das Process Mining verbindet zu diesem Zweck insbesondere Aspekte des prozessorientierten Geschäftsprozessmanagements und der Geschäftsprozessmodellierung mit nicht-prozessorientiertem Data Mining (Peters & Nauroth, 2019, S. 3). Der Einsatz von Methoden und Algorithmen des Data Minings soll Unternehmen befähigen, vorhandene Datenbestände umfassend auszuwerten, um in der Konsequenz zu verstehen, wie Geschäftsprozesse tatsächlich funktionieren und wie sie gemanagt werden können (Peters & Nauroth, 2019, S. 3).

Diesbezüglich gilt es einerseits zu berücksichtigen, dass die erstellten Prozessmodelle lediglich eine vergangenheitsbasierte Abstraktion der Realität sind (Peters & Nauroth, 2019, S. 9). Andererseits sollte im Zuge der Auswertung berücksichtigt werden, dass Ereignisprotokolle stets eine Aufzeichnung von Ausführungen sind, die zu einem bestimmten Zeitpunkt beginnen und enden. Die explizite Identifikation und Berücksichtigung von Fällen, die vor der Aufzeichnung begannen oder nach der Aufzeichnung fortgeführt wurden – so genannte incomplete cases –, kann im Rahmen empirisch angelegter Untersuchungen dazu beitragen, die Qualität der Auswertungen zu verbessern (Fahland, 2021, S. 182).

2.4 Die graphische Repräsentation einer Online-Customer-Journey-Analyse

Der grundlegende Ansatz einer Customer-Journey-Analyse sieht vor, dass die Abfolge, in der potenzielle Kunden mit Touchpoints eines Unternehmens in Kontakt kommen (können), in einer Customer Journey Map graphisch dargestellt wird (Rosenbaum et al., 2017, S. 144; Laakmann & Rahlf, 2018, S. 407). Üblicherweise ist diese Darstellung an einer Zeitachse ausgerichtet, um den Zeitverlauf, den potenzielle Kunden im Rahmen ihrer Kaufentscheidungsprozesse durchlaufen, abbilden zu können (Rosenbaum et al., 2017, S. 144). Entlang dieser Zeitachse werden sämtliche Touchpoints abgezeichnet, die ein Unternehmen bereitstellt (Brynjolfsson et al., 2013, S. 25–26). Weitere generelle Regeln zur graphischen Abbildung einer Customer Journey existieren nicht (Milani, 2019, S. 162). Vielmehr lässt sich eine Vielzahl verschiedener Darstellungsvarianten konstatieren (Zagel, 2015, S. 93; Peppers & Rogers, 2016, S. 485; Laakmann & Rahlf, 2018, S. 408).

In Abb. 1 ist eine exemplarische Customer Journey dargestellt, die sich auf Grundlage der Überlagerung verschiedener individueller Verläufe ergibt. Die chronologische Abfolge des entsprechenden Pfades ist horizontal orientiert. Die Abfolge der Kundenkontaktpunkte wird aus den jeweils verbindenden Pfeilen ersichtlich. Der Anteil der Kunden, die sich im Anschluss an einen jeweiligen Kontakt für den Kauf der angebotenen Leistung entschieden haben, wird durch die durchgängigen Pfeile dargestellt. Potenzielle Kunden, die sich (zumindest bisher) gegen den Kauf der angebotenen Leistung entschieden haben, werden durch gestrichelte Pfeile repräsentiert.

Mit Blick auf das Anschauungsbeispiel in Abb. 1 bedeutet dies, dass sich von den exemplarisch betrachteten Kunden, die über Kundenkontaktpunkt 1 (KK 1) mit dem Unternehmen in Kontakt getreten sind, 20 % für und 40 % bisher gegen den Erwerb der angebotenen Leistung entschieden haben. Die verbleibenden 40 % haben Kundenkontaktpunkt 2 (KK 2) genutzt, um ein weiteres Mal mit dem Unternehmen in Kontakt zu treten. Von diesen Personen haben sich 70 % für und 30 % bisher gegen den Erwerb der angebotenen Leistung entschieden.

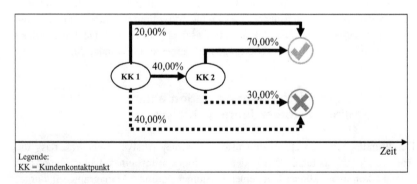

Abb. 1 Darstellung einer exemplarischen Customer Journey. (Quelle: Eigene Darstellung)

2.5   Spezifika einer Online-Customer-Journey-Analyse

Mit Blick auf den Einsatz einer Customer-Journey-Analyse im Online-Marketing existieren einige Spezifika und Herausforderungen, die werbetreibende Unternehmen berücksichtigen sollten. Einen positiven Einfluss auf derartige Analysen übt beispielsweise aus, dass mittlerweile zahlreiche technische Möglichkeiten existieren, mit denen das Verhalten im Online-Marketing erfasst werden kann (Böcker, 2015, S. 172).

Derartige Maßnahmen werden i. d. R. unter dem Begriff *Tracking* zusammengefasst (Flocke & Holland, 2014, S. 224). Im Rahmen des Trackings verfolgen werbetreibende Unternehmen beispielsweise das Ziel, die Besucher des eigenen Internetauftritts zu identifizieren oder diesen Besuchern konkrete Handlungen und Verhaltensweisen zuzuordnen (Lammenett, 2019, S. 64).

Zur Auswertung der Daten, die im Rahmen des Trackings erhoben wurden, stehen werbetreibenden Unternehmen u. a. als *Web-Analytics-Systeme* bezeichnete Softwaresysteme zur Verfügung (Kreutzer et al., 2019, S. 44). Diese fassen i. d. R. mehrere Analysemethoden zusammen und bieten den Anwendern die Möglichkeit, Analyseergebnisse graphisch darzustellen. In der Konsequenz sollen die Betreiber entsprechender Webseiten befähigt werden, den eigenen Internetauftritt besser an den Anforderungen der Besucher auszurichten (Schröer, 2017, S. 106).

Sowohl im Rahmen des Einsatzes als auch im Rahmen der Auswertung des Trackings im Online-Marketing kann mittlerweile ein hoher Automatisierungsgrad konstatiert werden. Hieraus resultiert ein weiterer positiver Einfluss mit Blick auf die Durchführung einer Online-Customer-Journey-Analyse. So sind die Kosten der Erhebung und Auswertung entsprechender Daten i. d. R. vergleichsweise niedrig und mittlerweile zudem insbesondere unabhängig von der Größe der Stichprobe (Olbrich et al., 2019, S. 227).

Neben den skizzierten Vorteilen lassen sich auch Nachteile identifizieren, mit denen werbetreibende Unternehmen im Kontext einer Online-Customer-Journey-Analyse konfrontiert werden. Einen wesentlichen Nachteil stellt diesbezüglich die Anonymität (Mutius, 2013, S. 12–13) der Besucher eines Internetauftritts dar. Diese kann im Rahmen des Trackings trotz der zuvor beschriebenen Bemühungen zur Identifikation der Besucher nicht gänzlich ausgeschlossen werden.

Zur Identifikation konkreter Individuen ist es i. d. R. erforderlich, dass diese persönliche Daten (freiwillig) angeben. Dies kann beispielsweise über entsprechende Abfragen in Formularen oder über eine verpflichtende Anmeldung in einem geschützten Bereich des Internetauftritts erfolgen. Hinsichtlich dieser Möglichkeiten gilt es allerdings, kritisch zu beachten, dass sich die Besucher des

Internetauftritts insbesondere in frühen Phasen ihres jeweiligen Kaufentscheidungsprozesses wohl nur rudimentär auf die Preisgabe persönlicher Daten auf
Grundlage freiwilliger Angaben einlassen oder sich nur eingeschränkt damit
einverstanden erklären werden, bereits frühzeitig verpflichtende Angaben zu
tätigen.

Internetnutzer verwenden heutzutage zudem bisweilen mehrere Endgeräte, um
sich über das Angebot werbetreibender Unternehmen zu informieren (Kamps &
Schetter, 2018, S. 187). Die Möglichkeit, Individuen über mehrere Endgeräte
hinweg zu identifizieren, stellt ein weiteres Problem im Rahmen einer Online-
Customer-Journey-Analyse dar. Eine Möglichkeit, einen derartigen Wechsel
des Endgerätes zu berücksichtigen, bilden sogenannte *Cross-Device-Tracking-
Methoden* (Kreutzer, 2019, S. 101). Im Rahmen dieser Methoden wird auf
Grundlage von Wahrscheinlichkeiten der Versuch unternommen, auf Basis des
Verhaltens eines Besuchers des Internetauftritts auf dessen Identität zu schließen
(Cadonau, 2018, S. 47). Eine zweifelsfreie Identifikation einzelner Individuen
kann hierdurch allerdings – nicht zuletzt aufgrund intrapersonell atypischer
Verhaltensweisen – (noch) nicht realisiert werden.

Ein weiteres Problem, welches im Rahmen der Durchführung einer Online-
Customer-Journey-Analyse berücksichtigt werden sollte, stellt der Schutz personenbezogener Daten dar. In Ergänzung zu rechtlichen Vorgaben sind diesbezüglich insbesondere eine in der Öffentlichkeit gesteigerte Sorge vor einer
umfassenden Speicherung (personenbezogener) Daten sowie die Angst eines
Kontrollverlustes über die eigenen Daten zu nennen (Lindenbeck, 2020, S. 120).

Eine Möglichkeit, das etwaige Reaktanzverhalten seitens potenzieller Kunden
abzubauen, kann im Einsatz des *Permission Marketings* bestehen (Lindenbeck,
2018, S. 44–45; Ahrholdt et al., 2019, S. 294). In diesem Zusammenhang dürfte
sich die Durchführung eines Opt-In-Verfahrens, bei dem das werbetreibende
Unternehmen eine Zustimmung zur Erhebung persönlicher Daten bereits vor
deren Erhebung einholen muss (Miesler & Bearth, 2016, S. 52), mit Blick auf die
Durchführung einer Online-Customer-Journey-Analyse bisweilen als schwierig
darstellen. So müsste die Einwilligung bereits eingeholt werden, bevor potenzielle Kunden mit einem Werbekanal des entsprechenden Unternehmens in Kontakt
treten. Realitätsnäher erscheint diesbezüglich der Einsatz von Opt-Out-Verfahren,
in deren Rahmen ein Individuum der Erhebung und Nutzung seiner Daten
ausdrücklich widersprechen muss (Wissmann, 2013, S. 5).

2.6 Herausforderungen im Rahmen einer Online-Customer-Journey-Analyse

Vor dem Hintergrund der zuvor dargestellten Charakteristika lassen sich Herausforderungen identifizieren, mit denen werbetreibende Unternehmen im Rahmen der Durchführung einer Online-Customer-Journey-Analyse konfrontiert werden. Zunächst ist diesbezüglich anzuführen, dass auch neuere Ansätze der Customer-Journey-Analyse nur sehr eingeschränkt in der Lage sind, die eigentliche Kaufentscheidung der potenziellen Konsumenten sowie deren jeweilige Wahrscheinlichkeit umfassend abzubilden. Selbst bei Einbezug der potenziellen Konsumenten – z. B. im Rahmen einmaliger oder regelmäßiger Befragungen (Rosenbaum et al., 2017, S. 147–148) –, ist nicht davon auszugehen, dass ausschließlich valide Informationen erhoben werden können. Die Gründe hierfür können sowohl in einer mangelnden Auskunftsbereitschaft der befragten Personen als auch in deren Unvermögen liegen, ihre aktuelle Tendenz im Kaufentscheidungsprozess korrekt einzuschätzen.

Weitere Herausforderungen resultieren insbesondere aus den Spezifika des Online-Marketings. Zu nennen ist diesbezüglich beispielsweise die vergleichsweise einfache Möglichkeit für potenzielle Konsumenten, das Angebot konkurrierender Anbieter zu sichten. So ermöglicht es beispielsweise der Einsatz von *Suchmaschinen* oder *Vergleichsportalen* innerhalb weniger Augenblicke, einen groben Überblick über konkurrierende Angebote zu erhalten. Dies kann in der Konsequenz dazu führen, dass potenzielle Kunden ihr Interesse – sowohl temporär als auch endgültig – auf alternative Anbieter richten.

Zudem ist als weitere Herausforderung zu nennen, dass die Anzahl möglicher Touchpoints in Zeiten des Online-Marketings stark angewachsen ist bzw. weiterhin anwächst (Flocke & Holland, 2014, S. 224; Leeflang et al., 2014, S. 1; Engelhardt & Magerhans, 2019, S. 182). In diesem Kontext gilt es nicht nur, deren zunehmende Anzahl, sondern insbesondere auch deren zunehmende Relevanz aus Sicht potenzieller Kunden zu konstatieren (Esch & Knörle, 2016, S. 128). Neben den Touchpoints, die dabei gezielt vom werbetreibenden Unternehmen eigenständig oder gegen Bezahlung gesteuert werden, existieren weitere Touchpoints, auf die werbetreibende Unternehmen – wenn überhaupt – lediglich mittelbar Einfluss nehmen können (Esch & Knörle, 2016, S. 129). Diesbezüglich kann beispielsweise das *Affiliate-Marketing* oder auch die digital ausgestaltete Mundpropaganda *(E-Word-of-Mouth)* genannt werden.

Hinsichtlich der Herausforderungen, die insbesondere aus dem Online-Marketing resultieren, kommt erschwerend hinzu, dass deren zunehmende Relevanz die kognitiven Möglichkeiten potenzieller Kunden belastet. So ist die

Erinnerung, welcher Touchpoint zu welchem Zeitpunkt einen positiven, einen negativen oder keinen signifikanten Einfluss auf die Kaufentscheidung ausgeübt hat, bei einer (deutlich) zunehmenden Anzahl der Kontaktpunkte nur schwer korrekt wiederzugeben.

3 Zielsetzung der Untersuchung

Vor dem Hintergrund der aufgezeigten Ansätze und Herausforderungen erscheint es geboten, die Analyse der Customer Journey mit Blick auf deren Einsatz im Online-Marketing gezielter zu eruieren. Es sollten dabei zunächst sämtliche Touchpoints betrachtet werden, die ein werbetreibendes Unternehmen im Rahmen des Online-Marketings anbietet, um einen möglichst umfassenden Überblick zu erhalten (Barwitz & Maas, 2018, S. 116). In diesem Zusammenhang erscheint es insbesondere auch mit Blick auf die Anwendung des Process Minings geboten, einen Beitrag mit Blick auf die – bisweilen fehlende (Rosenbaum et al., 2017, S. 144) – empirische Fundierung entsprechender Ergebnisse zu leisten.

In Ergänzung soll im Rahmen der Untersuchung berücksichtigt werden, dass nicht jeder (potenzielle) Kunde mit sämtlichen Touchpoints eines werbetreibenden Unternehmens in Kontakt kommt. Dies soll der realitätsgetreuen Annahme Rechnung tragen, dass sich die Nutzer im Online-Marketing von den werbetreibenden Unternehmen nicht zwingend auf fest vorgegebene Wege lenken lassen (Barwitz & Maas, 2018, S. 116). Die Vielfalt konkreter Ausprägungen der Online Customer Journey soll diesbezüglich nicht zuletzt deswegen zunächst uneingeschränkt berücksichtigt werden, um ein möglichst umfassendes Ereignisprotokoll zu generieren.

Diesbezüglich soll es nachfolgend nicht um die Darstellung dessen gehen, wie sich potenzielle Kunden gemäß den Erwartungen der werbetreibenden Unternehmen verhalten (Rosenbaum et al., 2017, S. 149). Vielmehr soll nachfolgend dargestellt und analysiert werden, wie potenzielle Kunden konkret agiert haben. Dieses Vorgehen scheint insbesondere auch deswegen geboten, da sich im Rahmen bisheriger empirisch gestützter Analysen zur Online Customer Journey eine hohe interpersonelle Individualität hinsichtlich der kontaktierten Kontaktpunkte konstatieren ließ (Dholakia et al., 2010, S. 86–87; Scheed & Scherer, 2018, S. 89; Lindenbeck, 2021, S. 637–638).

In der Folge werden zunächst zwei untersuchungsleitende Fragestellungen entwickelt, die es zu beantworten gilt. Einen besonderen Schwerpunkt bilden in diesem Zusammenhang die Implikationen, die werbetreibende Unternehmen aus den Ergebnissen einer Online-Customer-Journey-Analyse ziehen können. Die

Ausführungen sind dabei überwiegend allgemeiner Gestalt, um alle Freiheiten zu erhalten, auf Grundlage unternehmensindividuell abgewandelter Untersuchungen weiter spezifiziert werden zu können.

3.1 Untersuchungsleitende Fragestellungen

3.1.1 Identifikation verkaufsfördernder Werbekanäle

Im Rahmen zahlreicher Untersuchungen konnte mittlerweile eruiert werden, dass nicht alle Kundenkontaktpunkte denselben Einfluss auf eine Kaufentscheidung ausüben (Mull, 2018, S. 259; Lindenbeck, 2022, S. 41 ff.). So wurde in der Vergangenheit bereits wiederholt der Frage nachgegangen, welche Werbekanäle sowohl isoliert als auch in der Kombination mit weiteren Werbekanälen dazu beitragen, dass die Wahrscheinlichkeit eines Kaufes entweder steigt oder sinkt (Böcker, 2015, S. 168; Lindenbeck, 2022, S. 40 ff.).

Bisherigen Untersuchungen mangelt es vor diesem Hintergrund allerdings häufig an einer Differenzierung einzelner Online-Werbekanäle. Vielmehr findet eine aggregierte Betrachtung sämtlicher Online-Werbekanäle im Vergleich mit solchen Werbekanälen statt, die vom werbetreibenden Unternehmen offline betrieben werden. Mit Blick auf eine angestrebte differenzierte Betrachtung von Online-Kundenkontaktpunkten zeigt sich somit bisweilen eine reduzierte Erkenntnislage. Vor diesem Hintergrund soll nachfolgend zunächst Untersuchungsfrage 1 beantwortet werden.

Untersuchungsfrage 1
Welche Online-Werbekanäle führen isoliert und/oder in Kombination dazu, dass sich die potenziellen Kunden für einen Kauf der angebotenen Leistung entscheiden?

3.1.2 Identifikation relevanter zeitlicher Abstände zwischen einzelnen Kundenkontaktpunkten

Es konnte im Rahmen dieses Beitrags bereits als eine Herausforderung für werbetreibende Unternehmen im Online-Marketing identifiziert werden, dass der Aufwand für potenzielle Kunden, Konkurrenzangebote zu identifizieren, heutzutage vergleichsweise gering sein kann. Es sollte werbetreibenden Unternehmen im Online-Marketing somit verstärkt daran gelegen sein, im Rahmen ihrer Möglichkeiten möglichst kurze Entscheidungsprozesse der potenziellen Kunden zu forcieren. Dies soll insbesondere dazu beitragen, dass die potenziellen Kunden im Zeitverlauf weder die Notwendigkeit sehen noch die Möglichkeit haben, alternative Angebote zu sichten.

Vor diesem Hintergrund kann dem zeitlichen Abstand, der zwischen mehreren Kundenkontaktpunkten eines potenziellen Kunden liegt, Bedeutung beigemessen werden. Es stellt sich mit Blick auf die potenziellen Kunden, die im Rahmen ihres Entscheidungsprozesses mehrfach mit dem werbetreibenden Unternehmen interagieren, hierbei somit die Frage, ob entweder eine zeitlich kompakte oder eine zeitlich gestreckte Abfolge mehrerer Kundenkontaktpunkte die Kaufwahrscheinlichkeit erhöht. Es gilt somit in der Konsequenz und unter Beachtung der Tatsache, dass werbetreibende Unternehmen die aktive Informationssuche potenzieller Kunden nur eingeschränkt beeinflussen können, Untersuchungsfrage 2 zu beantworten.

Untersuchungsfrage 2
Welche Implikationen können aus dem zeitlichen Abstand abgeleitet werden, der zwischen einzelnen Online-Kundenkontaktpunkten besteht?

4　Identifikation von Implikationen einer Online-Customer-Journey-Analyse

4.1　Datengrundlage der Untersuchung

Zur Durchführung der nachfolgend dargestellten empirischen Untersuchung stehen Realdaten eines Dienstleistungsunternehmens zur Verfügung. Dieses Unternehmen bietet Dienstleistungen im Bildungssektor an und vertreibt diese vordergründig über das Internet. Bevor Kunden Dienstleistungsverträge mit diesem Unternehmen abschließen können, müssen sie online oder telefonisch Informations- und Vertragsunterlagen anfordern.

Der Datensatz umfasst vor diesem Hintergrund ein Ereignisprotokoll mit ca. 77.500 Einträgen zwischen Juli 2009 und Dezember 2020, die hinsichtlich der o. a. Anforderung von Informations- und Vertragsunterlagen erhoben wurden. Darüber hinaus bildet der Datensatz im selben Zeitraum ca. 8000 Kunden ab, die bereits eine Dienstleistung des Unternehmens in Anspruch genommen haben. Die Variablen, die als Grundlage der nachfolgenden Untersuchungen im Datensatz aufgeführt sind, sind in Tab. 1 dargestellt.

Die Variable *Erworben* gibt auf Basis einer binären Ausprägung an, ob sich ein potenzieller Kunde bereits für das Angebot des betrachteten Unternehmens

Tab. 1 Variablen der empirischen Untersuchung. (Quelle: Eigene Abbildung)

Bezeichnung	Beschreibung
Erworben	Weist aus, ob die vom Unternehmen angebotene Leistung gekauft wurde
Kontakt1Werbekanal	Weist den Werbekanal aus, über den der potenzielle Kunde beim ersten Kontakt auf das Angebot des Unternehmens aufmerksam wurde
Kontakt1Zeitstempel	Weist den Zeitstempel aus, an dem der potenzielle Kunde das erste Mal Informations- und Vertragsunterlagen angefordert hat
Kontakt2Werbekanal	Weist den Werbekanal aus, über den der potenzielle Kunde beim zweiten Kontakt auf das Angebot des Unternehmens aufmerksam wurde
Kontakt2Zeitstempel	Weist den Zeitstempel aus, an dem der potenzielle Kunde das zweite Mal Informations- und Vertragsunterlagen angefordert hat
...	...
...	...
Kontakt8Werbekanal	Weist den Werbekanal aus, über den der potenzielle Kunde beim achten Kontakt auf das Angebot des Unternehmens aufmerksam wurde
Kontakt8Zeitstempel	Weist den Zeitstempel aus, an dem der potenzielle Kunde das achte Mal Informations- und Vertragsunterlagen angefordert hat

entschieden hat. Die übrigen Variablen im Datensatz repräsentieren zum einen die Werbekanäle, über die ein potenzieller Kunde auf das Angebot des Dienstleistungsunternehmens aufmerksam wurde. Die Variablen *Kontakt1Werbekanal* bis *Kontakt8Werbekanal* repräsentieren auf Grundlage von Trackingmechanismen die Werbekanäle, über die die potenziellen Kunden auf das Angebot des Dienstleistungsunternehmens aufmerksam wurden.

Zum anderen wird im Datensatz über Zeitstempel ausgewiesen, wann ein Kontakt zwischen einem potenziellen Kunden und dem werbetreibenden Unternehmen stattgefunden hat. Die Variablen *Kontakt1Zeitstempel* bis *Kontakt8Zeitstempel* repräsentieren die Zeitstempel, zu denen jeweils Informations- und Vertragsunterlagen angefordert wurden.

Die Werbekanäle, über die ein potenzieller Kunde auf Grundlage von Trackingmechanismen auf das Angebot des betrachteten Unternehmens aufmerksam werden konnte, sind zusammen mit der im Beitrag jeweils verwendeten Abkürzung sowie ihrer jeweiligen Häufigkeit in Tab. 2 aufgeführt. Die Darstellung ist auf Grundlage der entsprechenden Häufigkeiten absteigend sortiert.

Tab. 2 Werbekanäle der
empirischen Untersuchung.
(Quelle: Eigene Abbildung)

Werbekanal	Abkürzung	Häufigkeit
Google-Anzeigen	GA	40.595
Google-Suchergebnisse	GS	8837
Affiliate-Netzwerk 1	AN 1	4304
Affiliate-Netzwerk 2	AN 2	4043
Passives Telefonmarketing	PT	2768
Affiliate-Netzwerk 3	AN 3	137
Facebook Fanpage & Werbeanzeigen	FB	42

Mit Blick auf Tab. 2 zeigt sich, dass die Summe der in der dritten Spalte („Häufigkeit") ausgewiesenen Werte nicht mit den o. a. ca. 77.500 Einträgen übereinstimmt. Die Differenz liegt darin begründet, dass – gemäß den bereits dargestellten Herausforderungen im Rahmen einer Online-Customer-Journey-Analyse – nicht zu allen Einträgen erfasst werden konnte, über welchen Werbekanal die Anforderung von Informations- und Vertragsmaterial initiiert wurde.

Den am meisten genutzten Kanal im Online-Marketing stellt mit Blick auf den betrachteten Anwendungsfall der Einsatz von *Google-Anzeigen (GA)* dar. Es handelt sich hierbei um Kundenkontakte, die auf Grundlage einer Anzeige initiiert wurden, die vom werbetreibenden Unternehmen im Rahmen der Suchmaschinenwerbung geschaltet wurde (Jacob, 2015, S. 268–272; Kamps & Schetter, 2018, S. 40–42). Der Kanal *Google-Suchergebnisse (GS)* repräsentiert in Abwandlung hierzu solche Fälle, in denen ein potenzieller Kunde über ein organisches Suchergebnis (Bischopinck & Ceyp, 2009, S. 116–119) auf das Dienstleistungsangebot des Unternehmens weitergeleitet wurde.

In Ergänzung greift das betrachtete Unternehmen auf das Affiliate-Marketing (Bormann, 2019, S. 21–28) zurück. Über drei verschiedene *Affiliate-Netzwerke (AN 1, AN 2 & AN 3)* sollen potenzielle Kunden auf das Dienstleistungsangebot weitergeleitet werden. Einen weiteren Werbekanal stellt der Einsatz einer *Facebook Fanpage* sowie von *Facebook Werbeanzeigen* (zusammen *FB*) (Kreutzer, 2018, S. 66–67) dar. Darüber hinaus verwendet das betrachtete Unternehmen *passives Telefonmarketing (PT)* (Holland, 2002, S. 13), um auf telefonische Anfragen potenzieller Kunden zu reagieren.

Mit Blick auf den zugrunde liegenden Datensatz zeigt sich im abgebildeten Zeitraum, dass potenzielle Kunden des Dienstleistungsunternehmens bis zu elfmal Informations- und Vertragsunterlagen anfordern. Hinsichtlich dieser elf Kontakte ist es den potenziellen Kunden möglich, den jeweils genutzten Werbekanal aus allen sieben eingesetzten Werbekanälen (Tab. 2) auszuwählen. In der Konsequenz ergibt sich unter Anwendung der nachfolgend aufgeführten Formel die potenzielle Anzahl verschiedener Pfade durch die Customer Journey. Mit Blick auf den betrachteten Anwendungsfall beträgt diese 1.977.326.743.

$$AnzPfadeCustomerJourney = AnzWerbekanäle^{AnzMaximaleKontakte}$$

mit:

AnzPfadeCustomerJourney	Die potenzielle Anzahl verschiedener Pfade durch die Customer Journey.
AnzWerbekanäle	Die Anzahl bereitgestellter Werbekanäle.
AnzMaximaleKontaktpunkte	Die maximale Anzahl der Kontakte zwischen einem potenziellen Kunden und dem werbetreibenden Unternehmen.

Es zeigt sich hinsichtlich der o. a. Anzahl der Einträge im Datensatz, dass diese – trotz Vollerhebung – deutlich geringer ist als die potenzielle Anzahl der verschiedenen Pfade durch die Customer Journey. Dies bedeutet in der Konsequenz, dass nicht alle potenziellen Pfade durch die Customer Journey auch genutzt wurden. Von sämtlichen möglichen Pfaden wurden lediglich 0,004 % tatsächlich durchlaufen.

Die Anzahl der verschiedenen Pfade, die von den potenziellen Kunden tatsächlich durchlaufen wurden, ist in Tab. 3 ausgewiesen. In der ersten Spalte wird dort zunächst aufgeführt, aus wie vielen Kontakten der Pfad jeweils besteht. In der zweiten Spalte ist angegeben, wie viele verschiedene Pfade mit der jeweiligen Anzahl an Kontakten im Datensatz tatsächlich konstatiert werden können. Die dritte Spalte bildet auf Grundlage der o. a. Formel die Anzahl verschiedener möglicher Pfade ab, die bei der entsprechenden Anzahl Kontakte möglich ist. In der vierten Spalte wird der prozentuale Anteil des Wertes aus der zweiten Spalte am Wert in der dritten Spalte ausgewiesen.

Mit Blick auf die Werte in Tab. 3 zeigt sich, dass insgesamt 194 verschiedene Pfade durch die Customer Journey im Datensatz abgebildet werden. Hiervon zeichnen sich allerdings lediglich 26 Pfade dadurch aus, dass sie von 30 oder mehr potenziellen Kunden durchlaufen wurden. In der Folge werden ausschließlich diese Pfade betrachtet, um den Aussagegehalt der Untersuchung nicht durch Einzelfälle zu verfälschen.

Tab. 3 Pfade durch die Customer Journey. (Quelle: Eigene Abbildung)

Anzahl Kontakte	Anzahl Pfade durch die Customer Journey		Anteil an der Menge aller potenziellen Pfade
	Tatsächlich	Möglich	
1	7	7	100,00 %
2	34	49	69,39 %
3	61	343	17,78 %
4	46	2401	1,92 %
5	27	16.807	<0,01 %
6	12	117.649	<0,01 %
7	3	823.543	<0,01 %
8	1	5.764.801	<0,01 %
9	1	40.353.607	<0,01 %
10	1	282.475.249	<0,01 %
11	1	1.977.326.743	<0,01 %

Es verbleiben für die nachfolgenden Betrachtungen somit 26 Pfade durch die Customer Journey, die von insgesamt 51.743 potenziellen Kunden durchlaufen wurden. Die Anzahl an Kontakten zwischen den potenziellen Kunden und dem werbetreibenden Unternehmen betrug in diesen Fällen maximal vier.

4.2 Methodische Vorgehensweise

Eine Zielsetzung dieser Ausarbeitung besteht darin, die Ergebnisse der empirischen Analysen möglichst transparent auszugestalten. Dies soll u. a. zur Folge haben, dass sowohl eine Übertragung auf unternehmensindividuelle Kontexte als auch die Umsetzung daraus abgeleiteter Implikationen nicht übermäßig behindert werden. Zu diesem Zweck wird in den kommenden Abschnitten ausschließlich auf der Grundlage von Häufigkeiten und Wahrscheinlichkeiten argumentiert.

Die entsprechende Argumentation erfolgt zudem tendenziell generalistisch, um potenzielle Erweiterungen sowie Spezialisierungen nicht unnötig stark zu behindern. Die Ausführungen sollen damit eine ausbaufähige Grundlage bilden, um entsprechend ausgeprägte Analysen der Online Customer Journey in unterschiedlichen konkreten Kontexten zu fördern.

4.3   Empirische Identifikation verkaufsfördernder Werbekanäle

4.3.1   Ergebnisse der Aufstellung von Wahrscheinlichkeiten

Im Rahmen der empirischen Beantwortung von Untersuchungsfrage 1 ist es das Ziel, solche Werbekanäle zu identifizieren, denen eine vergleichsweise gute Verkaufsförderung zugeschrieben werden kann. Im Sinne der Untersuchungskonzeption soll dies mit Blick auf den einmaligen Einsatz einzelner sowie mit Blick auf den kombinierten Einsatz mehrerer Online-Werbekanäle erfolgen.

Tab. 4 weist zu diesem Zweck zunächst aus, welcher Erfolg den eingesetzten Werbekanälen zugeschrieben werden kann, wenn über sie der einzige Kontakt zwischen einem potenziellen Kunden und dem werbetreibenden Unternehmen zustande kam. Die Tabelle weist für jeden Werbekanal aus, wie viele Produkte im Anschluss an die entsprechende Kontaktaufnahme verkauft werden konnten. Zudem ist ausgewiesen, wie viel Prozent der Kontaktaufnahmen über diesen Werbekanal zu einem erfolgreichen Verkauf geführt haben. Die Sortierung der Zeilen in dieser sowie in den nachfolgenden Tabellen folgt dabei der Anordnung der Werbekanäle in Tab. 2. Hinsichtlich der Bezeichnung der Werbekanäle wird auf die Abkürzungen zurückgegriffen, die in Tab. 2. eingeführt wurden. Abb. 2 stellt anschließend die entsprechenden Online-Customer-Journeys graphisch dar.

In den Tab. 5, 6 und 7 werden ergänzend die Customer Journeys ausgewiesen, bei denen potenzielle Kunden zwei- bis viermal Informations- und Vertragsunterlagen beim werbetreibenden Unternehmen angefordert haben. Die Abfolge der jeweiligen Pfade durch die Customer Journey ist in der ersten Spalte jeweils von links nach rechts aufgeführt. Die Abb. 3, 4 und 5 dienen jeweils dazu, die entsprechenden Pfade graphisch zu repräsentieren. Der Übersichtlichkeit halber werden dort lediglich die Pfade ausgewiesen, bei denen der Werbekanal *Google-Anzeigen* den ersten Kundenkontaktpunkt darstellt.

Tab. 4 Erfolg einstufiger Pfade durch die Customer Journey. (Quelle: Eigene Abbildung)

Werbekanal	Anzahl Kunden	Verkaufte Produkte	Erfolgsquote des Pfades
GA	31.680	2021	6,38 %
GS	5854	883	15,08 %
AN 1	3787	44	1,16 %
AN 2	3455	45	1,30 %
PT	1902	254	13,35 %
AN 3	118	–	–

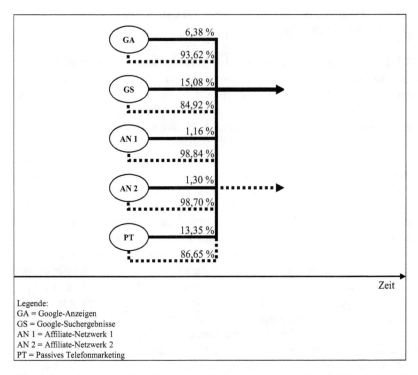

Abb. 2 Darstellung einstufiger Pfade durch die Customer Journey. (Quelle: Eigene Darstellung)

4.3.2 Implikationen hinsichtlich der Identifikation abschlussstarker Kanäle

Auf Grundlage der Einträge in den Tab. 4 bis 7 kann zunächst identifiziert werden, auf wie viele Kontaktpunkte welcher Anteil aller generierten Produktverkäufe entfällt. Die entsprechenden Werte sind in Abb. 6 ausgewiesen. Es zeigt sich hierbei deutlich, dass das werbetreibende Unternehmen den überwiegenden Teil seiner Verkäufe ($\approx$ 73 %) auf Grundlage eines einzigen Kontaktes generieren kann. Während eine Customer Journey, die aus zwei Kontaktpunkten besteht, noch ca. 23 % aller Verkäufe generiert, entfallen auf mehr als zwei Kontaktpunkte in Summe lediglich ca. 4 % aller Verkäufe.

Dem werbetreibenden Unternehmen muss vor dem Hintergrund, dass potenzielle Kunden somit i. d. R. maximal ein bis zwei Möglichkeiten einräumen, vom

Tab. 5 Erfolg zweistufiger Pfade durch die Customer Journey. (Quelle: Eigene Abbildung)

Werbekanäle	Anzahl Kunden	Verkaufte Produkte	Erfolgsquote des Pfades
GA → GA	2405	460	19,13 %
GA → GS	531	181	34,09 %
GA → AN 2	36	3	8,33 %
GA → PT	230	75	32,61 %
GS → GA	222	56	25,23 %
GS → GS	388	126	32,47 %
GS → PT	75	28	37,33 %
AN 1 → GA	65	6	9,23 %
AN 1 → AN 1	126	7	5,56 %
AN 2 → GA	64	7	10,94 %
AN 2 →GS	38	9	22,68 %
AN 2 → AN 2	125	4	3,20 %
PT → GA	66	21	31,82 %
PT → PT	45	16	35,56 %

Tab. 6 Erfolg dreistufiger Pfade durch die Customer Journey. (Quelle: Eigene Abbildung)

Werbekanäle	Anzahl Kunden	Verkaufte Produkte	Erfolgsquote des Pfades
GA → GA → GA	292	84	28,77 %
GA → GA → GS	63	23	36,51 %
GA → GA → PT	35	18	51,43 %
GA → GS → GS	57	33	57,89 %
GS → GS → GS	34	10	29,41 %

Tab. 7 Erfolg vierstufiger Pfade durch die Customer Journey. (Quelle: Eigene Abbildung)

Werbekanäle	Anzahl Kunden	Verkaufte Produkte	Erfolgsquote des Pfades
GA → GA → GA → GA	50	16	32,00 %

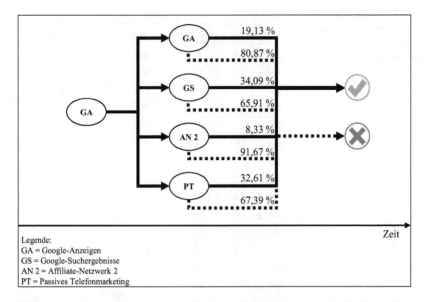

Abb. 3 Darstellung zweistufiger Pfade durch die Customer Journey. (Quelle: Eigene Darstellung)

eigenen Angebot zu überzeugen, nahegelegt werden, massiv auf die Qualität der eingesetzten Werbekanäle zu achten. Das Unternehmen bekommt von potenziellen Kunden nur sehr vereinzelt die Möglichkeit zugestanden, erst im Rahmen eines weiteren Kontaktes zu überzeugen.

Neben dieser tendenziell pauschal und bisweilen eingängigen Aussage können aus den identifizierten Ergebnissen weitere Implikationen hinsichtlich der Relevanz einzelner Online-Werbekanäle abgeleitet werden. Zu diesem Zweck ist in den Abb. 7 bis 9 ausgewiesen, welcher Anteil den einzelnen Werbekanälen bei der Zurechnung der Werbewirkung zugesprochen werden kann, wenn die Werbewirkung auf Grundlage unterschiedlicher Attributionsmethoden zugeordnet wird.

Es ist dort jeweils ausgewiesen, welchem Werbekanal der Verkauf zugeordnet werden kann, wenn der Erfolg jeweils ausschließlich dem ersten Werbekanal (Abb. 7), ausschließlich dem letzten Werbekanal (Abb. 8) oder gleichmäßig allen verwendeten Werbekanälen (Abb. 9) zugesprochen wird. Der Ausweis erfolgt jeweils unabhängig von der Anzahl der Kontaktpunkte zwischen einem potenziellen Kunden und dem werbetreibenden Unternehmen.

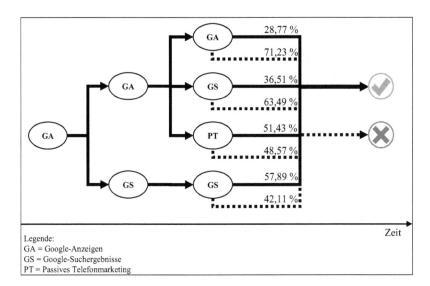

Abb. 4 Darstellung dreistufiger Pfade durch die Customer Journey. (Quelle: Eigene Darstellung)

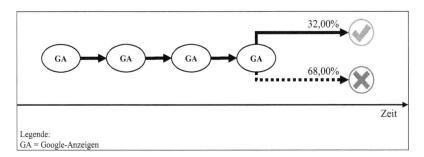

Abb. 5 Darstellung des vierstufigen Pfads durch die Customer Journey. (Quelle: Eigene Darstellung)

Hinsichtlich der Unterschiede, die sich aus der Anwendung verschiedener Attributionsmethoden ergeben, fällt auf, dass die Relevanz der einzelnen Werbekanäle hierdurch kaum berührt wird. So führt der alleinige oder kombinierte Einsatz des Werbekanals *Google-Anzeigen* im betrachteten Anwendungsfall

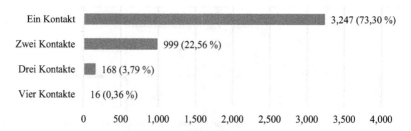

Abb. 6 Anzahl der Produktverkäufe mit Blick auf die Anzahl der Kontaktpunkte. (Quelle: Eigene Darstellung)

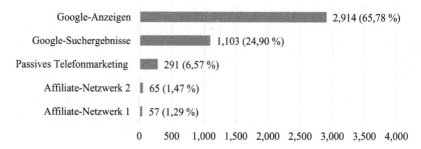

Abb. 7 Werbewirkung der einzelnen Online-Werbekanäle – Zuordnung zum ersten Kontakt. (Quelle: Eigene Darstellung)

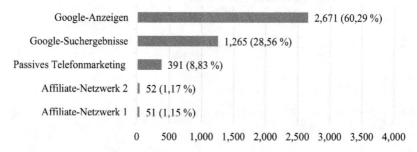

Abb. 8 Werbewirkung der einzelnen Online-Werbekanäle – Zuordnung zum letzten Kontakt. (Quelle: Eigene Darstellung)

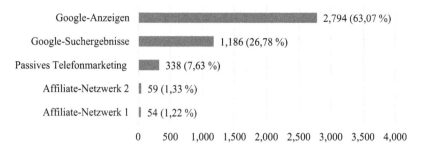

Abb. 9 Werbewirkung der einzelnen Online-Werbekanäle – gleichmäßige Zuordnung zu allen Kontakten. (Quelle: Eigene Darstellung)

zu mehr als der Hälfte aller Verkäufe. Dem werbetreibenden Unternehmen kann somit empfohlen werden, diesen weiterzubetreiben bzw. dessen Einsatz auszuweiten.

Hinsichtlich der Werte, die in Tab. 4 bis 7 ausgewiesen sind, fällt zudem allerdings ebenfalls auf, dass sich der Einsatz dieses Werbekanals durch hohe Streuverluste auszeichnet. Das werbetreibende Unternehmen sollte vor dem Hintergrund der damit einhergehenden Aufwendungen vermeidbarer Werbebudgets somit prüfen, ob Möglichkeiten existieren, die entsprechenden Anzeigen im Kontext des Suchmaschinenmarketings passgenauer zu gestalten. Eine Möglichkeit wäre es hierbei, die Anzeigen mit anderen Suchbegriffen zu versehen, damit sie nur von solchen potenziellen Kunden angeklickt werden, bei denen eine hohe Kaufwahrscheinlichkeit existiert. Zudem wäre es möglich, die Kampagnen um solche Suchbegriffe zu bereinigen, die zwar zu Klicks auf die Anzeigen, nicht aber zu Vertragsabschlüssen führen.

Den zweitwichtigsten Kanal stellt mit Blick auf die Generierung von Verkäufen *Google-Suchergebnisse* dar. Vor dem Hintergrund, dass der Einsatz dieses Werbekanals keine direkten Provisionszahlungen beinhaltet, sollte das werbetreibende Unternehmen versuchen, die Attraktivität dieses Werbekanals für potenzielle Kunden zu stärken. Dies könnte in der Konsequenz beispielsweise wünschenswerte Wanderungsbewegungen der potenziellen Kunden weg von der Verwendung bezahlter Anzeigen verursachen. Vor diesem Hintergrund und in Anbetracht der auch hierbei zu konstatierenden Streuverluste muss dem werbetreibenden Unternehmen empfohlen werden, die Suchmaschinenoptimierung des eigenen Internetauftritts zielgerichteter auf den Bedarf potenzieller Kunden auszurichten. In der Konsequenz würden die organischen Suchtreffer einen attraktiveren

Eindruck machen. Es ist davon auszugehen, dass dies zu weiteren Verkäufen beiträgt, falls sich das Angebot des werbetreibenden Unternehmens so darstellt, wie
es in der Suchmaschine auch propagiert wird.

Die Werbekanäle *Affiliate-Netzwerk 1* und *Affiliate-Netzwerk 2* zeichnen sich
durch eine vergleichbare Leistung hinsichtlich der Generierung von Produkt-
verkäufen aus. In Summe ist diese Leistung allerdings moderat. Vor dem
Hintergrund, dass im Rahmen des Affiliate-Marketings in der Regel eine erfolgs-
abhängige Provision gezahlt wird, könnte der Annahme gefolgt werden, dass das
Unternehmen diese Werbekanäle trotz geringer Leistung weiterbetreiben sollte.
Mit Blick auf die Aufwände, die aufseiten des werbetreibenden Unternehmens
hiermit allerdings einhergehen, sollte diese Einschätzung differenzierter erfolgen.
So kann werbetreibenden Unternehmen empfohlen werden, den Aufwand, den
der Einsatz der entsprechenden Werbekanäle verursacht (z. B. Anbahnung von
Partnerschaften, Bereitstellung von Werbemitteln, Prüfung der Rechtmäßigkeit
von Provisionszahlungen), zu erfassen und anschließend zu prüfen, ob der durch
das Affiliate-Marketing generierte Erfolg diesen rechtfertigt.

Der Einsatz des Werbekanals *Passives Telefonmarketing* generiert ebenfalls
lediglich moderate Erfolge. Den größten Erfolg erzielt dieser Werbekanal, wenn
nur der letzte Kundenkontakt in der Customer Journey berücksichtigt wird. Dies
zeigt, dass es über das passive Telefonmarketing vergleichsweise gut möglich
ist, die potenziellen Kunden zu motivieren, das angebotene Produkt zu erwer-
ben. Die mit Blick auf den Anwendungsfall zu konstatierenden Streuverluste
lassen allerdings auch hierbei die Vermutung zu, dass auch mit Blick auf diesen
Kanal vorhandene Potenziale nicht ausgeschöpft werden. Vor diesem Hintergrund
kann dem werbetreibenden Unternehmen empfohlen werden, das hierfür einge-
setzte Personal bedarfsorientiert zu schulen, um den Verkauf weiterer Produkte
zu fördern.

4.4 Empirische Identifikation relevanter zeitlicher Abstände zwischen Kundenkontaktpunkten

Im Rahmen der empirischen Beantwortung von Untersuchungsfrage 2 soll nun
geprüft werden, ob dem zeitlichen Abstand zwischen zwei Kundenkontaktpunkten Implikationen für die Steuerung einzelner Werbekanäle entnommen werden
können. Zu diesem Zweck weist Tab. 8 für unterschiedlich lange Pfade durch die
Online-Customer-Journey aus, welcher zeitliche Abstand in Stunden durchschnittlich zwischen verschiedenen Kontaktpunkten zu konstatieren ist. Der Ausweis
erfolgt differenziert für die Fälle, in denen die angebotene Leistung verkauft

wurde, sowie für die Fälle, in denen dies nicht – bzw. noch nicht – der Fall ist.

Mit Blick auf die ausgewiesenen Werte zeigt sich zunächst, dass Verkäufe insbesondere mit Customer Journeys einhergehen, die vergleichsweise lange Zeiträume in Anspruch nehmen. Es werden von den potenziellen Kunden somit kaum spontan bzw. impulsiv anmutende Käufe getätigt.

Customer Journeys, die zu einem Verkauf der angebotenen Leistung führen, gehen dabei im Vergleich mit Customer Journeys, die keinen Verkauf auslösen, mit komprimierteren Zeiträumen einher. Aus der Sicht des werbetreibenden Unternehmens erfolgreiche Customer Journeys nehmen ca. 78 % bei zwei Kontakten, ca. 55 % bei drei Kontakten sowie ca. 60 % bei vier Kontakten kürzere Zeiträume in Anspruch, als dies mit Blick auf (bisher) nicht erfolgreiche Customer Journeys der Fall ist.

Dem werbetreibenden Unternehmen kann somit im Rahmen seiner Möglichkeiten empfohlen werden, eine schnelle Abfolge verschiedener Kundenkontaktpunkte zu fördern. In diesem Zusammenhang erscheint es zunächst zwingend erforderlich, Anfragen potenzieller Kunden zeitnah zu bearbeiten. Zudem kann es mit Blick auf die Förderung kurzfristiger Entscheidungen hilfreich sein, konkrete Anreize bei potenziellen Kunden zu schaffen. So könnte beispielsweise das Angebot eines zeitlich befristeten Preisnachlasses hilfreich sein, zusätzliche Verkäufe zu generieren.

Eine weitere Möglichkeit, potenzielle Kunden vom Angebot zu überzeugen, könnte darin bestehen, Nachfassaktionen zu implementieren. Die Durchführung dieser Maßnahmen sollte dabei in enger zeitlicher Nähe zum letzten Kontakt mit dem jeweiligen potenziellen Kunden stattfinden. Dies fördert einerseits, dass sich der potenzielle Kunde noch ausreichend an das Angebot des

Tab. 8 Zeitliche Abstände zwischen Kontaktpunkten. (Quelle: Eigene Abbildung)

Anzahl der Kontakte	Zeitlicher Abstand zwischen Kundenkontaktpunkten *(in Stunden)*	
	Produkt verkauft	Produkt nicht verkauft
2	5254	24.374
3	1906	4279
4	554	1374

werbetreibenden Unternehmens erinnert. Andererseits wird hierdurch der Situation vorgebeugt, dass der potenzielle Kunde bereits umfassend konkurrierende Angebote identifiziert hat.

Zudem sollte das werbetreibende Unternehmen nach Möglichkeit ergründen, wieso sich potenzielle Kunden gegen den Kauf der angebotenen Leistung entschieden haben. In der Konsequenz könnte beispielsweise identifiziert werden, ob der hiermit einhergehende vergleichsweise große zeitliche Abstand zwischen den einzelnen Kontaktpunkten einen kausalen Einfluss auf die entsprechende Entscheidung ausübt. Eine aktive und frühzeitig durchgeführte Kontaktaufnahme seitens des werbetreibenden Unternehmens könnte diesbezüglich hilfreich sein.

5 Limitationen und Ausblick auf weitere Forschungsansätze

Die Ergebnisse, die in den vorangegangenen Abschnitten dargestellt wurden, liefern lohnenswerte Ansätze, die es werbetreibenden Unternehmen ermöglichen, die Online Customer Journey potenzieller Kunden darzustellen und zu analysieren. Bei der Übertragung auf den jeweiligen unternehmensindividuellen Kontext sollten allerdings einige Limitationen berücksichtigt werden.

Es sollte beispielsweise berücksichtigt werden, dass die ermittelten Werte lediglich eine Einzelfallbetrachtung eines realen Unternehmens repräsentieren. Erst auf Grundlage identisch angelegter Replikationsstudien wäre es unter Einsatz alternativer Datenbestände möglich, die Repräsentativität der Ergebnisse umfassender zu verifizieren. Zudem könnte eine Erweiterung der Untersuchung darin bestehen, hinsichtlich der empirischen Ausarbeitung reichhaltigere Analysemethoden zu verwenden. Auch wenn die intendierte Transparenz der Analyse sowie deren Ergebnisse hierunter bisweilen leidet, erscheint es auf Grundlage entsprechender Methoden dennoch möglich, komplexe Zusammenhänge in den zugrunde liegenden Daten umfassender zu identifizieren.

Eine weitere Limitation besteht darin, dass es auf Grundlage der dargestellten Untersuchung weiterhin nicht möglich ist, den konkreten Mehrwert, den ein Kundenkontakt mit Blick auf die Kaufentscheidung ausübt, zu quantifizieren. Die Verwendung ausschließlich technisch getrackter Werbekanäle lässt es ohne weiterführende Informationen nicht zu, den subjektiven Mehrwert zu ermitteln, den potenzielle Kunden in den jeweiligen Online-Werbekanälen sehen. Diese Problematik könnte gemildert werden, indem ergänzend oder alternativ auf die Erinnerung der potenziellen Kunden hinsichtlich der verwendeten Werbekanäle zurückgegriffen wird. So erscheint es auf Grundlage dieser Information zum einen besser möglich, die Werbekanäle zu identifizieren, die einen positiven Einfluss beim potenziellen Kunden hinterlassen haben, wenn dieser das angebotene Produkt anschließend erwirbt. Zum anderen erscheint es im Umkehrschluss ebenfalls besser möglich, die Werbekanäle zu identifizieren, die keinen derartigen Einfluss beim potenziellen Kunden ausgeübt haben, wenn dieser anschließend weder das Produkt erwirbt, noch einen weiteren Kontakt mit dem werbetreibenden Unternehmen sucht.

Eine weitere potenzielle Limitation hinsichtlich der empirischen Ergebnisse liegt darin begründet, dass sich diese ausschließlich auf Häufigkeiten bzw. prozentuale Anteile beschränken. Dies fördert die angestrebte Generalisierung der Vorgehensweise, limitiert aber die Möglichkeiten, komplexere Zusammenhänge aufzuzeigen. Vor diesem Hintergrund scheint es im Zuge weiterführender Untersuchungen geboten, die analytischen Aspekte des Process Minings stärker zu berücksichtigen, die sich u. a. auf Ansätze des Workflow-Managements, des Geschäftsprozessmanagements und des Data Minings stützen (Peters & Nauroth, 2019, S. 3). Im Zuge dieser Ansätze wäre es nicht zuletzt möglich, sowohl eine Analyse ausschließlich auf der Basis von Ereignisprotokollen als auch einen Vergleich zwischen vom werbetreibenden Unternehmen angedachten Customer Journeys als auch von konkret durchlaufenen Customer Journeys durchzuführen (Fahland, 2021, S. 165). In diesem Zusammenhang wäre zudem eine explizitere Berücksichtigung solcher Customer Journeys möglich, deren Ablauf bereits vor dem Beginn der Datenerfassung anfing bzw. bei Ende der derzeitigen Datenerfassung noch nicht abgeschlossen war (Fahland, 2021, S. 182).

6   Fazit

Es konnte gezeigt werden, welche Relevanz einer Analyse der Online Customer Journey aus Sicht werbetreibender Unternehmen zugesprochen werden sollte. Auf Grundlage eines realen Anwendungsfalls konnten sowohl hinsichtlich der Identifikation verkaufsfördernder Werbekanäle als auch hinsichtlich der Identifikation relevanter zeitlicher Abstände zwischen verschiedenen Kontaktpunkten lohnenswerte Erkenntnisse generiert werden. Die Umsetzung der Implikationen, die aus diesen Ergebnissen abgeleitet werden konnten, kann werbetreibenden Unternehmen helfen, die Online Customer Journey ihrer potenziellen Kunden zu verbessern. Eine umfassendere Integration von Methoden des Process Minings lässt dabei die Vermutung zu, dass sich hierdurch weitere Einblicke in die Verhaltensweisen potenzieller Kunden gewinnen lassen. In der Konsequenz ist davon auszugehen, dass dies positive Einflüsse auf den Absatz der eigenen Leistungen haben wird.

Literatur

Ahrholdt, D., Greve, G., & Hopf, G. (2019). *Online-Marketing-Intelligence. Kennzahlen, Erfolgsfaktoren und Steuerungskonzepte im Online-Marketing*. Springer Gabler.
Barwitz, N., & Maas, P. (2018). Understanding the omnichannel customer journey – Determinants of interaction choice. *Journal of Interactive Marketing, 43*, 116–133.
Bischopinck, Y. von, & Ceyp, M. (2009). *Suchmaschinen-Marketing. Konzepte, Umsetzung und Controlling für SEO und SEM* (2. Aufl.). Springer.
Böcker, J. (2015). Die Customer Journey. Chance für mehr Kundennähe. In Deutscher Dialogmarketing Verband e. V. (Hrsg.), *Dialogmarketing Perspektiven 2014/2015 – Tagungsband 9. wissenschaftlicher interdisziplinärer Kongress für Dialogmarketing* (S. 165–177). Springer Gabler.
Bormann, P. M. (2019). *Affiliate-Marketing. Steuerung des Klickpfads im Rahmen einer Mehrkanalstrategie* (zugl. Dissertation, FernUniversität in Hagen). Springer Gabler.
Brandão, T. K., & Wolfram, G. (2018). *Digital Connection. Die bessere Customer Journey mit smarten Technologien – Strategie und Praxisbeispiele*. Springer Gabler.
Brynjolfsson, E., Hu, Y. J., & Rahman, M. S. (2013). Competing in the age of omnichannel retailing. *MIT Sloan Management Review, 54*(4), 23–29.
Cadonau, H. (2018). Logic & Magic. Customer Journey unter neuen Blickwinkeln. In F. Keuper, M. Schomann, & L. I. Sikora, (Hrsg.), *Homo Connectus. Einblicke in die Post-Solo-Ära des Kunden* (S. 33–51). Springer Gabler.
Dholakia, U. M., Kahn, B. E., Reeves, R., Rindfleisch, A., Stewart, D., & Taylor, E. (2010). Consumer behavior in a multichannel, multimedia retailing environment. *Journal of Interactive Marketing, 24*(2), 86–95.
Engelhardt, J. F., & Magerhans, A. (2019). *eCommerce klipp & klar*. Springer Gabler.
Esch, F.-R., & Knörle, C. (2016). Omni-Channel-Strategien durch Customer-Touchpoint-Management erfolgreich realisieren. In L. Binckebanck & R. Elste (Hrsg.), *Digitalisierung im Vertrieb. Strategien zum Einsatz neuer Technologien in Vertriebsorganisationen* (S. 123–137) Springer Gabler.
Fahland, D. (2021). Process-Mining: Prozessanalyse mit Ereignisdaten. In R. Laue, A. Koschmider, & D. Fahland (Hrsg.), *Prozessmanagement und Process-Mining – Grundlagen* (S. 165–197). De Gruyter.
Flocke, L., & Holland, H. (2014). Die Customer Journey Analyse im Online Marketing. In Deutscher Dialogmarketing Verband e. V. (Hrsg.), *Dialogmarketing Perspektiven 2013/2014 – Tagungsband 8. wissenschaftlicher interdisziplinärer Kongress für Dialogmarketing* (S. 213–242). Springer Gabler.
Holland, H. (2002). Das Mailing im integrierten Direktmarketing. In H. Holland (Hrsg.), *Das Mailing. Planung, Gestaltung, Produktion* (S. 9–32). Gabler.
Holland, H. (2016). *Dialogmarketing. Offline- und online-marketing, mobile- und social media-marketing* (4. vollständig überarbeitete Aufl.). Vahlen.

Holland, H., & Flocke, L. (2014). Customer-Journey-Analyse. Ein neuer Ansatz zur Optimierung des (Online-)Marketing-Mix. In Holland, H. (Hrsg.), *Digitales Dialogmarketing. Grundlagen, Strategien, Instrumente* (S. 825–855). Springer Gabler.

Jacob, M. (2015). *Integriertes Online-Marketing. Strategie, Taktik und Implementierung.* Springer Vieweg.

Kamps, I., & Schetter, D. (2018). *Performance Marketing. Der Wegweiser zu einem mess- und steuerbaren Marketing – Einführung in Instrumente, Methoden und Technik.* Springer Gabler.

Kotler, P., Armstrong, G., Saunders, J., & Wong, V. (2007). *Grundlagen des Marketings* (4. Aufl.). Pearson.

Kreutzer, R. T. (2018). *Social-Media-Marketing kompakt – Ausgestalten, Plattformen finden, messen, organisatorisch verankern.* Springer Gabler.

Kreutzer, R. T. (2019). *Online-marketing* (2. Aufl.). Springer Gabler.

Kreutzer, R. T., Rumler, A., & Wille-Baumkauff, B. (2019). *B2B-Online-Marketing und Social Media. Handlungsempfehlungen und Best Practices.* Springer Gabler.

Laakmann, M., & Rahlf, C. (2018). Customer Journey am Beispiel des Schadenprozesses in der Versicherungswirtschaft. In M. Reich & C. Zerres (Hrsg.), *Handbuch Versicherungsmarketing* (2. Aufl., S. 401–422). Springer.

Lammenett, E. (2019). *Praxiswissen online-marketing. Affiliate-, influencer-, content- und e-Mail-Marketing, google Ads, SEO, social Media, online- inklusive facebook-Werbung* (7. Aufl.). Springer Gabler.

Leeflang, P. S. H., Verhoef, P. C., Dahlström, P., & Freundt, T. (2014). Challenges and solutions for marketing in a digital era. *European Management Journal, 32*(1), 1–12.

Lindenbeck, B. (2018). *Steuerung von Dialogmarketingkampagnen* (zugl. Dissertation, FernUniversität in Hagen). Springer Gabler.

Lindenbeck, B. (2020). Die Bestimmung hinreichend umfassender Datenbestände zur Konzeption von Marketingkampagnen. In Deutscher Dialogmarketing Verband e. V. (Hrsg.). *Dialogmarketing Perspektiven 2019/2020 – Tagungsband 14. wissenschaftlicher interdisziplinärer Kongress für Dialogmarketing* (S. 119–133). Springer Gabler.

Lindenbeck, B. (2021). Implikationen einer Online-Customer-Journey-Analyse. In H. Holland (Hrsg.), *Digitales Dialogmarketing* (2. Aufl., S. 627–650).

Lindenbeck, B. (2022). *Zur Analyse der Online-Customer-Journey unter Einsatz des Process Mining – Methodische Ansätze und ausgewählte Implikationen. transfer – Zeitschrift für Kommunikation und Markenmanagement (Schwerpunktheft „Dialogmarketing")* (S. 38–45).

Meffert, H., Burmann, C., Kirchgeorg, M., & Eisenbeiß, M. (2019). *Marketing. Grundlagen marktorientierter Unternehmensführung Konzepte – Instrumente – Praxisbeispiele, 13, überarbeitete und* (erweiterte). Springer Gabler.

Mehn, A., & Wirtz, V. (2018). Stand der Forschung. Entwicklung von Omnichannel-Strategien als Antwort auf neues Konsumentenverhalten. In I. Böckenholt, A., Mehn, & A. Westermann (Hrsg.), *Konzepte und Strategien für Omnichannel-Exzellenz. Innovatives Retail-Marketing mit mehrdimensionalen Vertriebs- und Kommunikationskanälen* (S. 3–35). Springer Gabler.

Miesler, L., & Bearth, A. (2016). „Willingness to share" im Kontext Big Data. Wie entscheiden Kunden, ob sie ihre persönlichen Daten mit Unternehmen teilen? In Deutscher Dialogmarketing Verband e. V. (Hrsg.), *Dialogmarketing Perspektiven 2015/2016 – 10.*

wissenschaftlicher interdisziplinärer Kongress für Dialogmarketing (S. 49–66). Springer Gabler.

Milani, F. (2019). *Digital business analysis.* Springer.

Mull, S. (2018). Customer-Journey-Attributionsmodelle am Beispiel der Energiewirtschaft. In I. Böckenholt, A. Mehn, & A. Westermann (Hrsg.), *Konzepte und Strategien für Omnichannel-Exzellenz. Innovatives Retail-Marketing mit mehrdimensionalen Vertriebs- und Kommunikationskanälen* (S. 251–273). Springer Gabler.

Mutius, A. (2013). Anonymität als Element des allgemeinen Persönlichkeitsrechts. Terminologische, rechtssystematische und normstrukturelle Grundfragen, In H. Bäumler & A. Mutius (Hrsg.), *Anonymität im Internet. Grundlagen, Methoden und Tools zur Realisierung eines Grundrechts* (S. 12–26). Springer Vieweg.

Nefdt, M. (2018). *The insiders guide to customer experience analysis.* Conexus Consulting.

Olbrich, R., Schultz, C. D., & Holsing, C. (2019). *Electronic Commerce und Online-Marketing. Ein einführendes Lehr- und Übungsbuch* (2. Aufl.). Springer Gabler.

Ott, C. S. (2017): Erfolgreich verkaufen in einer digitalisierten Welt. In Keller, B. & Ott, C. S. (Hrsg.), *Touchpoint Management. Entlang der Customer Journey erfolgreich agieren* (S. 65–86). Haufe.

Peters, R., & Nauroth, M. (2019). *Process-Mining – Geschäftsprozesse: Smart, schnell und einfach.* Springer Gabler.

Peppers, D., & Rogers, M. (2016). *Managing customer experience and relationships – A strategic framework* (3. Aufl.). Wiley.

Rosenbaum, M. S., Otalora, M. L., & Ramírez, G. C. (2017). How to create a realistic customer journey map. *Business Horizons, 60*(1), 143–150.

Schallmo, D. R. A., Brecht, L., & Ramosaj, B. (2018). *Process innovation. Enabling change by technology – Basic principles and methodology: A management manual and textbook with exercises and review questions.* Springer Gabler.

Scheed, B., & Scherer, P. (2018). *Strategisches Vertriebsmanagement. B2B-Vertrieb im digitalen Zeitalter.* Springer Gabler.

Schröer, S. (2017). *Quick Guide Online-Marketing für Einzelkämpfer und Kleinunternehmer. Wie Sie Ihre Kunden online finden, begleiten und begeistern.* Springer Gabler.

Smart, R. (2016). *The agile marketer. Turning customer experience into your competitive advantage.* Wiley.

Toth, A. (2019). *Die Treiber der Customer Experience. So stärken Sie die Kundenbeziehung durch die Gestaltung des Einkaufserlebnisses.* Springer Gabler.

Wissmann, J. (2013). *Einwilligungen im Permission Marketing. Empirische Analysen von Determinanten aus der Sicht von Konsumenten* (zugl. Dissertation, Westfälische Wilhelms-Universität Münster). Springer Gabler.

Zagel, C. (2015). *Service fascination. Gaining competitive advantage through experiential self-service systems.* Springer Gabler.

Prof. Dr. Benedikt Lindenbeck ist Professor für Wirtschaftsinformatik insb. Data Science und Process Mining an der Fachhochschule Dortmund. Er lehrt dort u. a. zu den Themen Business Intelligence und Process Mining. Seine primären Forschungsinteressen liegen in der Entwicklung effizienter Algorithmen zur Auswertung umfassender Datenbestände, der

Identifikation von Kaufverhaltensmustern sowie der Analyse und Steuerung dialogorientierter Marketingkampagnen.

Customer Journey Mining – Erweiterung des Customer-Journey-Ansatzes mit Process Mining

Timo Gutmann, Rebecca Bulander und Bernhard Kölmel

Inhaltsverzeichnis

Zusammenfassung

In diesem Beitrag wird das Thema Customer Journey Mining anhand eines Beispieldatensatzes eines niederländischen Kreditinstituts aufgezeigt. Hierfür wird nach einer allgemeinen Einführung in das Thema ein Teil der Customer Journey mit seinen Customer Touchpoints im Kreditvergabeprozess betrachtet und ausgewertet. Im Anschluss daran wird auf die Potenziale, aber auch die Herausforderungen von Customer Journey Mining eingegangen.

T. Gutmann · R. Bulander (✉) · B. Kölmel
Hochschule Pforzheim, Pforzheim, Deutschland
E-Mail: rebecca.bulander@hs-pforzheim.de

T. Gutmann
E-Mail: gutmann_timo@web.de

B. Kölmel
E-Mail: bernhard.koelmel@hs-pforzheim.de

Schlüsselwörter

Customer Journey Mining • Process Mining • Customer Relationship Management

1 Customer Journey

Digitale Transformation sowie der Einsatz von Künstlicher Intelligenz und Algorithmen im Geschäftsumfeld sind einige der Themen, welche die kundenbezogenen Marktbedingungen in den letzten Jahren verändert haben. Darüber hinaus werden immer mehr Nischenmärkte von Unternehmen besetzt, die sich zunehmend auf ein einzelnes Produkt/eine Produktgruppe oder einen einzelnen Service konzentrieren. Dadurch hat sich das Sortiment deutlich erweitert und die Kunden können aus immer mehr Produkten und Dienstleistungen wählen. Hinzu kommen das verstärkte Outsourcing der Produktion und ein nahezu verdreifachtes weltweites Handelsvolumen (Exporte) innerhalb der letzten 20 Jahre (vgl. Statista, 2021), wodurch der Kostendruck für Unternehmen erheblich steigt. Daher müssen sie Strategien, Technologien und Lösungen finden, um sich auf dem wachsenden Markt zu etablieren und ein Alleinstellungsmerkmal zu entwickeln. Dies funktioniert am besten, wenn maximale Kundenorientierung und überragender Service angeboten werden. Zusätzlich müssen neue Trends schnell erkannt und die Geschäftsstrategie adaptiert werden. Sichtbar wird dies bei dem stark wachsenden Online-Markt. Während in Deutschland im Jahre 2017 noch 48,9 Mrd. EUR Umsatz generiert wurden (Handelsverband Deutschland, 2020), waren es im Jahr 2020 bereits 73 Mrd. EUR. Das bedeutet für Unternehmen, dass sie besonders im E-Commerce auf die Wünsche und Bedürfnisse ihrer Kunden eingehen und diese verstehen müssen. Hierzu zählt auch, die Schwierigkeiten im Entscheidungs- und Kaufprozess der Kunden zu erkennen und zu minimieren. Damit dieser verstärkte Kundenfokus umsetzbar ist, müssen nicht nur die Bereiche Marketing und Vertrieb angepasst werden, sondern die komplette Unternehmensstrategie und die Geschäftsprozesse. Zudem müssen Unternehmen neue und innovative Methoden einsetzen, um Kundenbedürfnisse und deren Verhalten besser zu verstehen und ihr Angebot weiterzuentwickeln.

Gleichzeitig bieten die Megatrends auch neue Chancen für Unternehmen. So ist die Sammlung von Daten in lokalen und verteilten Systemen wie dem Internet einfacher geworden, wodurch deutlich mehr Informationen zum Kaufverhalten von Kunden zur Verfügung stehen (vgl. van der Aalst, 2016, S. 3–4). Bei diesem immer größer werdenden Datenvolumen wird auch von Big Data gesprochen (vgl. Bendel, 2022). Jedoch stiften solche Daten nur dann einen Mehrwert, wenn sie ausgewertet und z. B. zu Prozessverbesserungen eingesetzt werden. Für interne Geschäftsprozesse ist das häufig schon der Fall. Process Mining ist dabei ein seit einiger Zeit zunehmend beliebtes Thema, bei dem Unternehmen die internen Geschäftsprozesse anhand realer Daten, sogenannten Ereignisprotokollen, analysieren und im Anschluss verbessern und automatisieren. Dabei ist die datenbasierte Prozessanalyse nicht nur intern einsetzbar, sondern kann auch für die Analyse externer Daten genutzt werden, wie zum Beispiel das Kundenverhalten auf der unternehmenseigenen Website oder beim Kauf von Produkten. So setzen sich Unternehmen momentan verstärkt das Ziel, die Customer Journey, d. h. die „Reise" (engl. Journey) eines potenziellen Kunden über verschiedene Kontaktpunkte (Touchpoints) mit einem Unternehmen bis zum Produktkauf, auf Grundlage einer generierten Datenbasis prozessual darzustellen, um anschließend Schwachstellen zu erkennen und das Kundenerlebnis zu verbessern. Dies erfolgt in einigen Unternehmen mithilfe von klassischem Customer Journey Mapping. Neuerdings gibt es hierfür vermehrt Tools auf den Markt, welche die prozessuale Darstellung der Customer Journey durch systemgestützte Analysetools vereinfachen und daher für Unternehmen leichter zugänglich machen. Gartner hat 2019 über die neuen Möglichkeiten berichtet und den Begriff Customer Journey Mining geprägt (vgl. Kerremans, 2019). Jedoch fordert diese Art der Datenerhebung eine Menge Expertise, wodurch das Kosten-Nutzen-Verhältnis für Unternehmen gegeben sein muss. Um das zu erreichen, müssen Unternehmen wissen, wie sie mit den neu gewonnenen Informationen umgehen und ihre Prozesse dementsprechend anpassen und verbessern können. Wie und ob das überhaupt möglich ist, wird in diesem Beitrag detailliert erläutert und anhand eines Beispiels aufgezeigt. Abb. 1 zeigt typische Stationen einer Customer Journey im Verkaufsprozess.

Das Customer Journey Mining wird bereits in einigen Unternehmen angewendet, jedoch gibt es bislang nur wenige Veröffentlichungen zu dem tatsächlichen Nutzen sowie den Herausforderungen. Dieser Beitrag verfolgt daher zum einen das Ziel, einen allgemeinen Überblick über Customer Journey Mining zu geben und die Zusammenhänge zum Customer Relationship Management sowie Geschäftsprozessmanagement aufzuzeigen. Zum anderen soll anhand eines Beispiels identifiziert werden, ob beim Einsatz von Customer Journey Mining Optimierungspotenziale erkannt werden können.

2   Customer Journey Mining

Customer Relationship Management (CRM) ist in Unternehmen ein übergeordnetes Thema, welches die Entwicklung profitabler Kundenbeziehungen anstrebt und

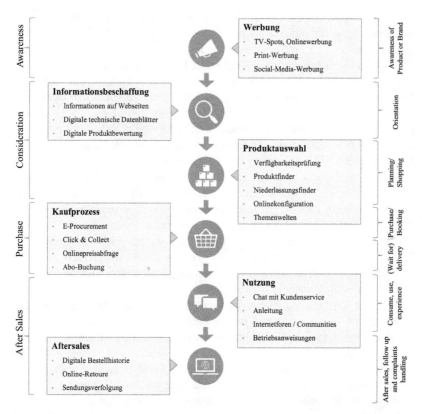

Abb. 1 Typische Stationen einer Customer Journey im Verkaufsprozess. (Angelehnt an: Mittelstand 4.0-Agentur Handel, 2018, S. 5)

dahin gehende sämtliche Anstrengungen des Unternehmens beinhaltet (Werro, 2015, S. 51). Als Customer Experience werden alle Bemühungen eines Unternehmens im Bereich CRM aus der Kundenperspektive bezeichnet, welche der Kunde als Erlebnis mit dem Unternehmen, den Produkten und Services wahrnimmt (vgl. Rusnjak & Schallmo, 2018, S. 7). Damit dieses Erlebnis positiv wahrgenommen wird, muss es von Unternehmen verstanden und aktiv betreut werden. Dafür üben Unternehmen Customer Experience Management aus und beziehen dabei die Anforderungen und Wünsche der Kunden in ihre Entscheidungen mit ein. Die dadurch entstandenen Kenntnisse werden in einem nächsten Schritt genutzt, um die Customer Experience zu verbessern (vgl. Rohde & Vollweiter, 2020,

S. 196). Insbesondere geht es hierbei um die Verbesserung einzelner Touchpoints und Erlebnisse der Kunden während ihrer Customer Journey. Zum Management von Kundenerlebnissen werden spezielle Methoden und Tools genutzt. Eine sehr wichtige Methode ist dabei das Customer Journey Mapping, um das Kundenerlebnis nachvollziehen zu können und Schwachstellen und Potenziale entlang des Prozesses zu erkennen. Für detaillierte Einblicke in die Customer Journey sollten reale Daten aus dem Prozess extrahiert und mithilfe systemgestützter Tools ausgewertet werden. Für die Auswertung der Daten kann Process Mining benutzt werden; da Process Mining in der Customer Journey verwendet wird, wird deshalb auch von Customer Journey Mining gesprochen (vgl. Kerremans, 2019). Die Weiterentwicklung einer Customer Journey trägt dabei wieder zur kundenorientierten Unternehmensstrategie bei, während Process Mining als Analysewerkzeug bei der Auswertung unterstützt. Process Mining ist eine datenbasierte Prozessanalyse, welche dafür die Ereignisprotokolle der prozessunterstützenden IT-Systeme verwendet; Process Mining hilft Unternehmen, ihre Prozesse zu analysieren und zu verbessern.

Mithilfe von Process-Mining-Algorithmen auf den Ereignisprotokollen können die Probleme in der Customer Journey identifiziert werden; darauf aufbauend lässt sich die Customer Experience verbessern. Die Änderungen zur Verbesserung der Kundenerlebnisse werden auch als Customer Experience Transformation bezeichnet.

Die Customer Experience Transformation zielt auf die Optimierung des allgemeinen Customer Experience Managements und der damit verbundenen Optimierung der Kundenerlebnisse ab (Rohde & Vollweiter, 2020, S. 196). Dies beinhaltet eine Beschleunigung und evtl. Automatisierung der Verkaufs- und Serviceprozesse, um die Interaktionen der Kunden mit dem Unternehmen und der Marke zu verbessern.

Besonders eine Reihe bewusst wahrgenommener, individuell interpretierbarer Erlebnisse, welche zu einer Zufriedenheit der Kunden beitragen, sollten daher aktiv vom Unternehmen gestaltet werden. Herschel und Thompson (2009), zitiert nach Rusnjak und Schallmo (2018), zählen zu diesen Ereignissen eine Summe an Interaktionen, die Aktivierung von bestimmten Gefühlen, die Wiedererkennung ähnlicher oder gleicher Erlebnisse sowie die Weiterentwicklung von Fachkompetenz. Hierbei ist es für Unternehmen wichtig, die Produktperspektive zu verlassen und die Kundenperspektive einzunehmen. Unternehmen, welche diese Sichtweise verinnerlicht haben und dadurch eine erfolgreiche Customer Experience Transformation verfolgen, profitieren nach Rohde und Vollweiter (2020, S. 196) von folgenden Vorteilen:

- Einen nachweislichen Anstieg der Kundenloyalität, welcher ebenfalls dazu führt, dass Bestandskunden langfristig gebunden werden und Mehrfach-käufe von Produkten und Services sowie die Weiterempfehlungsansicht an potenzielle Neukunden steigen.
- Käufer fungieren als Ideengeber und Innovationstreiber für die zielorientierte Produktentwicklung, da Unternehmen die Anforderungen der Kunden kennen und verstärkt einbeziehen können.
- Direkte Zusammenhänge zwischen der Kunden- und Mitarbeiterzufriedenheit dienen als ein Motivator für das gesamte Unternehmen.

Für eine strukturierte Customer Experience Transformation müssen das Verhalten, die Wünsche, die Gefühle und die Erwartungen der Kunden extrahiert, analy-siert und vom Unternehmen verstanden werden. Neben verschiedenen Methoden und Tools, diesen Zustand zu erreichen, wie z. B. Customer Value Proposi-tion, Jobs-to-be-Done, Customer Story Mapping, Service Blueprint und Customer Experience Canvas, wird in der Literatur besonders eine Methode hervorgehoben: die Customer Journey und das damit verbundene Customer Journey Mapping (CJM) (vgl. Bunge & Nöding, 2020, S. 240; vgl. Holmlund et al., 2020, S. 356; vgl. Lemon & Verhoef, 2016; vgl. Pfannstiel & Steinhoff, 2020, S. 240). Die Methode bietet Unternehmen Möglichkeiten, den Kundenfokus zu verstärken und die Customer Experience in all ihren Bestandteilen zu verbessern. In Abb. 2 werden die oben beschriebenen Zusammenhänge noch einmal verdeutlicht.

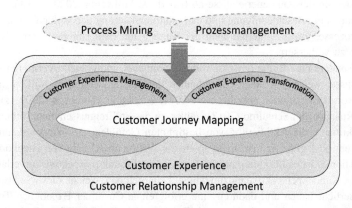

Abb. 2 Customer journey mapping im Themenkontext von CRM

3   Untersuchungsbeispiel zum Customer Journey Mining

In dem gewählten Beispielfall soll untersucht werden, ob der Einsatz von Process Mining einen Mehrwert in der Analyse und Verbesserung der Customer Journey bieten kann. In dem Beispielfall handelt es sich um ein Kreditinstitut, welches Kunden Kreditverträge verkauft. Das betroffene Kreditinstitut hat eine Reihe an Problemstellungen in seiner Customer Journey, welche es zu analysieren und zu lösen gilt, um die Performance und die Kundenzufriedenheit des Kreditinstituts zu erhöhen.

So ist momentan unklar, wie lange die Durchlaufzeit bei der aktuellen Customer Journey bei der Kreditvergabe ist und wie lange Kreditanträge unbearbeitet bleiben. Darüber hinaus stellt sich die Frage, ob lange Wartezeiten eine negative Auswirkung auf die Anzahl abgeschlossener Kreditverträge haben. Des Weiteren soll überprüft werden, wie viele der Kunden mehr als ein Angebot erhalten und ob in diesen Fällen die Quote abgeschlossener Verträge höher ist als in den Fällen, bei denen nur ein einziges Angebot an den Kunden versendet wird.

3.1   Datengrundlage für die Untersuchung

Für eine umfängliche Untersuchung wurde ein Ereignisprotokoll von einem Kreditinstitut in den Niederlanden im Verkaufsprozess von Krediten genutzt; dieses beinhaltet Daten von Januar 2016 bis Februar 2017 und wurde im XES-Format zur Verfügung gestellt (van Dongen, Boudewijn (2017)). Diese Datei kann ohne weitere Formatierung in die Process-Mining-Softwarelösung der Firma Celonis (gegründet in München mit mittlerweile mehr als 25 Standorten weltweit) hochgeladen und verarbeitet werden. Es sei an dieser Stelle angemerkt, dass es leider nicht sehr einfach ist, Datensätze zu erhalten, welche umfänglich die Customer Journey abbilden. Auch dieser Datensatz liefert leider nur einen Ausschnitt der Customer Journey über den Kreditverkaufsprozess.

Das Ereignisprotokoll zeigt die Customer Journey mit den Touchpoints zwischen Kunden und dem Kreditinstitut im Kreditvergabeprozess. Es beinhaltet Datenfelder wie die Bewerbungs-ID, die Aktivitäten im Prozess, einen Zeitstempel zu jeder Aktivität und weitere Informationen wie die Höhe der beantragten Kredite oder auch den Grund des Kreditantrags. Insgesamt gibt es 26 verschiedene Aktivitäten in dem Prozess, welche in drei Kategorien einteilbar sind:

1. Anwendungsstatus der Chance (Application State Chance),
2. Änderung des Angebotsstatus (Offer State Change) und
3. Workflow-Ereignisse (Workflow Events).

Alle Aktivitäten der Kategorie 1) gehen vom Kunden aus und sind somit die Berührungspunkte zwischen Institut und Kunde; sie sind im Text mit dem Buchstaben „A_" gekennzeichnet. Die Aktivitäten in Kategorie 2) sind interne Prozessschritte des Kreditinstituts und somit nicht zwingend Berührungspunkte zum Kunden. Diese habe die Kennzeichnung im Namen „O_". In der Kategorie 3) befinden sich automatisierte Vorgänge im System des Kreditinstituts und sind deshalb wegen der Unterstützung im Workflowsystem im Aktivitätennamen mit „W_" gekennzeichnet.

3.2   Analyse der Ereignisprotokolle

Zu Beginn der Analyse wurden erste grundlegende Informationen gesammelt, welche einen allgemeinen Überblick zum Kreditvergabeprozess und der damit verbundenen Customer Journey bieten. Insgesamt gibt es 31.509 Fälle, d. h. eingehende Kreditanfragen beim Institut. An die Kunden wurden in diesen Fällen insgesamt 42.995 Angebote versendet, sodass einige Kunden mehr als ein Angebot erhalten haben. Des Weiteren hat die Analyse ergeben, dass es im Durchschnitt 79 Kreditanträge pro Tag gibt und die Quote angenommener Angebote bei 55 % liegt, während die Quote der abgelehnten Anträge bei 33 % ist. Die restlichen 12 % der Angebote sind in dem untersuchten Zeitraum noch nicht entschieden worden, da man in einem Ereignisprotokoll immer nur einen zeitlichen Ausschnitt aus der realen Welt sehen kann. Die durchschnittliche Bearbeitungszeit eines Kreditvertrags beträgt 21 Tage.

Im Folgenden wird auf die Besonderheiten in diesem Datensatz eingegangen. Die Datengrundlage vereint zum einen die internen Prozessschritte des Instituts (Angebotserstellung) sowie die Berührungspunkte des Kunden mit dem Institut (Bewerbungsschritte). Der Gesamtprozess lässt sich im Wesentlichen in die folgenden vier Prozessabschnitte gliedern:

1. Bewerbung des Kunden für einen Kredit über die Webseite oder eine*n Kreditberater*in (A_Create Application, A_Submitted)
2. Check des Kreditantrags durch das Kreditinstitut und ggf. Korrekturen (W_Handle leads, W_Complete application)

3. Versendung von einem oder mehreren Angeboten an den Kunden und telefonische Kontaktaufnahme (A_Accepted, O_Create offer, O_Created, O_Sent
(mail and online))
4. Nach Erhalt aller notwendigen Dokumente entscheidet die Bank, ob der
Kredit vergeben wird. Der Prozess endet entweder mit einem vom Kunden
abgelehnten Kreditangebot (siehe Abb. 3) oder mit einem angenommenen
Kreditangebot (siehe Abb. 4).

Aus Gründen der Übersichtlichkeit können im Rahmen des Beitrags nicht alle
Prozessvarianten des ausgewählten Prozesses angezeigt und besprochen werden.
Eine Besonderheit des Process Minings ist es, dass es viele Prozessvarianten
gibt, wie ein Prozess ablaufen kann. Diese lassen sich auch in der Software auf
einmal darstellen, allerdings leidet in diesem Fall die Übersichtlichkeit und man
spricht auch von einem sogenannten „Spaghetti-Code": Aus dem Grund haben
wir uns entschieden, hier nur zwei sehr häufig vorkommende Prozessvarianten
auszuwählen und diese genauer zu beschreiben.

Der Kreditvergabeprozess in Abb. 3 beginnt mit der Bewerbung des Kunden
beim Kreditinstitut. Im nächsten Schritt wird die Bewerbung akzeptiert und auf
Vollständigkeit überprüft; im Anschluss wird ein Angebot erstellt und an den
Kunden versendet. Nachdem die Bewerbungsunterlagen vollständig beim Institut
eingegangen sind, hat sich der Kunde gegen das Angebot entschieden und somit
wurde die Bewerbung abgebrochen.

Die häufigste Variante bei erfolgreichen Kreditabschlüssen – er gibt mehrere
Prozessvarianten, welche zu einem angenommenen Kreditvertrag führen, aber
diese wurden der Übersichtlichkeit wegen ausgeblendet – sieht wie folgt aus
(Abb. 4). Bei dieser Variante beginnt der Prozess identisch zum Prozess in Abb. 3,
im Anschluss an das versendete Angebot wird die Bewerbung aber vervollständigt
und nach einer Validierung akzeptiert.

In einem nächsten Schritt soll in den Daten der beiden Prozesse in Abb. 3
und 4. untersucht werden, warum sich manche Kunden für einen Kredit entscheiden und warum manche den Prozess abbrechen. Leider liefert der zur Verfügung
gestellte Datensatz bzw. das Ereignisprotokoll keine weiteren Daten zu den einzelnen Customer Touchpoints, sodass wir in unserer Analyse den Fokus auf den
zeitlichen Verlauf im Prozess lenken. Solche Analysen kann man in Process-
Mining-Software durch das Setzten von Filterfunktionen wie z. B. Durchlaufzeit
erreichen. Tab. 1 zeigt die Dauer der Durchlaufzeiten vom ersten Auftreten des
Workflows „W_Complete application" bis zum ersten Auftreten der Aktivität
„O_Sent (mail and online)" einmal für alle Fälle der Kreditvergabe und einmal für
die erfolgreichen Kreditabschlüsse. In Tab. 1 ist ein Zusammenhang erkennbar,

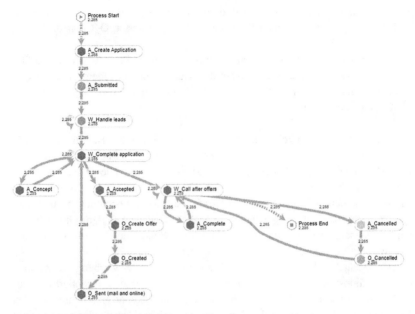

Abb. 3 Kreditvergabeprozesse mit abgelehnten Kreditangeboten[1]

dass die Erfolgsquote für einen angenommenen Kreditabschluss mit zunehmender Bearbeitungszeit sinkt. Um möglichst viele Kredite zu verkaufen, sollte das Institut deshalb das Ziel verfolgen, alle Anträge möglichst schnell zu bearbeiten und die Angebote an die Kunden auszuhändigen bzw. zu senden.

Bei der Untersuchung der Customer Journey fällt zusätzlich auf, dass Kunden eine unterschiedliche Anzahl an Angeboten erhalten. In Abb. 5 wird dieser Zusammenhang zwischen Anzahl der Angebote und Anzahl der Vertragsabschlüsse ersichtlich. Die Abb. 5 zeigt, dass ein Vertragsabschluss mit dem Kunden wahrscheinlicher ist, wenn mehr als ein Angebot versendet wurde.

Ebenso wurde anhand von Statistiken in dem Angebotsprozess untersucht, wie sich neben der Anzahl der versendeten Angebote die Dauer auf die Vertragsannahmequote auswirkt. Hier ergab die Analyse, dass Angebote dem Kunden häufig innerhalb eines Tages unterbreitet werden; in diesen Fällten ist davon auszugehen, dass die Angebote innerhalb eines Beratungstermins dem Kunden unterbreitet

---

[1] Erstellt mit der Softwarelösung von Celonis, akademische Lizenz des Execution Management Systems (EMS).

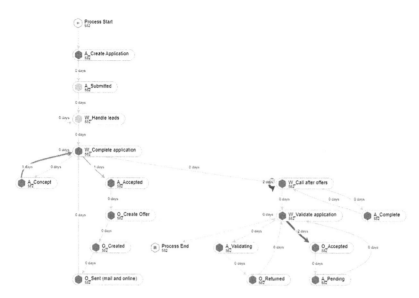

Abb. 4 Kreditvergabeprozesse mit angenommenen Kreditverträgen[2]

Tab. 1 Kreditvergabeprozesse mit Erfolgsquote

Bearbeitungsdauer	Fälle gesamt	Fälle mit Vertrags-abschluss	Erfolgsquote (%)
0 Tage	11.881	6993	58,90
1 Tag	8609	4600	53,40
2 Tage	5155	2795	54,20
3 Tage	2231	1149	51,50
4 Tage	1257	648	51,50
5 Tage	532	229	43,00
6–53 Tage	1385	624	45,00

werden. Deutlich seltener vergeht zwischen den abgegebenen Angeboten mehr als ein Tag; in diesen Fällen ist jedoch die Quote erfolgreicher Vertragsabschlüsse deutlich höher. In diesem Fällen ist davon auszugehen, dass nach der Abgabe des

---

[2] Erstellt mit der Softwarelösung von Celonis, akademische Lizenz des Execution Management Systems (EMS).

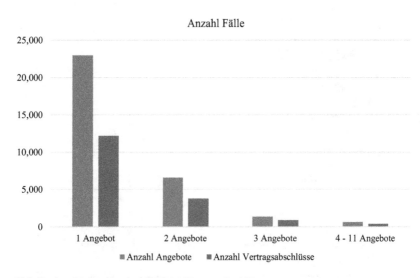

Abb. 5 Anzahl der Angebote und der Vertragsabschlüsse

ersten Angebots eine Interaktion des Kunden mit dem Kreditinstitut stattgefunden hat und dann weitere Angebote noch besser abgestimmt auf die Bedürfnisse der Kunden abgegeben wurden. Diese besser abgestimmten Angebote führten dann zu einer höheren Annahmequote. Somit sollte das Kreditinstitut zukünftig nicht alle Angebote innerhalb eines Tages unterbreiten, sondern weitere Angebote abgestimmt auf die konkreten Kundenbedürfnisse zu einem späteren Zeitpunkt versenden.

In diesem Abschnitt möchten wir noch etwas zu der Auswertung der Daten und den Daten in dem zur Verfügung gestellten Ereignisprotokoll anmerken. Leider erlaubt der vorhandene Datensatz keine weiteren Auswertungen und Schlüsse, zumal uns nur der Datensatz vorlag und es keine Möglichkeit gab, Prozessbeteiligte zu befragen, um weitere Details zu diesem Prozess in Erfahrung zu bringen. Ebenso lagen keine weiteren Informationen über zusätzliche Customer Touchpoints in dem Prozess vor.

Für eine Betrachtung und Auswertung der Customer Journey in einem Unternehmen empfiehlt es sich, zum einen umfangreiche Ereignisprotokolle über den gesamten Prozess zu verwenden und zum anderen mit Prozessbeteiligten nach der ersten Auswertung der Daten zu sprechen sowie weitere Touchpoints, auch wenn sie noch nicht IT-technisch unterstützt werden, in die Betrachtung miteinzubeziehen. So lässt sich ein umfassenderes Bild zur Customer Journey erzielen.

4 Verbesserungsvorschläge zur Customer Journey

In diesem Kapitel werden Verbesserungsvorschläge zur Customer Journey basierend auf den gefundenen Schwachstellen vorgestellt. Die hierbei erarbeiteten Gründe basieren lediglich auf dem vorhandenen Ereignisprotokoll.

4.1 Verkürzung der Bearbeitungsdauer von Kreditanträgen

Um die Bearbeitungsdauer eingehender Kreditanträge zu verkürzen, ist es wichtig, dass alle Informationen vom Kunden direkt zu Beginn vollständig vorhanden sind. Um das sicherzustellen, könnte das Kreditinstitut ein Online-Bewerbungsformular einführen, welches eine Reihe von Pflichtfeldern beinhaltet, ohne deren Angabe kein Kreditantrag gestellt werden kann. Dem Kunden sollte eine Motivation gegeben werden, warum diese Informationen wichtig sind und dass er mit seinen Angaben die Bearbeitungszeit verkürzt und die Personalisierung des Angebots erhöht. Zusätzlich sollten in dem Formular Beispiele für jedes Feld bereitgestellt werden, sodass die Kunden wissen, welche Informationen in welcher Form angegeben werden müssen. Sollten doch Abweichungen zwischen den Beispielen und den eingegebenen Daten bestehen, könnten diese mithilfe von Künstlicher Intelligenz (KI) erkannt und über eine Bot-Funktion eine Fehlermeldung ausgegeben werden. Mit dieser Maßnahme wäre es möglich, bei Online-Kreditanträgen vollständige Informationen von den Kunden zu erhalten. Damit würde Zeit während der Bearbeitung und der Angebotserstellung eingespart, welche für eine bessere Betreuung der Kunden genutzt werden kann.

Eine weitere Maßnahme ist die Entwicklung einer Software, welche auf Grundlage der bereitgestellten Informationen (wie Höhe des Kreditantrags, Zahlungsfähigkeit etc.) automatisch ein einfaches Kreditangebot erstellt. Durch die Reduktion der manuellen Arbeit würde sich auch die Bearbeitungsdauer verkürzen und somit wäre es möglich, einfache Kreditangebote innerhalb kürzester Zeit auszuarbeiten und an die Kunden zu versenden. Durch einen finalen Genehmigungsworkflow innerhalb der Vertriebsabteilung wird die Entstehung von Fehlern vermieden. Schwierige und hohe Kreditangebote könnten weiterhin über die Berater erfolgen, welche dafür mehr Zeit zur Verfügung haben.

Durch die Implementierung eines Prozesses mit eindeutigen Verantwortlich-keiten und einem standardisierten Ablauf sind die Zuständigkeiten klar verteilt und die Abwicklung ist effizient. Ein Ziel dieser Maßnahmen sollte es sein, den aktuellen Wert von 82,6 % von versendeten Angeboten innerhalb von zwei Tagen zu steigern.

4.2   Erstellung mehrerer Angebote pro Kreditantrag

Die Auswertung der Daten hat gezeigt, dass Kunden eher ein Angebot annehmen, wenn sie zwischen verschiedenen Angeboten wählen können. Dann passt ein Angebot besser zu den vorhandenen Bedürfnissen und der Kunde hat eine Wahl-möglichkeit. Somit könnte eine mögliche Verbesserungsmaßnahme lauten, direkt mehr als ein Angebot auszuarbeiten und dem Kunden zuzusenden. Bei einer Automatisierung des Angebotsprozesses würde dies kaum einen Mehraufwand bedeuten und gleichzeitig die Chance zur Angebotsannahme steigern. Durch eine Auswertung der erfolgreichen Angebotsannahmen über die Zeit könnte man darüber hinaus durch KI lernen, welche Angebotsvarianten besonders oft angenommen werden, und den Prozess dementsprechend anpassen.

Eine zusätzliche Maßnahme könnte die Implementierung einer Zusatzfunk-tion auf der Website darstellen. Durch den Einsatz eines Buttons unter den bereits erhaltenen Kreditangeboten erhält der Kunde die Möglichkeit, einfach und unkompliziert, bei Bedarf auch erst nach einigen Tagen, ein zusätzliches Ange-bot anzufordern. Der Prozess für das zusätzliche Angebot könnte ebenfalls wie bereits beschrieben über das Workflowsystem automatisiert werden. Somit haben Kunden zukünftig vielseitige Auswahlmöglichkeiten und der Mehraufwand des Kreditinstituts ist begrenzt.

Diese oben beschriebenen Maßnahmen stellen keine Verbesserung der kom-pletten Customer Journey dar, sondern beziehen sich nur auf den spezifischen Teilbereich zwischen der Antragstellung und dem Versand eines Kreditangebots. Die gesamte Customer Journey ist deutlich länger und beinhaltet noch wei-tere Berührungspunkte, wodurch zusätzliche Potenziale zu vermuten sind. Auf Basis der bereitgestellten Datengrundlage waren jedoch nur eingeschränkte Ana-lysemöglichkeiten gegeben. Auch war es nicht möglich, die Gründe und auch möglichen Verbesserungsmaßnahmen mit den Prozessbeteiligten zu besprechen und zu validieren. Im Rahmen einer umfassenden Analyse der Customer Journey sollte dies jedoch durchgeführt werden.

5   Zusammenfassung

In dem Beitrag wurde ein Überblick zum Thema Customer Journey Mining anhand von Beispieldaten gegeben. Process Mining wird zunehmend stärker von Unternehmen eingesetzt, sodass davon auszugehen ist, dass das Know-how zur datenbasierten Prozessanalyse in Unternehmen vorhanden ist oder aufgebaut wird.

Wie man in dem Beispiel sehen konnte, steigern das Vorhandensein und Nutzen großer Datenmengen die Auswertungsmöglichkeiten und Ergebnisse einer solchen Analyse.

Da in den letzten Jahren ein stark kundenorientierter Markt entstanden ist, wird ein besseres Verständnis der Kundenwünsche und -anforderungen in Unternehmen immer wichtiger, wodurch validierte Analysen von Bedeutung sind. Customer Journey Mining beschreibt die prozessuale und datenbasierte Analyse der Customer Journey mit allen Berührungspunkten des Kunden mit einem Unternehmen. Dabei setzt sich das Customer Journey Mining aus einer Reihe unterschiedlicher Aktivitäten, Techniken und Themengebiete zusammen, wie zum Beispiel dem Process Mining, Prozessmanagement und dem Customer Journey Mapping.

Customer Journey Mining kann mit einer umfassenden Datenbasis zu einer wichtigen Methode für das Customer Relationship und Experience Management werden. Es bringt Unternehmen in diesen Bereichen voran und liefert validierte Werte zum Kaufverhalten von Kunden und deren Schmerzpunkten. Diese neu gewonnenen Informationen helfen Unternehmen dabei, ihre Kunden besser zu verstehen und das Angebot bzw. den Service kundenzentriert zu verbessern. Voraussetzung ist, dass eine umfassende Datenbasis gegeben ist und Rückfragen mit Prozessspezialisten und Prozessbeteiligten möglich sind, um die Ergebnisse vollständig interpretieren zu können.

Jedoch ist anzumerken, dass Customer Journey Mining allein das Kundenerlebnis nicht verbessern kann, sondern nur ein hilfreiches Werkzeug zur Analyse und Problemerkennung darstellt und die tatsächliche Verbesserung im Prozessmanagement oder auch im Sales- und Marketingmanagement mit Rücksprache der Prozessbeteiligten stattfinden muss.

Wie das Fallbeispiel gezeigt hat, unterstützt Process Mining in der Analyse von Schwachstellen innerhalb der Customer Journey und liefert Einblicke in spezifische Vorgänge. Potenziale können somit identifiziert und in einem weiteren Schritt detailliert werden.

Jedoch nutzt Process Mining und somit auch Customer Journey Mining nur Daten als Grundlage, welche in einem System gespeichert wurden und dem

Unternehmen zur Verfügung stehen. Gefühle der Kunden, die wahren Gründe für die Schmerzpunkte oder auch externe Faktoren, wie z. B. das Angebot von Wettbewerbern während der Kaufentscheidung, werden in der Analyse nicht berücksichtigt. So ist im Fallbeispiel auch zu sehen, dass das Feedback von den Prozessbeteiligten und den Kunden fehlt. An dieser Stelle sind also weitere Werkzeuge und Methoden, wie z. B. Customer Surveys, notwendig, um tatsächlich die Probleme zu verstehen, welche in der Journey bestehen. Somit lässt sich sagen, dass Customer Journey Mining ein Werkzeug im Werkzeugkasten ist, welcher benötigt wird, um das Kundenerlebnis nachhaltig zu verbessern. Eine komplette Analyse und Verbesserung der Customer Journey kann jedoch für Unternehmen zeit- und ressourcenintensiv sein.

Ein weiterer Aspekt ist die Abhängigkeit von einer validen Datengrundlage für die Analyse. So kann im E-Commerce und auf Webseiten im Allgemeinen die Journey nahezu vollständig betrachtet werden, da hier alle Informationen in unterstützenden IT-Systemen in Ereignisprotokollen gespeichert werden und somit zur Analyse zu Verfügung stehen.

Bei einem Omni-Channel-Vertrieb ist das jedoch schon schwieriger, da das Kaufverhalten von Kunden vor Ort in einem Geschäft nur sehr schwer erhoben werden kann. In diesen Fällen sind die durch Customer Journey Mining abgebildeten Journeys lückenhaft und wesentliche Einflussfaktoren sowie Aktivitäten fehlen.

Als Fazit lässt sich daher zusammenfassen, dass Process Mining und Prozessmanagement zwei gute Werkzeuge sind, um die Customer Journey von End-to-End-Prozessen zu erheben und Grundlagen zur Verbesserung zu schaffen. Jedoch gehen einige Informationen verloren bzw. werden gar nicht oder nur teilweise in die Analyse einbezogen, wodurch der Einsatz für Unternehmen zwar einen Mehrwert bietet, aber durch den Einsatz weiterer Methoden und Tools komplementiert werden müssen, um eine vollständige Verbesserung der Customer Journey zu erreichen.

Trotzdem lässt sich anmerken, dass durch die große Anzahl verfügbarer Daten und den Trend zu verstärkten Datenanalysen die datenbasierte Auswertung der Customer Journey einen wichtigen Faktor für Unternehmen darstellt. Daher sollte das Know-how aufgebaut und besonders im Bereich Marketing und Sales die neu gewonnenen Informationen zu Entscheidungen hinzugezogen werden. Dennoch ist die Methode kein Universalmittel, welches eine komplette Verbesserung der Customer Journey bedeutet und alle vorhandenen Probleme aufdeckt, sondern nur ein Werkzeug für die Analysen und die Maßnahmenentwicklung.

Literatur

Bendel, O. (2022). Big data. Definition: Was ist „Big Data"? https://wirtschaftslexikon. gabler.de/definition/big-data-54101msclkid=1c5274e9a8f411eca41381f9b80925b9. Zugegriffen: 21. März 2022.

Bunge, F., & Nöding, W. (2020). Customer Experience für Strategieentwicklung und Lean Transformation – Die Lösungsbereiche einer erfolgreichen Customer-Experience-Strategie. Mit dem Customer-Experience-Framework zu einer kun-denzentrierten Innovationskultur. Die erfolgreiche Einführung von Value Propo-sitions entlang des Customer Experience Cycle. In M. A. Pfannstiel & P. F.-J. Steinhoff (Hrsg.), *Transformationsvorhaben mit dem Enterprise Transformation Cycle meistern* (S. 229–251). Wiesbaden: Springer Fachmedien Wiesbaden.

van Dongen, B. (2017). BPI Challenge 2017. 4TU. Research Data. Dataset. https://doi.org/ 10.4121/uuid:5f3067df-f10b-45da-b98b-86ae4c7a310b.

Handelsverband Deutschland. (2020). HDE Online-Monitor Newsletter. IFH Köln GmbH. https://einzelhandel.de/index.phpoption=com_attachments&task=download&id=10624.

Herschel, G., & Thompson, E. (2009). *The Definition of Customer Experience Management.* Zugegriffen: 26. Jan. 2022.

Holmlund, M., van Vaerenbergh, Y., Ciuchita, R., Ravald, A., Sarantopoulos, P., Ordenes, F. V. et al. (2020). Customer experience management in the age of big data analytics: A strategic framework. *Journal of Business Research, 116*(4), 356–365. https://doi.org/10. 1016/j.jbusres.2020.01.022.

Kerremans, M. (2019). *Market Guide for Process Mining.* https://www.gartner.com/en/doc uments/3939836. Published: 17 June 2019 ID: G00387812.

Lemon, K. N., & Verhoef, P. C. (2016). Understanding Customer Experience Throughout the Customer Journey. *Journal of Marketing, 6,* 69–96. https://doi.org/10.1509/jm.15.0420.

Mittelstand 4.0-Agentur Handel. (2018). Leitfaden – Kundenzentrierte Prozesse durch moderne IT-Strukturen. https://www.mittelstand-digital.de/MD/Redaktion/DE/Publikati onen/Importiert/1540984951603-94-Publication.html.

Pfannstiel, M. A., & Steinhoff, P. F.-J. (Hrsg.). (2020). *Transformationsvorhaben mit dem Enterprise Transformation Cycle meistern.* Springer Fachmedien Wiesbaden. https://doi. org/10.1007/978-3-658-28494-7.

Rohde, M., & Vollweiter, I. (2020). Der Weg zu einem customerorientierten Unternehmen. In M. A. Pfannstiel & P. F. -J. Steinhoff (Hrsg.), *Transformationsvorhaben mit dem Enter-prise Transformation Cycle meistern* (S. 195–209). Springer Fachmedien Wiesbaden.

Rusnjak, A., & Schallmo, D. R. A. (2018). *Customer Experience im Zeitalter des Kunden.* Springer Fachmedien Wiesbaden. https://doi.org/10.1007/978-3-658-18961-7.

Statista. (2021). Entwicklung der weltweiten Exporte im Warenhandel von 1948 bis 2020. https://de.statista.com/statistik/daten/studie/37143/umfrage/weltweites-exportvolumen-im-handel-seit-1950/.

Van der Aalst, W. (2016). *Process Mining.* Springer Berlin Heidelberg. https://doi.org/10. 1007/978-3-662-49851-4.

Werro, N. (2015). *Fuzzy classification of online customers.* Springer. https://doi.org/10.1007/ 978-3-319-15970-6.

Timo Gutmann absolvierte seinen Bachelor im Wirtschaftsingenieurwesen an der ESB Business School in Reutlingen und komplementierte sein Studium mit dem Master Engineering and Management (MEM) an der Hochschule Pforzheim. Im Rahmen seiner Masterthesis befasste er sich mit den Zusammenhängen von Customer Journey Mining im Prozessmanagement.

Prof. Dr. Rebecca Bulander lehrt Quantitative Methoden und Betriebswirtschaftslehre an der Fakultät für Technik im Studiengang Wirtschaftsingenieurwesen der Hochschule Pforzheim. Sie hat am Forschungszentrum Informatik (FZI) in Karlsruhe und an der Universität Karlsruhe (TH) am Institut für Angewandte Informatik und Formale Beschreibungsverfahren (AIFB) promoviert. Danach arbeitete sie bei der Robert Bosch GmbH als IT-Projektleiterin und IT-Architektin. Ihre Forschungsschwerpunkte sind Customer Relationship Management, Process Mining und Prozessmanagement, Produkt-Service-Systeme sowie Internet of Things and Services. Sie ist stellvertretende Direktorin am Institut für Angewandte Forschung (IAF) der Hochschule Pforzheim.

Prof. Dr. Bernhard Kölmel lehrt und forscht an der Hochschule Pforzheim. Er ist Mitinitiator des Instituts für Smart Systems und Services (IoS3) für disruptive Innovationen, Geschäftsmodelle im Internet of Everything. Er ist als Experte für Zukunftstechnologien für nationale Ministerien und das European Institute of Innovation and Technology tätig. Prof. Kölmel promovierte am Forschungszentrum Informatik (FZI) in Karlsruhe und war in leitender Position mehr als 20 Jahre in der Wirtschaft sowie unternehmerisch tätig. Ebenso ist er Professor an der International School of Management in Paris und New York.

Metaverse

Intentionen – Ingredienzen – Initiativen

Ralf T. Kreutzer und Sonja Klose

Inhaltsverzeichnis

Zusammenfassung

Über das Metaverse wird momentan viel diskutiert. Hierbei stellt sich die
Frage, ob das Metaverse nur ein Hype ist (wie einst Second Life) oder tatsächlich ein Game Changer, der die Welt einmal ähnlich umfassend verändern

R. T. Kreutzer (✉) · S. Klose
Hochschule für Wirtschaft und Recht/Berlin School of Economics and Law, Berlin,
Deutschland
E-Mail: kreutzer.r@t-online.de

S. Klose
E-Mail: sonja.klose@hwr-berlin.de

© Der/die Autor(en), exklusiv lizenziert an Springer Fachmedien Wiesbaden
GmbH, ein Teil von Springer Nature 2023, Deutscher Dialogmarketing
Verband e. V. (Hrsg.), *Dialogmarketing Perspektiven 2022/2023*,
https://doi.org/10.1007/978-3-658-40753-7_4

wird wie das Internet. In diesem Beitrag werden der Status quo und die Treiber des Metaverse analysiert. Zusätzlich wird ein definitorischer Rahmen für das Metaverse entwickelt. Außerdem werden die Ingredienzen präsentiert, die für ein Aktivwerden im Metaverse relevant sind. Schließlich wird aufgezeigt, in welcher Weise Unternehmen heute mit der Herausforderung Metaverse umgehen sollten.

Schlüsselwörter

Metaverse • Augmented Reality • Virtual Reality

1 Intentionen: Metaverse – Vorübergehender Hype oder langfristiger Game Changer?

1.1 Status quo 2022–23

Ob Metaverse in einer ähnlichen Weise floppen wird wie Second Life, ist heute noch schwer vorherzusagen. Allerdings sind Vorzeichen zu erkennen, dass Metaverse – in vielen Jahren – zu einem Game Changer werden kann.

Ein Unternehmen und ein CEO, der ganz auf Metaverse setzt, ist *Mark Zuckerberg,* der Gründer von *Facebook* und CEO von *Meta Platforms.* Er formuliert deutlich, wohin seiner Meinung nach die Reise geht (Newton, 2021):

> „In this next chapter of our company, I think we will effectively transition from people seeing us as primarily being a social media company to being a metaverse company. And obviously, all of the work that we're doing across the apps that people use today contributes directly to this vision."

Um diese Neuorientierung zu unterstreichen, wurde der *Facebook*-Konzern in *Meta Platforms* umbenannt. *Meta* hat sogar einen **Entwicklungsplan mit konkreten Milestones** für die nächsten 15 Jahre erarbeitet. Um die dort definierten Ziele zu erreichen, sollen Jahr für Jahr 15 Mrd. US$ investiert werden – allein vom Unternehmen *Meta* (vgl. Busch, 2022). *Meta Platforms* ist nicht das einzige Unternehmen, das sich mit Nachdruck auf den Weg ins Metaverse begeben hat. *Satya Nadella,* CEO von *Microsoft,* spricht seit letztem Jahr vom Metaverse als „the next wave of the internet" (vgl. Evans, 2022).

Wie wird das Metaverse in den USA aufgenommen? Hierauf liefert eine *McKinsey*-Studie spannende Erkenntnisse, in deren Verlauf 1000 Privatpersonen zwischen 13 und 70 Jahren aus den **USA** befragt wurden (vgl. Abb. 1).

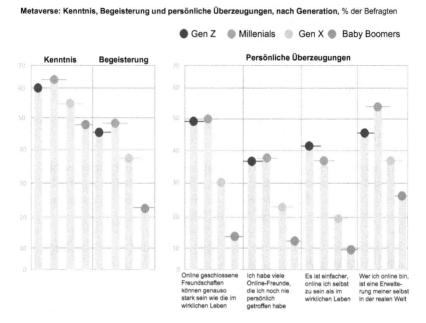

Abb. 1 Gen Z und Millennials zeigen in den USA das stärkste Interesse am Metaverse. (Quelle: Basierend auf McKinsey, 2022a)

Diese Studie zeigt, dass die **Generation Z** nicht die einzige Generation ist, die vorgibt, die Vorteile des Metaverse nutzen zu wollen. In Summe werden ein hohes Bewusstsein und ein großes Interesse am Metaverse über die Generationen hinweg sichtbar. Die **Millennials** sind sich des Metaverse am ehesten bewusst: Hier gaben zwei Drittel an, schon einmal davon gehört zu haben. Die Hälfte der Millennials äußerte sich begeistert darüber. Die Generation Z und die **Generation X** folgen dicht dahinter. Knapp die Hälfte der **Babyboomer** kennt in den USA den Begriff Metaverse (vgl. McKinsey, 2022a).

Die Situation in **Deutschland** sieht sowohl bei den Unternehmen als auch bei den Privatpersonen ganz anders aus. Eine Studie der *Universität der Bundeswehr München* befragte 151 Manager und Managerinnen aus dem Bereich Marketing – eine Zielgruppe, die sich mit neuesten Trends gut auskennen sollte. Hierbei wurden folgende Ergebnisse erzielt (vgl. Rauschnabel, 2022):

- Knapp 22 % der Marketing-Manager und -Managerinnen haben den Begriff Metaverse noch nie gehört.
- Nur weniger als 9 % sind mit dem Begriff sehr vertraut.
- 82 % der Befragten schätzen ihren persönlichen Wissensstand zu Metaverse als (unter)durchschnittlich ein.
- Den Wissensstand in der eigenen Organisation schätzen sogar 92 % als (unter)durchschnittlich ein.
- Über die Hälfte der Befragten sieht generell eine unterdurchschnittliche Relevanz des Themas Metaverse.

Kleiner Denkanstoß: **Unwissenheit schützt vor Fehleinschätzungen nicht!**

Zu ähnlichen Ergebnissen kommt eine repräsentative Befragung des Digitalverbands *Bitkom* von 604 Unternehmen ab 20 Beschäftigten in Deutschland. Die Studie ergab folgendes Bild (vgl. Bitkom, 2022a):

- 3 % betrachten das Metaverse „weit überwiegend als Chance", weitere 23 % „eher als Chance".
- 33 % der Befragten meinen, „das Metaverse hat keinen Einfluss auf unser Unternehmen".
- 21 % können zum Metaverse keine Auskunft geben („weiß nicht/keine Ahnung").
- 15 % sehen Metaverse „eher als Risiko", 5 % sogar „weit überwiegend als Risiko".

Folglich sieht ein Viertel der Befragten im Metaverse eine **Chance** für das eigene Unternehmen, ein Fünftel dagegen ein **Risiko.** Ein Drittel geht nach der *Bitkom*-Studie davon aus, dass das Metaverse gar keinen Einfluss auf das eigene Unternehmen haben wird. Und ein weiteres Fünftel traut sich keine Meinung zu. Insbesondere das letzte Fünftel sollte sich mit dem Thema Metaverse intensiver auseinandersetzen, um Chancen und Risiken für das eigene Geschäftsmodell zu ermitteln. Und diejenigen, die glauben, Metaverse wird keinen Einfluss auf das Unternehmen haben, haben sich vielleicht noch nicht intensiv genug mit dem Thema beschäftigt, um ein fundiertes Urteil abgeben zu können.

Schließlich ist immer wieder festzustellen: Viele Veränderungen kommen evolutionär daher. Doch ihre Auswirkungen haben oft revolutionäre Ausmaße. Unternehmen, die diese Effekte nicht früh genug erkennen, gehen große Risiken ein. Welche Gefahren mit einer **Fehleinschätzung der Auswirkung neuer Technologien einhergehen,** zeigt Abb. 2. In der ersten Zeit nach dem Aufkommen einer neuen Technologie – bspw. bei Metaverse – stellt sich häufig eine **Enttäuschung** ein, weil sich die vermeintliche Wunderwaffe doch nicht als allem überlegen zeigt. Wenn man sich dort schon engagiert, leidet ggf. der weitere Elan – oder man fängt aufgrund vermeintlicher Misserfolge gar nicht erst an. Später kann dann **Stress** aufkommen, wenn die bereits aktiven Unternehmen das wirkliche Potenzial erschließen, während man selbst sich noch nicht mit einer solchen Technologie beschäftigt. Diesen Stress gilt es, durch proaktives Handeln zu vermeiden.

Zusammenfassend ist festzustellen:

Manager und Managerinnen überschätzen häufig die kurzfristigen Effekte einer neuen Technologie – unterschätzen aber die langfristigen Wirkungen
Wie sieht es bei den potenziellen Kunden des Metaverse aus? Wie bekannt ist das Metaverse in der breiten Öffentlichkeit? Das Metaverse ist in **Deutschland** nach

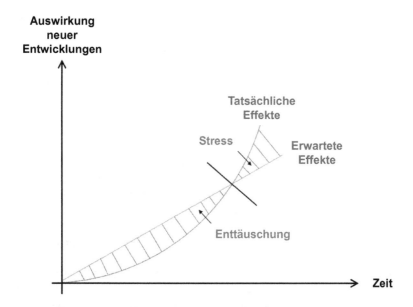

Abb. 2 Enttäuschung und Stress – ausgelöst durch neue Entwicklungen. (Quelle: Kreutzer, 2021, S. 4)

wie vor wenig bekannt. Dieses Ergebnis wurde u. a. durch eine weitere **repräsentative** *Bitkom*-**Studie** unter 1005 Privatpersonen in Deutschland ab 16 Jahren ermittelt (vgl. Bitkom, 2022b):

- Bisher haben in Deutschland erst 17 % von Metaverse gehört oder gelesen.
- Im Zuge dieser Studie wurde auch eine kurze Erläuterung zum Metaverse gegeben. Im Anschluss fanden 34 % das Konzept grundsätzlich spannend.
- Nach der Erklärung wären jetzt auch 37 % bereit, eine VR-Brille für den Einstieg in das Metaverse zu verwenden.
- 24 % der Befragten gehen davon aus, dass sich in Zukunft weite Teile des privaten und beruflichen Lebens im Metaverse zutragen werden.
- Lediglich 19 % glauben, dass das Metaverse die Menschen näher zusammenbringen wird.
- Insgesamt kann festgestellt werden, dass das Metaverse für die große Mehrheit der Bevölkerung (konkret 81 %) eine noch weit in der Zukunft liegende Vorstellung ist.
- 42 % halten das Thema Metaverse sogar nur für einen vorübergehenden Hype.

Diese Ergebnisse zeigen: Wer sich mit dem Metaverse intensiver beschäftigen möchte, sollte den Blick vor allem in Richtung USA lenken. Dort ist früher mit interessanten Entwicklungen zu rechnen – und dort ist die Bevölkerung auch aufgeschlossener gegenüber Metaverse-Angeboten.

Die erste Erwähnung des Begriffs „Metaverse" findet sich im Roman *Snow Crash* von *Neal Stephenson* aus dem Jahr 1992. In diesem Roman wird das Metaverse als ein virtueller Raum dargestellt, durch den sich die Protagonisten und Protagonistinnen als **Avatare,** also virtuelle Kunstfiguren, bewegen. Eine Abfrage bei *Google Trends* nach dem Suchvolumen für den Begriff Metaverse ergibt jedoch, dass das weltweite Interesse daran erst seit Anfang 2021 besteht (vgl. Abb. 3). Allerdings lässt sich diese Abfrage auch erst ab dem Jahr 2004 durchführen, also zwölf Jahre nach Erscheinen des Romans.

Warum ist das Interesse an einem „alten" Begriff oder Konzept nach vielen Jahren auf einmal wieder erwacht? Was war der Grund hierfür? Und: Ist das Metaverse bereits in der Öffentlichkeit angekommen? Die letzte Frage kann mit einem eindeutigen Jein beantwortet werden! Das zeigen die hier vorgestellten Ergebnisse verschiedener Studien sowie die Aussagen von Managern und Managerinnen bekannter Unternehmen.

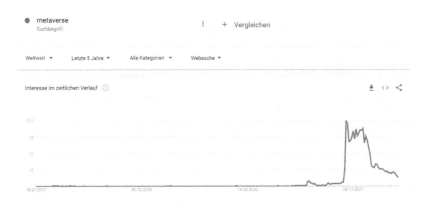

Abb. 3 Suchergebnis nach „Metaverse" bei Google Trends (Quelle: Google Trends)

1.2 Treiber des Metaverse

Die beschriebenen Ergebnisse zeigen, dass das Thema Metaverse in der Öffentlichkeit und der Unternehmenswelt zwar (teilweise) wahrgenommen, aber noch weitgehend als wenig relevant für das eigene Leben bzw. das eigene Unternehmen eingestuft wird. Der Digitalverband *Bitkom* schätzt die **Relevanz des Metaverse** dagegen als sehr hoch ein. Hierfür macht Bitkom (2022c, S. 8–9; vertiefend Kreutzer & Klose, 2023) vor allem die folgenden **Treiber des Metaverse** verantwortlich:

- **Markt-Timing**
  Die weltweite Corona-Pandemie hat die Verlagerung des Arbeitsplatzes vom Büro in die Cloud beschleunigt. Für Millionen von Menschen wurde erlebbar, dass Arbeit nicht mehr an einen physischen Ort gebunden sein muss. Ein Arbeiten in virtuellen Welten wurde für viele Teil des Alltags.
- **Generational Readiness**
  Für die Generationen Z und Alpha ist die virtuelle Welt schon seit Jahren Bestandteil der eigenen Identität. Auch Teile der anderen Generationen (vor allem Generation X und Y) tauchen – etwa bei Video-Games – immer wieder gerne in die digitale Welt ab.
- **Relevanz digitaler Inhalte**
  Viele Menschen haben inzwischen den Wert von digitalen Inhalten erlernt. Schließlich wird immer wieder darüber berichtet, dass mit der Erstellung

und Vermarktung von digitalen Assets viele Milliarden Euro zu verdienen sind. Schließlich nimmt die Community zu, die für digitale Assets wie virtuelle Kunstwerke oder die Ausstattung der Avatare (bspw. mit Kleidung, Handtaschen, Wohnungsaccessoires) echtes Geld auszugeben bereit ist. Auch bei Computerspielen wurde gelernt, für virtuelle Gegenstände reales Geld auszugeben.

- **Technische Voraussetzungen**
  Ein wichtiger Enabler für das Metaverse sind die heute bereits verfügbaren Technologien. Augmented Reality (AR) und Virtual Reality (VR) haben die nötige technische Reife erreicht und gewinnen an Verbreitung. Hinzu kommt die Verbreitung neuer Technologien wie Blockchain und NFTs (Non-fungible Tokens), die für eine digitale Identität wichtig sind. Blockchain erlaubt Ownership und Interoperabilität digitaler Assets und ermöglicht damit eine digitale Ökonomie im Metaverse. Kauf und Verkauf und weitere Finance Use Cases können abgebildet werden.
- **Regulatorischer Rahmen**
  Durch die Erweiterung des elektronischen Wertpapiergesetzes (eWPG) erlangen Unternehmen eine Rechtssicherheit im Umgang mit digitalen Assets. Das sich derzeit in Ausarbeitung befindende Rahmenkonzept Markets in crypto-assets (MiCA) trägt zu einer EU-weiten Harmonisierung im Umgang mit digitalen Werten sowohl in der physischen als auch virtuellen Welt bei. Diese rechtlichen Rahmenbedingungen sind für viele Unternehmen eine wichtige Voraussetzung für den Einstieg ins Metaverse.

1.3 Kennzeichnung des Metaverse

Im Roman *Snow Crash* von *Neal Stephenson* wird das Metaverse als eine virtuelle Welt beschrieben, durch die sich die Protagonisten und Protagonistinnen mittels Avataren bewegen. Diese virtuelle Welt beeinflusste deren gesamtes Leben.

Analysiert man die etymologische – also die herkunftsbezogene – Bedeutung des Begriffes, so setzt sich **Metaverse** (auch **Metaversum**) aus dem griechischen Präfix „meta" (über) und „verse" bzw. „versum" (universe/universum) zusammen. Es geht folglich um ein Universum, das „über" unserer analogen Welt liegt. Mit Metaverse wird die zukünftige Ausgestaltung des Internets beschrieben, die auf ein intensives und quasi grenzenloses Zusammenwirken von digitalem und analogem Leben setzt. Hierbei sind die in Abb. 4 gezeigten **Charakteristika des Metaverse** relevant.

Abb. 4 Charakteristika des
Metaverse

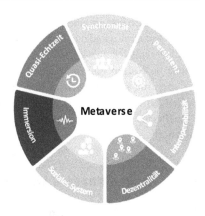

Was verbirgt sich hinter diesen **Charakteristika des Metaverse** (vgl. weiter-führend Kreutzer & Klose, 2023)?

- Der Begriff **Immersion** steht für das „Eintauchen" in eine dreidimensionale virtuelle Welt bzw. eine Kombination aus analoger und virtueller Welt mittels Extended Reality (XR) und Avataren.
- Die ortsunabhängige Interaktivität kann in **Quasi-Echtzeit** erfolgen.
- Durch die **Synchronizität** bestehen keine Grenzen mehr für eine zeitgleiche Nutzung durch eine Vielzahl von Menschen. Diese können am selben Ort des Metaverse gleichzeitig interagieren.
- Mit **Persistenz** wird beschrieben, dass das Metaverse und die eigene Account-Historie unabhängig von einzelnen oder mehreren Unternehmen bestehen können.
- Die plattform- und geräteübergreifende **Interoperabilität** ermöglicht, dass einzelne Ausprägungen des Metaverse (bspw. Avatare oder virtuelle Güter) in verschiedenen Systemen eingesetzt werden können.
- Die **Dezentralität** verdeutlicht, dass das Metaverse geräte- und organisations-unabhängig ist und folglich auch keinem „gehört".
- Das Metaverse ist ein **soziales System,** in dem sich Menschen begegnen und miteinander und mit Organisationen agieren können – und das weit über Spiele hinaus.

Basierend auf diesen Charakteristika ergibt sich folgende **Definition für das Metaverse:**

Das **Metaverse** als eine nächste Evolutionsstufe des Internets ist ein interoperables, dezentrales und persistentes Netzwerk aus virtuellen, in Quasi-Echtzeit aus Rohdaten entwickelten dreidimensionalen Welten, welches einer beliebig großen Menge an Nutzenden ermöglicht, dort synchron mit ein und derselben Identität wie auch mit mehreren Identitäten ein virtuelles Leben mit all seinen Facetten (Arbeit, Urlaub, Kultur, Bildung, Freundschaften, Beziehungen etc.) zu führen.

Vielleicht merken wir uns auch ganz einfach: **Metaverse ist das Walk-in-Internet!**

2 Ingredienzen – Was zum Metaverse erforderlich ist

2.1 Wichtige Komponenten des Metaverse

Welche **Komponenten** werden benötigt, um das Metaverse für die Menschen nutzbar zu machen? Analysiert man Publikationen zum Metaverse, so findet man wichtige **Vorhersagen der notwendigen Komponenten.** In Tab. 1 wurden diese zusammengetragen und systematisiert.

Die hier identifizierten Komponenten liefern die Orientierung für die Vorstellung der einzelnen Leistungsbausteine.

2.2 Inhalte und Use Cases im Metaverse

Für das Metaverse sind vor allem **virtuelle Plattformen** von großer Bedeutung. Diese Plattformen ermöglichen die digitalen und häufig dreidimensionalen Simulationen. Sie erlauben es den Nutzenden, sich in diesen Welten einfach zu bewegen, Neues zu erschaffen und mit anderen zu interagieren. Hierfür ist es notwendig, ein umfassendes **Ökosystem** mit einer Vielzahl von Creators inkl. eines motivierenden **Incentivierungs-Systems** aufzubauen und kontinuierlich weiterzuentwickeln.

Die Creators sind bei der Entwicklung von Inhalten für das Metaverse durch **Softwarelösungen** und **Apps** zu unterstützen, um dreidimensionale Assets zu entwickeln. Damit wird es ermöglicht, Prototypen, Produktmodelle und komplette virtuelle Showrooms zu erstellen. Darüber hinaus bieten Plattformen wie *Roblox* ihren Nutzenden die Möglichkeit, eigene Apps (wie bspw. Spiele) zu entwickeln. Wichtig: Der Begriff App im Kontext des Metaverse steht nicht zwangsläufig für eine App im Sinne einer klassischen Smartphone-App für *iOS* oder *Android*. App steht hier vielmehr für seine ursprüngliche Bedeutung einer Application

Tab. 1 Übersicht der Komponenten für das Metaverse. (Quellen: vgl. Ball, 2022; BCG, 2022a, 2022b; Bitkom, 2022c; Gartner, 2022; McKinsey, 2022b; Newzoo, 2021; PwC, 2022)

		Ball	BCG	Bitkom	Gartner	McKinsey	Newzoo	PwC
Inhalte	Arbeit, Bildung, Freizeit, Shopping, Gesundheit	x	x	x	x	x	x	
	Plattformen			x	x		x	
	Software/Apps		x	x			x	
	Digital Twins	x				x	x	
	Avatare		x	x		x		x
Infrastruktur	Hardware	x	x	x		x		x
	Geräteunabhängigkeit				x			
	Netzwerke	x	x	x	x	x		
	Cloud-Infrastruktur		x				x	
	Rechenleistung	x	x	x				
	Standards	x	x				x	x
Technologie	Virtuelle und erweiterte Welten	x	x	x		x	x	x
	Blockchain	x	x	x			x	x
	Künstliche Intelligenz		x	x	x		x	
	Game Engine	x					x	
Monetarisierung/Economy	Payment	x				x	x	
	Digitale Assets	x	x	x	x		x	x
	Crypto Wallets						x	

(Fortsetzung)

Tab. 1 (Fortsetzung)

		Ball	BCG	Bitkom	Gartner	McKinsey	Newzoo	PwC
	Digitale Währung				x			x
	Digitaler Marktplatz/Commerce			x	x			
Regulierung	Identitätsmanagement			x		x	x	x
	Cybersecurity					x		x
	Datenschutz					x		x
	Regeln und Vollstreckungsmechanismen					x		x

bzw. einer „Anwendung" – unabhängig vom verwendeten Endgerät. Viele der heute schon existierenden Proto-Metaverse-Welten wie *Decentraland* sind nicht über das Smartphone nutzbar, sondern über den Desktop oder ein VR- bzw. AR-Headset.

Um herauszufinden, welche Inhalte im B2C- und B2B-Bereich schon jetzt nachgefragt werden, befragte McKinsey (2022b) im Mai 2022 mehr als 3000 Privatpersonen sowie Führungskräfte der C-Ebene aus 448 Unternehmen. Die B2C-Studie befragte Menschen aus elf Ländern (Europa, Nordamerika und Asien), die B2B-Studie umfasste Unternehmen aus 15 Wirtschaftszweigen, zehn Ländern (Europa, Nordamerika und Asien) und mit einer Belegschaft von weniger als zehn bis zu mehr als 10.000 Mitarbeitern. Folgende **Top-5-Aktivitäten der Privatpersonen im Metaverse** wurden ermittelt (vgl. McKinsey, 2022b):

- Unterhaltung
- Gaming
- Reisen
- Einkaufen
- Weitere soziale Interaktionen

Die **Top-5-Anwendungsfälle der Unternehmen im Metaverse** sind die folgenden (vgl. McKinsey, 2022b):

- Marketing-Kampagnen
- Weiterbildung und Entwicklung der Beschäftigten
- Meetings
- Veranstaltungen und Konferenzen
- Produktdesign, inkl. Digital Twins

Im Metaverse sind **verschiedene Geschäftsmodelle** zu unterscheiden, die sich auch sehr gut kombinieren lassen:

- **Verkauf von physischen Objekten** (bspw. von Kleidung, Schuhen, Sportartikeln)
- **Verkauf von digitalen Assets** in Form von NFTs
- **Erbringung von Dienstleistungen** (bspw. Trainings, Events)

Viele Luxus-, Lifestyle- und Sportmarken sind bereits im Metaverse präsent und bieten dort ihre Produkte an: *Nike* bietet den Nutzenden im *Nikeland* bei *Roblox* digitale Sport- und Spielideen. Außerdem können sie ihre Avatare mit

Nike-Produkten ausstatten. Und vielleicht müssen wir für das Engagement im Metaverse einen neuen Begriff lernen:

Physigal Events – Inszenierungen, die physische und digitale Elemente miteinander verschmelzen.

Die *EHI*-Studie „**Metaverse im Handel**" aus dem Jahr 2022 zeigt, dass Handelsunternehmen für sich im Metaverse eine Vielzahl an neuen Möglichkeiten erkennen. Hierzu wurden 433 Entscheider und Entscheiderinnen des deutschsprachigen Handels aus 284 Handelsunternehmen unterschiedlichster Branchen befragt. Im Einzelnen werden folgende **Einsatzfelder im Metaverse für Handelsunternehmen** gesehen (vgl. EHI, 2022, S. 27–29):

- 77,3 % der befragten Händler würden im Metaverse auf **virtuelle Beratung** oder **Einkaufsassistenz** setzen, um das stationäre Erlebnis online zu spiegeln.
- 75,4 % können sich eine **dreidimensionale Produktpräsentation im virtuellen Raum** oder mit **AR-Anwendungen** vorstellen.
- 69,2 % würden **Werbung im virtuellen Raum** schalten, um klassische Kommunikationsformen durch virtuelle Werbeansprachen zu ergänzen.
- 67,9 % setzen auf eine **Erweiterung des stationären Einkaufs um virtuelle Erlebnisse,** bspw. durch den Einsatz von VR-Brillen oder durch Terminals zum Kauf digitaler Güter.
- 59,3 % würden auf **Gamification zur Verbesserung der Markenwahrnehmung** setzen (zur Schaffung von Markenerlebnissen durch spielerische Interaktionen).
- 56,6 % würden **virtuelle Einkaufswelten** erschaffen, um ein Flanieren durch virtuelle Einkaufsstätten oder Shopping-Center zu ermöglichen.
- 54,7 % können sich eine **virtuelle Anprobe** vorstellen, etwa mit dem jeweiligen Avatar des Nutzers.
- 38,6 % würden sich mit dem **Handel mit digitalen Gütern** beschäftigen, etwa von Avataren, digitalen Bekleidungsstücken, digitaler Kunst, digitalen Grundstücken etc.

Insgesamt geben 79,9 % der Händler an, durch eine Metaverse-Präsenz ihre **klassischen Marketingziele** verfolgen zu können, sei es eine Steigerung der Markenbekanntheit oder eine Verbesserung des Images. 65,1 % der Händler glauben auch daran, durch ein Engagement im Metaverse ihre **ökonomischen Ziele** erreichen zu können. Hierzu zählen neben Umsatzsteigerungen auch Kostenreduktionen. 56,2 % der Befragten sind außerdem der Meinung, dass eine Mitwirkung im Metaverse auch bei der Erreichung von **ökologischen Zielen** unterstützen kann. Vor allem aber sehen die Befragten die Chance, neue Zielgruppen und Geschäftsfelder zu erschließen. Außerdem böte das Metaverse auch vielfältige Möglichkeiten, neue Leistungen kosteneffizient, risikoarm und zielgruppensicher zu testen und weiterzuentwickeln (vgl. EHI, 2022, S. 17–19).

Die Händler sehen im Metaverse eine gute **Ergänzung zu Online-Shops**. Für 80,1 % kann das Metaverse die eigenen Online-Shops sinnvoll ergänzen. Lediglich 27,8 % sind der Meinung, dass durch Metaverse die bisherigen Online-Shops vollständig ersetzt werden. 52 % meinen vielmehr, dass das Metaverse zukünftig wie ein **Online-Marktplatz** fungieren wird. Das Metaverse könne gleichsam zu einem **Bindeglied zwischen der physischen und der virtuellen Welt** werden und neue **Omni-Channel-Erlebnisse** ermöglichen (vgl. EHI, 2022, S. 21).

Die befragten Händler sehen allerdings auch Gefahren, die mit einem Siegeszug des Metaverse verbunden sein können. 56,1 % erwarten ein vergleichbares **Kräftemessen** wie heute gegenüber *Amazon, Google* & Co., sobald sich ein Metaverse-Anbieter am Markt durchsetzt. 35,7 % der Händler erwarten, dass das Metaverse den **Internet-Handel schwächen** wird, weil zukünftig mehr Hersteller die Möglichkeit für einen Online-Direktvertrieb im Metaverse nutzen werden. 19,1 % erwarten, dass das Metaverse den **Internet-Handel als Dienstleister** überflüssig machen wird, weil Hersteller den Online-Direktvertrieb im Metaverse selbst ausgestalten (vgl. EHI, 2022, S. 23).

Viele weitere Einsatzfelder des Metaverse finden sich bei der Arbeit in Unternehmen, im Bildungsbereich, dem Gesundheitssektor und vor allem im Bereich Entertainment (vgl. weiterführend Kreutzer & Klose, 2023).

2.3 Infrastruktur für das Metaverse

Für den Aufbau des Metaverse ist **Hardware** notwendig (vgl. Ball, 2021). Eine umfassende immersive Erfahrung ist ohne ein VR-Headset schwer zu erreichen. Erst mit einer VR-Brille lassen sich virtuelle Realitäten ausgiebig erkunden. Durch einen VR-Controller oder VR-Handschuhe ist auch eine Interaktion mit der virtuellen Wirklichkeit möglich.

Es gibt drei **Kategorien von VR-Brillen** (vgl. Horvath, 2018):

- **VR-Brillen für Konsolen und PCs**
  Diese Geräte werden direkt an eine Konsole oder den Computer angeschlossen.
- **VR-Brillen-Headsets für Smartphones**

Bei den VR-Brillen für Smartphones wird ein Smartphone benötigt, um die Brille zu verwenden. Das Display der VR-Brille ist das eigene Smartphone. Je nach Hersteller und Modell sind oft nur einige Handymodelle mit einer bestimmten VR-Brille kompatibel.

- **Stand-alone-VR-Brillen**
  Dies ist eine vollständig autarke Virtual-Reality-Brille. Es wird also nur die Brille selbst benötigt (samt Zubehör, wie etwa einen Controller), aber kein leistungsstarker Computer oder ein anderes Gerät. VR-Spiele, VR-Filme oder VR-Apps laufen direkt auf der VR-Brille.

Eine wichtige Voraussetzung für das Entstehen eines Metaverse ist jedoch – zumindest jetzt noch – die **Geräteunabhängigkeit,** denn während mittlerweile fast jeder Mensch mindestens ein Smartphone besitzt, ist die Verbreitung der Headsets für VR- und AR-Anwendungen noch mehr als überschaubar.

Eine weitere wichtige Komponente ist die **Vernetzung.** Die Anforderungen an eine komplexe Abbildung einer Welt, die allein in digitalen Netzwerken existiert, sind mit dem bisherigen Internet nicht zu vergleichen. Schließlich sind im Metaverse Avatare und deren Interaktionen, Transaktionen, Meetings und Events virtuell darzustellen und miteinander zu verknüpfen. Die dafür benötigte Energie und Rechenleistung, die notwendige Bandbreite und nicht zuletzt der Bedarf an Speicherkapazitäten sind enorm. Ein Leben und Arbeiten im Metaverse setzt bspw. **stabile Realtime-Verbindungen** voraus. Außerdem sind **hohe Bandbreiten** und **geringe Latenzen** erforderlich. Diese sind technisch Stand heute (Q1, 2023) in vielen Ländern noch nicht verfügbar.

Für das Metaverse ist eine beträchtliche **Rechenleistung** erforderlich. Diese wird für eine Vielzahl von physikalischen Berechnungen, für Datenabgleich und Datensynchronisation, für Projektionen, die Erfassung von Bewegungen sowie für das Rendering benötigt. Rendering, das Rendern bzw. die Bildsynthese beschreibt den Prozess, durch den in der Computergrafik die Erzeugung eines Bildes aus Rohdaten erfolgt. Diese Rohdaten können geometrische Beschreibungen im 2-D- oder 3-D-Raum umfassen.

Um tatsächlich ein **interoperables Metaverse** zu erreichen, ist eine **Normierung** zwingend notwendig. Erst die Einigung auf gemeinsame Standards schafft die Voraussetzung dafür, dass bspw. ein Avatar in verschiedenen Metaverse-Welten gleichermaßen agieren kann. Einen wichtigen Beitrag hierzu kann das *Metaverse Standards Forum* leisten. Dieses Forum bemüht sich, die führenden Normungsorganisationen und Unternehmen für eine branchenweite **Zusammenarbeit bei Interoperabilitätsstandards** zusammenzuführen (vgl. Forbes, 2022).

2.4   Technologien für das Metaverse

Beim Metaverse sind verschiedene **Ausprägungen der erweiterten Realität** zu unterscheiden. In einem Framework von Rauschnabel et al. (2022) werden die folgenden Begriffe definiert und zueinander in Beziehung gesetzt:

- **Augmented Reality (AR)**
- **Mixed Reality (MR)**
- **Virtual Reality (VR)**
- **xReality (XR)**

Abb. 5 ordnet diese Begriffe auf Basis von Rauschnabel et al. (2022, S. 6) ein. Das wichtigste Unterscheidungskriterium zwischen AR und VR ist die Frage, ob die physische Umgebung zumindest sichtbar bleibt und Teil der Erfahrung ist. Wird diese Frage bejaht, befinden wir uns im Bereich von **Augmented Reality** mit einem Spektrum von **Assisted Reality** bis **Mixed Reality**. Wird die Frage dagegen verneint, befinden wir uns im Bereich **Virtual Reality**. Hier reicht das Spektrum von der **atomistischen Virtual Reality** bis zur **holistischen Virtual Reality**. Die Gesamtheit der hier erreichbaren Konzepte bildet die **xReality**.

Augmented Reality bringt alles zum Nutzenden an seinem jeweiligen physischen Standort. **Virtual Reality** bringt die Nutzenden dagegen an jeden möglichen Ort, den sich die Fantasie ausdenken kann. Hierzu mischen die Technologien das Reale und das Digitale in unterschiedlichem Ausmaß: Die AR erweitert die Realität um digitale Elemente. Die VR blendet die Realität dagegen zugunsten des Digitalen vollkommen aus.

Augmented Reality (AR)
Bei der Augmented Reality wird die physische Realität durch virtuelle Elemente angereichert bzw. erweitert oder verringert. Hier kommt es zu einem Aufeinandertreffen von digitalem/virtuellem und analogem Leben. Die reale Umgebung spielt weiterhin eine wichtige (sichtbare) Rolle. Das digitale und das analoge Leben können über unterschiedliche Devices verknüpft werden. Hierzu zählen stationäre Geräte oder Displays. Es kann auch eine mobile Verknüpfung über Smartphone oder Wearables (wie Brillen und Kontaktlinsen) erfolgen.

Ergebnisse der Studie von Rauschnabel et al. (2022) empfehlen, zwischen den folgenden Arten von AR zu unterscheiden (vgl. Abb. 5):

- **Assisted Reality**

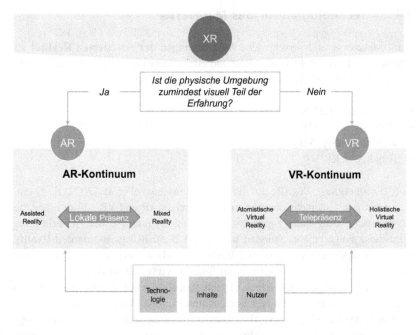

Abb. 5 XR-Framework (vgl. Rauschnabel et al., 2022)

AR Devices werden bspw. dazu verwendet, um textbasierte Informationen über reale Gegenstände wie Maschinen oder Sehenswürdigkeiten zu legen. Der Zweck der virtuellen Objekte besteht darin, den Nutzenden zu helfen, ein besseres Verständnis der physischen Umgebung zu erlangen. Eine Verschmelzung von virtuellen Objekten mit der realen Welt erfolgt nicht.

- **Mixed Reality**
  Bei dieser hoch entwickelten Form von AR wird die Umgebung dreidimensional abgebildet und digitale Objekte realistisch und nahtlos in die Wahrnehmung der realen Welt integriert. Bei dieser Mixed Reality werden die beiden Realitäten (real und virtuell) miteinander verschmolzen und im Extremfall für die Nutzenden nicht mehr unterscheidbar.

Die eingesetzten Devices schotten weder im Fall von Assisted noch von Mixed Reality die Nutzenden vollständig vom realen Leben ab. In der Öffentlichkeit wurde Augmented Reality durch das Spiel *Pokémon Go* bekannt. Hier waren auf einmal Millionen Menschen unterwegs, um virtuelle Fantasiewesen zu jagen.

Virtual Reality (VR)

Unter Virtual Reality wird die Darstellung sowie die zeitgleiche Wahrnehmung einer virtuellen und damit nur scheinbar existierenden Wirklichkeit verstanden. Die lokale physische Umgebung wird komplett ersetzt bzw. ausgeblendet. Hierdurch ergibt sich auch der typische Nutzungskontext: Während AR theoretisch immer und überall genutzt werden kann, werden VR-Anwendungen in einem sicheren Bereich eingesetzt. Das kann zu Hause, im Büro oder in bestimmten Kontexten sein, bspw. in der Therapie, in Freizeitparks oder in speziellen Geschäften.

Folgende typische **Anwendungsfälle für VR** können unterschieden werden (vgl. Rauschnabel et al., 2022, S. 6):

- Situationen, in denen der physische Kontext nicht existiert (etwa bei Spielen)
- Einsatzbereiche, in denen der physische Kontext nicht oder nicht mehr zugänglich ist (so beim Besuch im Weltall oder bei Zeitreisen)
- Trainingssituationen, in denen man Menschen nicht in den realen physischen Kontext platzieren möchte, weil dieser große Gefahren birgt (etwa beim Räumen von Minen oder in radioaktiv verseuchten Umfeldern)

Die Immersion bezeichnen Rauschnabel et al. (2022) auch als **Telepräsenz,** die unterschiedlich stark empfunden werden kann. Sie schlagen vor, VR-Anwendungen auf einem Kontinuum zwischen atomistischen und holistischen VR-Erfahrungen zu positionieren (vgl. Abb. 5):

- **Atomistische Virtual Reality**
  Mit diesem Begriff werden VR-Anwendungen beschrieben, für die die Qualität des Erlebnisses weniger wichtig ist als das zu erzielende Ergebnis. So kann VR zum Beispiel zum Training an einer Produktionsanlage eingesetzt werden. Hier ist die Erledigung einer Aufgabe das primäre Anliegen. In diesen Fällen ist die Wahrnehmung der Telepräsenz durch die Nutzenden weniger wichtig als das Erreichen eines bestimmten Ziels.
- **Holistische Virtual Reality**
  Die holistische VR beschreibt eine Erfahrung, die von einem realen Erlebnis kaum zu unterscheiden ist. In diesen Fällen ist das Erlebnis wichtiger als ein wie auch immer geartetes Ergebnis.

Der **Blockchain** wird im Metaverse eine große Bedeutung zukommen, um sichere Transaktionen zu ermöglichen. „Blockchains sind fälschungssichere, verteilte Datenstrukturen, in denen Transaktionen in der Zeitfolge protokolliert, nachvollziehbar, unveränderlich und ohne zentrale Instanz abgebildet sind. Mit der

Blockchain-Technologie lassen sich Eigentumsverhältnisse direkter und effizienter als bislang sichern und regeln, da eine lückenlose und unveränderliche Datenaufzeichnung hierfür die Grundlage schafft" (BaFin, 2017). Man kann es auch einfacher formulieren:

Die Blockchain ist das dezentrale digitale Grundbuch für digitale Transaktionen

Durch eine **redundante Datenspeicherung** und einen **Konsensmechanismus** zwischen den Teilnehmenden des Blockchain-Netzwerkes wird Folgendes sichergestellt:

- **Smart Contracts**
  Keine einzelne Partei kann die gespeicherten Informationen und Programmcodes verändern oder kontrollieren. Solche Smart Contracts gelten – nach heutigen Standards – weitgehend als fälschungssicher.
- **Digitale Assets**
  Durch die Blockchain können digitale Vermögenswerte – die sogenannten digitalen Assets – geschaffen werden. Diese können weder zentral kontrolliert noch vervielfältigt werden. Durch Smart Contracts wird es sogar möglich, Business-Logik abzubilden und damit komplexe Vermögenswerte mit Eigenschaften jenseits von Krypto-Währungen zu schaffen.

Auch die **Künstliche Intelligenz (KI,** englisch **AI** für **Artificial Intelligence)** ist ein wichtiger Treiber der Entwicklungen in Richtung Metaverse. Erst durch die KI werden fotorealistische Bewegungen möglich. Hierzu sind hochkomplexe Rechenoperationen erforderlich. Die Auswertung der in Quasi-Echtzeit erhebbaren Datenströme über den jeweiligen Kontext stellt einen perfekten Use Case für die Künstliche Intelligenz dar. Die Daten können hier nicht nur direkt analysiert, sondern auch zu Interventionen im Metaverse – wiederum in Quasi-Echtzeit – verwendet werden. Die gewonnenen Informationen lassen sich kontinuierlich für die Weiterentwicklung spezifischer Anwendungen sowie des Metaverse generell nutzen.

Weitere wichtige Ingredienzien für das Metaverse sind Game Engines und digitale Ökosysteme. Der Code virtueller Welten wird typischerweise in einer **Game Engine** zusammengefasst. Game Engine ist ein weit gefasster Begriff. Dieser bezieht sich auf eine Sammlung von Technologien und Frameworks, die ein Spiel aufbauen, rendern, die Spiellogik verarbeiten und den Speicher verwalten. Um diese Game Engines haben sich bereits **digitale Ökosysteme (Digital Business Ecosystems, DBE)** entwickelt. Digital Business Ecosystems sind **kollaborative Netzwerke** aus heterogenen und geografisch verteilten Organisationen. Deren Beziehungen zueinander gehen über generische Leistungsbeziehungen – wie Einkauf von Produkten oder Dienstleistungen – hinaus. Diese Organisationen werden nicht vollständig hierarchisch kontrolliert.

Die **Anbieter der Game Engines** spielen eine zentrale Rolle in der Ausgestaltung der digitalen Ökosysteme. Schließlich beeinflussen und begrenzen deren Strategien zur Orchestrierung des Ökosystems das Marktverhalten, die Innovationsfähigkeit und Wettbewerbsfähigkeit der anderen Unternehmen (vgl. Hein et al., 2020, S. 90–91). Die digitalen Ökosysteme bilden somit den Rahmen für alle Unternehmen, die auf einer gemeinsamen Plattform aktiv sind. Sie können dort miteinander kooperieren, aber auch in Konkurrenz zueinander stehen.

2.5 Monetarisierung innerhalb des Metaverse

Um mit dem Metaverse Geld zu verdienen, sind **digitale Zahlungsprozesse** aufzubauen. Diese müssen nicht nur Zahlungsvorgänge mit analogen, sondern auch mit digitalen Währungen unterstützen. Aus Sicht von Banken und anderen Finanzdienstleistern ergibt sich als naheliegende Möglichkeit, den Kunden einen sicheren Zugang zum Metaverse zu ermöglichen. Hierfür werden Wallet-Lösungen und verifizierbare Identitäten eingesetzt. Außerdem gilt es, Assets im Metaverse sicher erwerbbar zu machen, zu verwahren und diese auch für Bezahlzwecke zu nutzen.

Für Banken stellt sich also die Frage, welche **Prozesse von der Bezahlung** über eine **verifizierte Identität** bis hin zur **Finanzierung** sie zukünftig als **Metaverse-Bank** ermöglichen möchten. Die **virtuelle Bankfiliale** und eine **virtuelle Beratung** wären eine neue Form der Interaktion mit den Kundinnen und Kunden. Hierdurch können vollständig integrierte, digitale Erfahrungen gewonnen werden, die die gesamte **Customer Journey** umfassen: angefangen bei der Identitäts-Prüfung über die Beratung, die digitale Besichtigung von Unternehmen (beim Aktienkauf) oder von Wohn- und Gewerbe-Immobilien, den Vertragsabschluss bis zur Bezahlung.

Im Bereich des **Asset-Managements** lassen sich Anlageprodukte für Metaverse-Assets vom digitalen Grundstück bis Kunstwerk entwickeln. Die Möglichkeiten sind zahlreich, und erste Banken prüfen dieses Feld bereits intensiv (vgl. Bitkom, 2022c, S. 32).

Einen regelrechten Hype erleben momentan die **Non-fungible Tokens (NFTs).** Ein NFT ist ein nicht austauschbares digitales Objekt, gleichsam ein **Echtheits-Zertifikat für digitale Objekte.** „Non-fungible" steht wörtlich für „nicht austauschbar". Der Kern eines NFTs ist ein geschützter Hinweis auf eine bestimmte digitale Ressource. Im Kunstmarkt werden momentan viele NFTs gehandelt. Hier sind es bspw. digitale Bilddateien, die als Einzelstücke gekennzeichnet sind und folglich als Unikate vermarktet werden können. Die Herstellung und der Handel von NFTs werden fälschungssicher in der Blockchain dokumentiert. Die Blockchain übernimmt hier die Aufgabe des aus der analogen Welt bekannten Grundbuchs, um eine digitale Urkunde zu bestätigen. Hierfür enthält der **Blockchain-Datensatz** für ein NFT einen Verweis, um welches Objekt es sich handelt. Dies kann eine Bild-Datei, aber auch eine Audio-Datei sein.

Das Ziel **digitaler Echtheits-Zertifikate** ist, Echtheit und Eigentum am Objekt digital nachzuweisen. Außerdem lassen sich so digitale und hybride Dienste in Anspruch nehmen. Das schafft einen Mehrwert für Herstellerinnen und Hersteller, Käuferinnen und Käufer sowie den Secondhand-Markt. Beim Weiterverkauf überträgt die Verkäuferin oder der Verkäufer auch den NFT. Der NFT dient gleichzeitig als Eintrittskarte für digitale und hybride Zusatzangebote, die sowohl im Web 2.0 als auch im Web 3.0 realisiert werden können. Er dient auch als Ausweis im Profil der Nutzerin oder des Nutzers, mit dem im Metaverse eine digitale Version des Markenproduktes genutzt und öffentlich präsentiert werden kann (vgl. Bitkom, 2022c, S. 44).

Unsicherheiten bestehen hier allerdings oft noch bzgl. der **Integrität der digitalen Ressource** und des **Inhalts des Kaufs.** Wird bspw. ein Bild als solches erworben oder nur (exklusive) Nutzungsrechte? Außerdem bedeutet der Fakt, dass eine Information unveränderbar ist und dezentral gespeichert wird, ja nicht, dass diese damit verbundene Aussage auch zutrifft (vgl. Lennartz & Kraetzig, 2022, S. 18). Die **Verifizierung** des „Objekts der Begierde" vor einem Kauf ist damit ein wichtiges Erfolgskriterium.

Blockchain und **digitale Assets** sind wichtige **Enabler des Metaverse.** Schließlich ermöglichen erst sie die Schaffung einer **Metaverse-Ökonomie.** Dann erst können digitale Assets produziert, verkauft und besessen werden. Außerdem können erst dann Services im Metaverse bezahlt werden. Es sind gerade solche ökonomischen Anreize, die teilweise eine Goldgräber-Stimmung erzeugen und ein rasantes Wachstum des Metaverse fördern können (vgl. Bitkom, 2022c, S. 18).

Für die Aktivitäten im Metaverse sind **digitale Währungen** bzw. **Krypto-Währungen** als **digitale Zahlungsmittel** auf der Grundlage eines Blockchain-Systems von Bedeutung. Die **Vorteile von Krypto-Währungen** sind, dass sie weltweit, pseudonym und ohne Vermittlungsinstanzen (Banken) eingesetzt werden können. Minutenschnell können auch große Summen weltweit transferiert werden. Ein – je nach Perspektive – **Nachteil von Krypto-Währungen** ist, dass diese Währungen keinerlei staatlicher Regulierung unterliegen. Da diese digitalen Währungen nicht von Staaten oder Banken verwaltet und ausgegeben werden, benötigen sie sogenannte Krypto-Miner, die die gesamten Transaktionen aufzeichnen, verifizieren und verbuchen. Durch das aufwendige Mingverfahren zur Verwaltung der Blockchain sind Krypto-Währungen außerdem oft wenig effizient (vgl. BSI, 2022). Außerdem sind sowohl das Krypto-Mining als auch alle Transaktionen in der Blockchain mit einem sehr hohen Energieverbrauch verbunden (vgl. weiterführend Kreutzer & Klose, 2023).

2.6   Regulierung im Metaverse

Die in Abschn. 1 beschriebene Interoperabilität des Metaverse erfordert eine überprüfbare **digitale Identität,** analog zu unseren physischen Pässen. Menschen, Organisationen oder Objekte werden hierdurch anhand digitaler Attribute repräsentiert. Das sind in Bezug auf Menschen meistens Kombinationen aus Benutzernamen und Passwörtern. Etwas komplexer sind digitale Signaturen und Zertifikate, weil diese mit Bezug auf bestimmte Instanzen auch die Überprüfung von bislang unbekannten digitalen Identitäten zulassen.

Für ein **digitales Identitäts-Management** sind drei Aspekte erfolgskritisch (vgl. Preikschat, 2020):

1. **Verlässliche Verknüpfung von Entität und digitaler Identität**
   Es muss sichergestellt werden, dass Entität und digitale Identität unzweifelhaft miteinander verknüpft sind. Das kann durch eine vertrauensvolle Instanz geschehen. Die Schwierigkeit liegt darin, dass bei der absehbaren Zunahme von vernetzbarer Hardware und der damit steigenden Nachfrage nach digitalen Identitäten eine solche Vertrauensinstanz rasch zum Flaschenhals werden kann.

2. **Schutz vor Missbrauch durch Dritte**
   Bei digitalen Identitäten besteht grundsätzlich die Gefahr, dass Dritte sich diese missbräuchlich aneignen und nutzen. Insofern gilt es, den Schutz digitaler Identitäten kontinuierlich auszubauen. Das bezieht sich zum einem auf die Speicherorte, die gegen Angriffe geschützt werden müssen. Das betrifft aber auch die Authentifizierungsverfahren, um einen sicheren Einsatz der Identitäten zu gewährleisten.

3. **Nachvollziehbarkeit der Daten**
   Digitale Identitäten können auch dafür genutzt werden, Daten über den Lebenszyklus eines Devices hinweg zu sammeln. Wichtig ist hierbei, dass die Interaktionspartner die Herkunft und Echtheit der außerhalb des Devices abgelegten Daten nachvollziehen können.

In diesem Zusammenhang muss auch die Gefahr durch **digitalen Identitätsdiebstahl (Digital Identity Theft, DIT)** berücksichtigt werden. Digitaler Identitätsdiebstahl umfasst zum einen den Missbrauch von Zugangsdaten wie Nutzername und Passwort, aber auch Kreditkartennummern, Adressen oder Fotos. Mittlerweile gibt es Anwendungen auf Basis der Künstlichen Intelligenz, die aus solchen Fotos auch Videos generieren, die frei gestaltet werden können. Hierbei wird von **Deep Fakes** gesprochen. Solange solche Videos von den echten Personen generiert und veröffentlicht werden, ist das kein Problem. Allerdings gibt es auch Menschen mit bösen Absichten, die sich diese Technologie zunutze machen können. Da sich im Internet von fast allen Menschen, ob berühmt oder nicht, Bilder finden, ist es also möglich, mit der entsprechenden Software aus diesen Bildern **Fake-Videos** zu generieren. Hier sind technische und regulatorische Lösungen notwendig, um diese Deep Fakes zu erkennen und deren Entwickler und Nutzer zu sanktionieren.

Ein besonderes Augenmerk ist beim Metaverse auf die **Cybersecurity** zu legen. Das **sichere Management der Plattformen** schließt auch den Schutz der im Metaverse generierten Inhalte ein. Schließlich können im Metaverse Käufe und Verkäufe getätigt und virtuelle Objekte (gegen echtes Geld) erworben werden. Zusätzlich können auch eigene Inhalte generiert werden, die nur in der digitalen Welt existieren. All das muss geschützt werden.

Hier ist vor allem auch der **Schutz der personenbezogenen Daten** von Bedeutung, die durch ein Agieren im Metaverse gewonnen werden. Je weitgehender die Nutzenden ihr Leben ins Metaverse verlagern, desto transparenter werden sie – und desto höher ist die Gefahr von manipulativen Einflussnahmen (vgl. Kreutzer, 2020). Hierbei stellen sich wichtige Fragen:

- Welches Unternehmen kann hier zu welchen Zwecken auf welche Daten zugreifen?
- Welche Permissions werden dazu von wem, wann und mit welchem Zweck erhoben?

Schließlich führt das **Metaverse** zu einem **Dataverse**. Jeder Schritt, jede Aktion, jedes gesprochene Wort, schlicht alles, was dort passiert, wird datentechnisch erfasst. Und hierfür werden nicht in jedem Fall Kameras benötigt! Wenn über identifizierbare Personen bekannt ist, wie diese emotional auf bestimmte Reize reagieren, wofür sie sich wann wie lange und mit welcher Intention interessieren, wofür sie Geld ausgeben und wofür nicht, dann sind **Manipulationsmöglichkeiten durch das Metaverse** Tür und Tor geöffnet. Und niemand sollte so naiv sein anzunehmen, dass Daten, einmal generiert, nicht auch kommerziell oder politisch nutzbaren Anwendungen zugeführt werden.

So umfassend, wie das Metaverse selbst zu denken ist, so umfassend sind auch die **Anforderungen an die Cybersecurity** zu formulieren. Schließlich bietet jede **Einflugschneise zum Metaverse** auch ein **Einfallstor für Cybercrime.**

3 Initiative: Wie Sie jetzt agieren sollten

3.1 Aufmerksame Marktbeobachtung

Jedes Unternehmen ist aufgerufen, laufend einen Blick auf das Verhalten der Angebots- und der Nutzungsseite des Metaverse zu werfen. Beim **Monitoring der Angebotsseite im Metaverse** stellen sich folgende Fragen:

- Welche Unternehmen sind mit welchen Angeboten bereits ins Metaverse gestartet?
- Welche Ressourcen wurden dafür eingesetzt?
- Welche Ergebnisse wurden erzielt?
- Aus welchen Branchen kommen die Unternehmen, die im Metaverse besonders aktiv sind?
- Sind das Unternehmen der eigenen Branche oder Start-ups, die mit innovativen Konzepten nach vorne marschieren?
- Welche Inhalte werden im Metaverse verstärkt angeboten?
- Wie entwickelt sich die Infrastruktur des Metaverse weiter?
- Wo wurden bereits deutlich Fortschritte erzielt, in welchen Bereichen kommt das Metaverse eher nicht von der Stelle?
- Welche Technologien werden verstärkt für welche Use Cases eingesetzt?
- In welchem Umfang gelingt bereits eine Monetarisierung im Metaverse?
- Sind die Erfolge bei der Monetarisierung eher temporärer Natur oder stellen sich diese nachhaltig ein?
- Welche Konzepte bei der Monetarisierung werden sich durchsetzen?
- Welche Lücken bei Cybersecurity und Datenschutz sind noch zu füllen?
- Welche Regulierungen zeichnen sich ab?

Die Angebotsseite ist allerdings nur ein Teil des relevanten Metaverse-Marktes. Deshalb gilt es, parallel ein **Monitoring des Nutzungsverhaltens im Metaverse** zu etablieren. Hierzu sind u. a. die folgenden Fragen zu beantworten:

- Welche Angebote werden von welchen Personen mit welcher Zielsetzung zu welchen Zeiten mit welchen Ergebnissen angenommen?
- Wie lange verweilen welche Personen im Metaverse?
- Wird das Metaverse eher für berufliche Aufgaben oder zur Gestaltung der Freizeit, zur Weiterbildung und/oder zum Shoppen genutzt?
- Welche beruflichen Anwendungen erfreuen sich besonders großer Beliebtheit?
- Welche Angebote dominieren bei der Freizeitgestaltung?
- Welche Trends lassen sich bei beruflichen Aufgaben oder zur Gestaltung der Freizeit erkennen?
- Welche Trends dominieren in welchen Ländern?
- Wie werblich dürfen Unternehmen dort aktiv sein – was wird geschätzt, toleriert oder abgelehnt?
- Welche Shopping-Angebote werden besonders intensiv wahrgenommen?
- Wie viel Geld wird im Durchschnitt für welche Angebote ausgegeben?
- Welche Zahlungswege werden bevorzugt?
- Welches sind typische Einstiegs- und Ausstiegs-Szenarien fürs Metaverse?
- Bei welchen Anwendungen bzw. bei welchen Gelegenheiten steigen die Nutzenden aus?
- Wann können Erlaubnisse zur Datennutzung wirksam eingeholt werden?
- Welche Daten sind welche Gruppen von Nutzenden bereit, mit den Metaverse-Anbietern zu teilen?
- Welche Arten von Kooperationen kommen im Metaverse gut bzw. schlecht an?

Für die weitere **Entwicklung des Metaverse** sind die Antworten auf die folgenden Fragen unverzichtbar:

- Für wie **relevant** halten Nutzerinnen und Nutzer die unterschiedlichsten Handlungsfelder im Metaverse?
- Welchen **Mehrwert** werden Metaverse-Anwendungen gegenüber anderen Online-Plattformen (*Microsoft Teams, TriCat, Zoom* etc.) oder analogen Formaten generieren?
- Wie **einfach** wird das Leben im Metaverse zu meistern sein?
- Wollen wir vielleicht doch viel lieber mit **echten Menschen** zusammenkommen, statt die berufsbedingte Online-Zeit durch ein noch umfassendes Agieren

im digitalen Raum und mit künstlichen Erlebnissen zu verlängern – beruflich und privat?

Gerade der letzte Punkt ist nicht zu vernachlässigen. Das Metaverse wird von vielen Menschen als „künstlich" im Gegensatz zu „echt" wahrgenommen werden. Schließlich bringt das Metaverse unsere Gewohnheiten des Erlebens durcheinander.

3.2   Start der eigenen Metaverse Journey

Damit einem Unternehmen der **Einstieg ins Metaverse** gelingt, sollten folgende Schritte eingeleitet werden:

- **Aufbau eines diversen Teams**
  Dieses Team soll junge und erfahrene, männliche und weibliche Leistungsträger aus allen Bereichen des Unternehmens zusammenbringen – aus Controlling, Marketing, Vertrieb, Produktion, Produktentwicklung, IT etc.
- **Einstieg in eine Learning Journey**
  Diese Learning Journey zielt zunächst einmal darauf, die wesentlichen Elemente, Gestaltungs- und Erfolgsfaktoren des Metaverse in der Tiefe zu verstehen.
- **Auslotung von Kundeninteressen**
  Gespickt mit diesem Hintergrundwissen gilt es, innerhalb und außerhalb des Unternehmens nach spannenden Use Cases für einen möglichen Metaverse-Einsatz zu suchen. Wo könnten AR-, VR-, XR- oder umfassendere Metaverse-Anwendungen hilfreich sein? Das Augenmerk sollte sich hier gleichermaßen auf das Training, die Produktentwicklung und den Vertrieb richten – wie auch auf die Entwicklung ganz neuer Produkte und Dienstleistungen. Auch beim Einstieg ins Metaverse gilt:
  Customers first – technology later!
  Die Technologie soll und kann auch hier wiederum „nur" ein Enabler sein, um weiteren Nutzen für die Zielgruppe zu generieren. Deshalb sollte am Beginn eines möglichen Einstiegs ins Metaverse die Frage stehen, welcher (zusätzliche) Nutzen für Kundinnen und Kunden geschaffen werden kann, wenn sich ein Unternehmen im Metaverse bewegt. Die Zielgruppe einer solchen Lösung kann hier im Unternehmen selbst angesiedelt sein – oder klassisch außerhalb des eigenen Unternehmens.
- **Definition messbarer Ziele und wertschöpfungsorientierter Strategien**

Auch für den Einstieg in das Metaverse sind messbare Ziele zu definieren, die von relevanten Use Cases ausgehen. Schließlich ist das Metaverse kein Selbstzweck, sondern sollte Wert schaffen – für externe und interne Zielgruppen sowie Unternehmen gleichermaßen. Diese Ziele sind durch wertschöpfungsorientierte Strategien zu implementieren.

- **Agiles Management von Metaverse-Anwendungen**
  Um schnelle Lernerfolge zu sichern und die Anwendungen konsequent an den Interessen der Nutzenden auszurichten, sollten Konzepte des agilen Managements eingesetzt werden. Die Leitidee lautet:
  Fail fast!
  Hierzu ist es wichtig, dass immer wieder Deliverables (i. S. von auslieferbaren Ergebnissen) erzeugt werden, die den potenziellen Anwenderinnen und Anwendern präsentiert werden. Basierend auf deren Feedback sind die weiteren Entwicklungsschritte einzuleiten. Beim **agilen Vorgehen** heißt es immer wieder: Bauen, Messen, Lernen (vgl. zu den relevanten Methoden des agilen Managements Kreutzer, 2021, S. 494–502).

- **Fokus auf Skalierung**
  Die eingeleiteten Strategien sollten frühzeitig auf eine Skalierung des Einsatzes abzielen. Hierdurch können Insellösungen vermieden werden, die an Relevanz für das Geschäftsmodell und für das Unternehmen verlieren können.

Viele warten noch auf den **Sputnik-Moment für das Metaverse** bzw. den **iPhone-Moment für das Metaverse**. Hat es einen solchen eigentlich für das Internet gegeben? Hat jemand beim Aufkommen des Internets damit gerechnet, dass innerhalb weniger Jahrzehnte kaum noch jemand auf die tägliche Nutzung des Internets verzichten möchte?

Das Metaverse wird sich als Ergänzung zur realen Welt entwickeln. Hier wird es zunächst eher zu **inkrementellen Veränderungen** kommen, die immer neue Möglichkeiten erschließen. Eine **Soft Transition** wird erwartet – kein harter Umbruch. Wie schnell diese Transformation erfolgen wird, hängt vom Ideenreichtum der Unternehmen und dem Interesse der Zielgruppen ab.

Literatur

BaFin. (2017). Blockchain-technologie. https://www.bafin.de/DE/Aufsicht/FinTech/Blockc hain/blockchain_artikel.html. Zugegriffen: 1. Sept. 2022.

Ball, M. (2021). Framework for the metaverse. https://www.matthewball.vc/all/forwardtothe Metaverseprimer. Zugegriffen: 9. Febr. 2022.

Ball, M. (2022). *The metaverse: And how it will revolutionize everything.* Liveright Publishing Corporation.

BCG. (2022a). How the metaverse will remake your strategy? In R. von abovitz, S. Banerjee, G. Gilliland, C. Liu, E. Sackey, A. Timashkov, & R. Trollinger (Hrsg.), *Whitepaper.* https://mkt-bcg-com-public-pdfs.s3.amazonaws.com/prod/impact-of-metaverse-on-business.pdf. Zugegriffen: 30. Sept. 2022.

BCG. (2022b). The corporate hitchhiker's guide to the metaverse. In J. F. von Bobier, T. Merey, S. Robnett, M. Grebe, J. Feng, B. Rehberg, K. Woolsey, & J. Hazan (Hrsg.), *Whitepaper.* https://www.bcg.com/de-de/publications/2022/a-corporate-guide-to-enter-the-metaverse-explained. Zugegriffen: 30. Aug. 2022.

Bitkom. (2022a). Beim Metaverse ist die deutsche Wirtschaft gespalten. https://www.bitkom.org/Presse/Presseinformation/Metaverse-deutsche-Wirtschaft-gespalten#msdyntrid=Mm57TkFY5QDlDAQi6WNlMiPE3zUhAkG1t51yq_OzJUk. Zugegriffen: 27. Okt. 2022.

Bitkom. (2022b). Ein Drittel der Deutschen ist neugierig aufs Metaversum. https://www.bitkom.org/Presse/Presseinformation/Drittel-der-Deutschen-ist-neugierig-auf-Metaversum. Zugegriffen: 22. Febr. 2022.

Bitkom. (2022c). *Wegweiser in das Metaverse. Technologische und rechtliche Grundlagen, geschäftliche Potenziale, gesellschaftliche Bedeutung.* Bitkom e. V.

BSI. (2022). Blockchain macht Daten praktisch unveränderbar. https://www.bsi.bund.de/DE/Themen/Verbraucherinnen-und-Verbraucher/Informationen-und-Empfehlungen/Technologien_sicher_gestalten/Blockchain-Kryptowaehrung/blockchain-kryptowaehrung_node.html. Zugegriffen: 14. Okt. 2022.

Busch, O. (2022). Metaverse. Vortrag an der Hochschule für Wirtschaft und Recht, Berlin, 15.6.2022.

EHI. (2022). Metaverse im Handel. https://www.ehi.org/produkt/whitepaper-metaverse-im-handel/. Zugegriffen: 11. Nov. 2022.

Evans, B. (2022). Satya Nadella & the Metaverse: Microsoft CEO on ‚Next Wave of Internet'. https://accelerationeconomy.com/cloud/satya-nadella-the-metaverse-microsoft-ceo-on-next-wave-of-internet/. Zugegriffen: 25. Aug. 2022.

Forbes. (2022). 2022 Neil Trevett's top insights-chair metaverse standards forum, President The Khronos Group. https://www.forbes.com/sites/stephenibaraki/2022/07/22/2022-neil-trevetts-top-insights-chair-metaverse-standards-forum-president-the-khronos-group/?sh=fb71a6a26b19. Zugegriffen: 26. Sept. 2022.

Gartner. (2022). Was ist ein Metaverse? In von Gupta, A. https://www.gartner.de/de/artikel/was-ist-ein-metaverse. Zugegriffen: 28. Aug. 2022.

Hein, A., Schreieck, M., Riasanow, T., Setzke, D. S., Wiesche, M., Böhm, M., & Krcmar, H. (2020). Digital platform ecosystems. *Electronic Markets, 30*(1), 87–98.

Horvath, M. (2018). Virtual-Reality-Brillen – die neue Form des Gamings? https://blog.teufel.de/die-vr-brille-ein-neuer-trend-oder-die-zukunft/. Zugegriffen: 7. Okt. 2022.

Kreutzer, R. (2020). *Die digitale Verführung, Warum wir uns auch mit den Schattenseiten moderner Entwicklungen beschäftigen sollten.* Springer Gabler.

Kreutzer, R. (2021). *Toolbox für Digital Business.* Springer Gabler.

Kreutzer, R., & Klose, S. (2023). *Metaverse kompakt.* Springer Gabler (erscheint demnächst).

Lennartz, J., & Kraetzig, V. (Februar 2022). Digitaler Wilder Westen. *Frankfurter Allgemeine Zeitung,* S. 18.

McKinsey. (2022a). Probing reality and myth in the metaverse. In C. von Aiello, J. Bai, J. Schmidt, & Y. Vilchynskyi, Y. (Hrsg.), *Whitepaper.* https://www.mckinsey.com/indust ries/retail/our-insights/probing-reality-and-myth-in-the-metaverse. Zugegriffen: 30. Aug. 2022.

McKinsey. (2022b). Value creation in the metaverse, The real business of the virtual world. In T. von Elmasry, E. Hazan, H. Khan, G. Kelly, S. Srivastava, L. Yee, & R. W. Zemmel (Hrsg.), *Whitepaper.* https://www.mckinsey.com/capabilities/growth-marketing-and-sales/our-insights/value-creation-in-the-metaverse. Zugegriffen: 30. Aug. 2022.

Newton, C. (2021). Mark in the Metaverse. Facebook's CEO on why the social network is becoming ‚a metaverse company'. https://www.theverge.com/22588022/mark-zucker berg-facebook-ceo-metaverse-interview. Zugegriffen: 25. Aug. 2022.

Newzoo. (2021). Intro to the Metaverse. Newzoo Trend Report 2021. https://newzoo. com/insights/trend-reports/newzoo-intro-to-the-metaverse-report-2021-free-version. Zugegriffen: 28. Aug. 2022.

Preikschat, K. (2020). Blockchain: Identitätsmanagement in der digitalen Welt. https:// www.it-daily.net/it-sicherheit/identity-access-management/blockchain-identitaetsmana gement-in-der-digitalen-welt. Zugegriffen: 13. Okt. 2022.

PwC. (2022). Demystifying the Metaverse. What business leaders need to know and do. https://www.pwc.com/us/en/tech-effect/emerging-tech/demystifying-the-metaverse. html. Zugegriffen: 28. Juli 2022.

Rauschnabel, P. A. (2022). *Metaverse Marketing 2022. Ergebnisse einer Managerbefragung.* White Paper der Universität der Bundeswehr.

Rauschnabel, P. A., Felix, R., Hinsch, C., Shahab, H., & Alt, F. (2022). What is XR? Towards a framework for augmented and virtual reality. *Computers in Human Behavior, 133,* 1–18.

Prof. Dr. Ralf T. Kreutzer ist seit 2005 Professor für Marketing an der Hochschule für Wirtschaft und Recht/Berlin School of Economics and Law. Parallel ist er als Trainer, Coach sowie als Marketing und Management Consultant tätig. Er war 15 Jahre in verschiedenen Führungspositionen bei Bertelsmann (letzte Position Direktor des Auslandsbereichs einer Tochtergesellschaft), Volkswagen (Geschäftsführer einer Tochtergesellschaft) und der Deutschen Post (Geschäftsführer einer Tochtergesellschaft) tätig, bevor er 2005 zum Professor für Marketing berufen wurde.

Prof. Kreutzer hat durch regelmäßige Publikationen und Keynote-Vorträge (u. a. in Deutschland, Österreich, der Schweiz, Frankreich, Belgien, Singapur, Indien, Japan, Russland, in den USA) maßgebliche Impulse zu verschiedenen Themen rund um Marketing, Dialog-Marketing, CRM/Kundenbindungssysteme, Database-Marketing, Online-Marketing, Social-Media-Marketing, Digitaler Darwinismus, Digital Branding, Dematerialisierung, Change-Management, digitale Transformation, Künstliche Intelligenz, Agiles Management, strategisches sowie internationales Marketing gesetzt und eine Vielzahl von Unternehmen im In- und Ausland in diesen Themenfeldern beraten. Zusätzlich ist Prof. Kreutzer als Trainer und Coach im Einsatz.

Seine jüngsten Buchveröffentlichungen sind „Toolbox für Marketing und Management" (2018) „Toolbox for Marketing and Management" (2019) „B2B-Online-Marketing und Social Media (2. Aufl., 2020, zusammen mit Andrea Rumler und Benjamin Wille-Baumkauff) „Voice-Marketing" (2020, zusammen mit Darius Vousoghi) „Die digitale

Verführung" (2020),„Kundendialog online und offline" (2021) „Praxisorientiertes Online Marketing" (4. Aufl., 2021) „Toolbox für Digital Business" (2021) „Social-Media-Marketing kompakt" (2. Aufl., 2021) „E-Mail-Marketing kompakt" (2. Aufl., 2021) „Online-Marketing – Studienwissen Kompakt (3. Aufl., 2021) „Online Marketing" (2022) „Digitale Markenführung" (2022, zusammen mit Karsten Kilian),„Praxisorientiertes Marketing" (6. Aufl., 2022) und „Toolbox Digital Business" (2022).

Prof. Dr. Sonja Klose ist seit 2017 Marketingprofessorin sowie Trainerin, Mentorin und Coach. Darüber hinaus verfügt sie über viele Jahre Erfahrung als Marketing-Führungskraft verschiedener Berliner Start-ups aus den Bereichen Business Intelligence, InsureTech und Digital Health. Ihre Schwerpunkte liegen in den Bereichen Online- und Offline-Marketing, Social Media und CRM, jeweils im B2B- und B2C-Umfeld. Ihr jüngstes Projekt, ein Beitrag in der Buchreihe „Esportpedia", befasst sich mit Optionen der Vermarktung in der Welt des elektronischen Sports.

Kundenerwartungen und Retourenverhalten beim Online-Shopping

Andreas Mann und Ann-Catrin Pristl

Inhaltsverzeichnis

Zusammenfassung

Retouren gehören zu den negativen Begleiterscheinungen des Online-Shoppings, das in Deutschland immer beliebter wird. Retouren sind sowohl aus wirtschaftlicher als auch aus ökologischer Sicht eine Herausforderung, die es zu bewältigen gilt. Ein wesentlicher Grund für die Rücksendung bestellter Waren besteht darin, dass sich die Erwartungen, die zum Zeitpunkt der Bestellung an die Ware bestanden haben, aus Sicht der Kunden später bei

A. Mann (✉) · A.-C. Pristl
Fachgebiet Marketing/Fachbereich Wirtschaftswissenschaften, Universität Kassel, Kassel, Deutschland
E-Mail: mann@wirtschaft.uni-kassel.de

A.-C. Pristl
E-Mail: pristl@wirtschaft.uni-kassel.de

der Lieferung der Ware nicht erfüllen. Im vorliegenden Beitrag werden deshalb auf der Grundlage theoretischer Überlegungen und empirischer Befunde die Entstehung von Kundenerwartungen und deren Veränderung im Zeitablauf behandelt. Hierbei werden verschiedene Formen von Kundenerwartungen und Determinanten der Erwartungsbildung erläutert sowie Implikationen für die Präsentation und Beschreibung von Waren in Online-Shops diskutiert.

Abstract

Product returns are one of the negative side effects of online shopping, which is becoming increasingly popular in Germany. Returns are a challenge to be mastered from both an economic and an ecological point of view. A significant reason for the return of ordered goods is that, from the customers' point of view, the expectations that existed for the goods at the time of ordering are later not fulfilled when the goods are delivered. In this paper, therefore, the emergence of customer expectations and their change over time are discussed on the basis of theoretical considerations and empirical findings. At this, different forms of customer expectations and determinants of the formation of expectations are explained and implications for the presentation and description of goods in online stores are discussed.

Schlüsselwörter

Retouren • Online-Shopping • Kundenerwartungen • Warenpräsentation • Produktbeschreibung

Keywords

Product returns • Online shopping • Customer expectations • Product presentation • Product description

1   Retouren – Die dunkle Seite des Online-Shoppings

E-Commerce boomt. In den letzten 20 Jahren haben sich der Absatz und der Umsatz von Waren und Dienstleistungen in Online-Kanälen mehr als vervierzigfacht. Während der Umsatz im Jahr 2002 bei gerade einmal 2,2 Mrd. Euro lag, wird er für das Jahr 2022 auf 97,4 Mrd. Euro geschätzt (HDE e. V., 2022, S. 7). Die Corona-Pandemie und die damit verbundenen Lockdowns im stationären Einzelhandel waren ein Booster, der die Dynamik des Online-Shoppings verstärkt hat (Rusche, 2021). So haben nicht nur stationäre Händler zur zeitlichen

Überbrückung der angeordneten Ladenschließungen und zur Existenzsicherung ihre Verkaufsaktivitäten zunehmend in das Internet verlagert, sondern auch Konsumenten, die bisher primär vor Ort in Ladengeschäften ihre Einkäufe getätigt haben, sind auf Online-Shopping ausgewichen und zum größten Teil – zumindest partiell – dabeigeblieben. Vor allem Bekleidung, Elektro- und Telekommunikationsartikel, Computerspiele und Software sowie Haushaltswaren gehören zu den typischen Gegenständen, die online eingekauft werden (bevh, 2022). Doch mit dem steigenden Volumen des Online-Shoppings nimmt auch die Menge an retournierten Waren zu, die also bestellt, dann aber doch nicht gekauft werden. Fast jede vierte Bestellung ist mit einer Retourensendung verbunden; in 2021 wurden rund 530 Mio. Pakete mit ca. 1,3 Mrd. Artikeln wieder an die Online-Verkäufer zurückgesandt (Asdecker et al., 2022). Vor allem Artikel aus den Bereichen Fashion und Accessoires gehören zu den besonders oft retournierten Waren (KPMG, 2021, S. 19).

Für die Online-Verkäufer sind Retouren mit erheblichen *ökonomischen Nachteilen* verbunden (Gustafsson et al., 2021, S. 880; Robertson et al., 2020, S. 174). Man schätzt, dass pro Retourensendung im Durchschnitt Kosten in Höhe von 6,95 € für den Verkäufer entstehen (Asdecker et al., 2022), was bei dem Retourenaufkommen in 2021 einen Kostenblock von insgesamt fast 3,7 Mrd. Euro verursacht hat. Zudem erzeugen Retouren auch *erhebliche Umweltbelastungen* (Tian & Sarkis, 2022, S. 2). So taxiert man den Ausstoß von rund 795.000 t CO_2e als Folge von Retouren allein in Deutschland (Asdecker et al., 2022). Auch für Kunden sind Retouren mit einigen Nachteilen verbunden. Selbst wenn in Deutschland viele Anbieter kostenlose Rücksendungen für die Kunden ermöglichen, werden die Retourenkosten der Anbieter zum Teil über höhere Produktpreise an die Besteller weitergegeben. Außerdem ziehen Retouren bei den Kunden *zeitliche und psychologische Aufwendungen* (wie z. B. Stress) nach sich, die zu Unzufriedenheit und Abwanderung führen können (Pristl & Mann, 2021, S.70).

Die Reduzierung des Aufkommens oder gar Vermeidung von Retouren ist daher sowohl für Anbieter, Kunden als auch die Ökologie von Vorteil und daher anstrebenswert. Dies setzt jedoch voraus, dass die typischen Gründe für Retouren zunächst identifiziert und dann basierend auf dieser Kenntnis wirkungsvolle Maßnahmen zur Eindämmung von Rücksendungen ergriffen werden, die für die Kunden akzeptabel sind und keine Unzufriedenheiten auslösen.

Im vorliegenden Beitrag sollen verschiedene Ursachen für Retouren genauer betrachtet werden, wobei der Fokus auf nicht erfüllten Kauf- bzw. Bestellerwartungen liegt. Dabei werden – entsprechend dem in Abb. 1 aufgeführten Rahmenmodell – auch der Einfluss der Warenbeschreibung und -präsentation

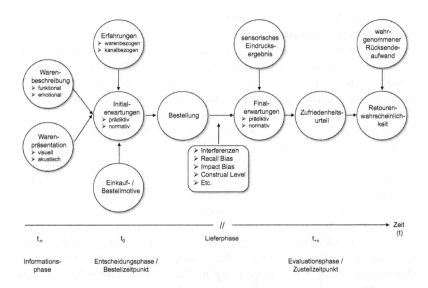

Abb. 1 Rahmenmodell zu Kundenerwartungen und Retourenverhalten im Online-Shopping. (Quelle: eigene Darstellung)

auf die Entstehung von Kundenerwartungen untersucht und mögliche Gründe für die Veränderungen von Kundenerwartungen, die in der Zeit zwischen der Bestellung und der Lieferung der Waren eintreten können, analysiert. Auf der Grundlage konzeptioneller Überlegungen und empirischer Befunde einer quantitativen und einer qualitativen Studie, die von den beiden Autoren durchgeführt wurden, werden Hinweise für die Unternehmenspraxis zur Optimierung der Retourenvermeidung abgeleitet.

2 Retourengründe: Klassifikation und empirische Relevanz

Die Ursachen für die Rücksendung bestellter Waren können aus Kundensicht ganz generell in objektive und subjektive Gründe eingeteilt werden. *Objektive Gründe* liegen vor, wenn Fehler im Bestell- oder Auslieferungsprozess aufgetreten sind, die intersubjektiv nachvollziehbar eine Rücksendung der Ware begründen. Hierzu gehören z. B. die Bestellung oder Lieferung von falschen Artikeln, falschen Größen oder auch falschen Mengen. Darüber hinaus gehören auch offensichtliche Mängel an den gelieferten Waren zu den objektiven Ursachen von Retouren (Pristl & Mann, 2021, S. 71).

Subjektive Retourengründe beziehen sich hingegen auf Ursachen, die in individuellen Motiven und Beurteilungen von Nachfragern liegen. Hierzu gehören *hedonistische Motive,* wie die Suche nach Abwechselung und Unterhaltung, die zu Bestellungen von Waren führen, ohne dass diese von den Nachfragern tatsächlich gekauft werden (Pristl & Mann, 2021, S. 71). So empfinden viele Nachfrager beim Kauf von Produkten ein Glücksgefühl, das – je nach Produktart – im Rahmen des Einkaufs- bzw. Bestellprozesses stärker ausgeprägt sein kann als der Besitz und die Verwendung der Waren (Gilovich et al., 2015, S. 153). Das Ansehen von Waren im Online-Shop, das Lesen von Produktinformationen, das Verschieben ausgewählter Artikel in den Warenkorb, die Auslösung der Bestellung sowie das Tracken des Lieferstatus fördern die Vorfreude auf die Ankunft der georderten Waren, was häufig der eigentliche Grund für Bestellungen ist. In diesem Zusammenhang spielt auch das Phänomen der sog. *„Shopping Therapy"* eine Rolle (Pristl & Mann, 2021, S. 71); das ist bereits seit Längerem bekannt und auch beim stationären Einkaufen zu beobachten. Dabei nutzen die Nachfrager das Bestellen von Waren dazu, negative Emotionen und Stimmungen (z. B. Ärger und Traurigkeit) zu verdrängen oder Langeweile und Einsamkeit zu vertreiben (Rick et al., 2014, S. 373 ff.). Allerdings können auch andere emotionale Gründe, wie z. B. Schuldgefühle und Bedauern aufgrund von Zweifeln an der Sinnhaftigkeit der ursprünglichen Entscheidung, eine Retournierung der bestellten Waren auslösen (Powers & Jack, 2013, S. 725).

Ein weiterer subjektiver Retourengrund ist ein *opportunistisches Bestellverhalten,* das ebenfalls zur Bestellung von Waren führt, ohne dass eine Absicht zum tatsächlichen Kauf besteht. So werden z. B. Waren geordert, weil sie die Besteller als vermeintliches Eigentum in sozialen Medien präsentieren wollen und nach dem Posten von Bildern der Waren, die sie dann eigentlich nicht mehr benötigen, retourniert. Zu diesem opportunistischen Verhalten gehört auch die Bestellung von Waren (z. B. Bekleidung oder Schmuck), die für einen bestimmten einmaligen Nutzungsanlass bestellt werden (z. B. Teilnahme an einer feierlichen Veranstaltung) und umgehend danach wieder zurückgesendet werden (Foscht et al., 2010, S. 117; Pei & Paswan, 2018, S. 306). Auch die Rücksendung von bestellten Waren aufgrund einer zwischenzeitlichen Beschaffung der gleichen Produkte zu einem günstigeren Preis bei einem anderen Anbieter bzw. in einem anderen Einkaufskanal kann hierzu gezählt werden.

Derartige opportunistische Verhaltensweisen sind keine Ausnahmen und kommen vor allem bei Bekleidung und technischen Produkten vor (Harris, 2010,

S. 736 ff.). Grundsätzlich fördert eine großzügige Retourenpolitik von Shop-Betreibern, bei der georderte Waren von den Bestellern ohne monetären Aufwand und in einfachen Abwicklungsprozessen zurückgesendet werden können, die Rücksendewahrscheinlichkeit (Walsh & Möhring, 2017, S. 346) und insbesondere auch ein opportunistisches Rücksendeverhalten. Allerdings steigert eine großzügige Retourenpolitik gleichzeitig auch die Bestellbereitschaft der Nachfrager (Janakiraman et al., 2016, S. 232 ff.), sodass es für eine ökonomische Bewertung der Retourenpolitik von Unternehmen immer auf den Netto-Effekt ankommt.

Zu den wichtigsten subjektiven Retourengründen gehören jedoch *Unzufriedenheiten* mit den bestellten Waren, die aus einer Nichterfüllung (Diskonfirmation) der ursprünglichen Erwartungen an die Waren resultieren. Das belegen die empirischen Ergebnisse einer deskriptiven Untersuchung zum Retourenverhalten von 233 Online-Shoppern in Deutschland, die von den beiden Autoren dieses Beitrags auf Basis eines Convenience-Samples im Jahr 2020 durchgeführt wurde (Pristl & Mann, 2021, S.73). Sowohl bei der Warengruppe Bekleidung als auch bei Elektronikgeräten steht dieser Grund an erster Stelle für die Rücksendungen. In beiden abgefragten Produktkategorien sind zudem unzureichende oder irreführende Produktbeschreibungen ein bedeutsamer Rücksendegrund von bestellten Waren. Bei Bekleidung kommt hinzu, dass Kunden oft mehrere Varianten eines Artikels zur Auswahl bestellt hatten und dann die nicht gewählten Alternativen wieder retournieren. In Abb. 2 sind die Ergebnisse zur Relevanz von *subjektiven* Rücksendegründen dargestellt. Die Messung der Retourenursachen erfolgte auf Basis einer siebenstufigen Ratingskala (von 1 = „trifft überhaupt nicht zu" bis 7 = „trifft voll und ganz zu"). Neben den Mittelwerten sind in Klammern auch die Standardabweichungen und etwaige signifikante Unterschiede ($\alpha \leq 0{,}05$) in der Relevanz der Retourenursachen durch eine Sternchenmarkierung (*) angegeben.

Objektive Gründe, wie z. B. Falsch- und Doppellieferungen oder unvollständige Lieferungen, sind gemessen an den subjektiven Gründen eher selten die Ursache für Rücksendungen. Wie Abb. 3 zeigt, sind die Mittelwerte der abgefragten Retourengründe zumeist geringer ausgeprägt. Allerdings lässt sich hier feststellen, dass z. B. Defekte bzw. Beschädigungen der Waren bei Elektronikartikeln öfter der Grund für eine Retoure dieser Produkte sind, als es bei Bekleidung der Fall ist.

Aufgrund der warengruppenunabhängigen großen Relevanz der Unzufriedenheit mit den gelieferten Artikeln als Retourengrund ist ein genaues Verständnis über die Bedeutung von Kundenerwartungen als Determinante der Kundenzufriedenheit hilfreich, um einerseits durch ein entsprechendes Management der Kundenerwartungen die Retourenwahrscheinlichkeit zu reduzieren und andererseits mögliche negative Konsequenzen der Kundenunzufriedenheit für die

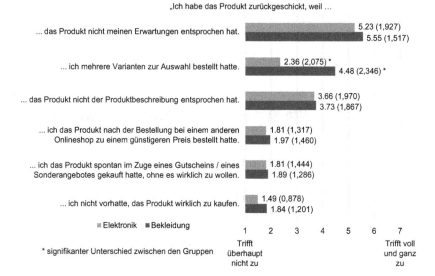

Abb. 2 Subjektive Gründe für Retouren. (Quelle: Pristl & Mann, 2021, S. 73)

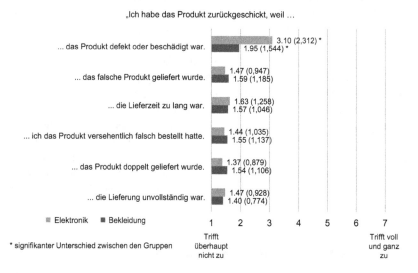

Abb. 3 Objektive Gründe für Retouren. (Quelle: Pristl & Mann, 2021, S. 74)

Anbieter zu vermeiden. Immerhin konnten wir in der Untersuchung feststellen, dass es einen Zusammenhang zwischen einer wahrgenommenen unzureichenden Kundenorientierung und Retouren, die ausgelöst wurden, weil die gelieferte Ware nicht der Beschreibung entsprochen hat (r = 0,208), gibt (Pristl & Mann 2021, S. 74).

3　Nicht erfüllte Kundenerwartungen als Determinante der Retourenauslösung

3.1　Kundenzufriedenheit und Kundenerwartungen

Kundenzufriedenheit ist ein Konzept, das in der Marketingwissenschaft schon seit Langem untersucht wird und unterschiedliche Definitionen und Erklärungsansätze im Laufe der Forschungshistorie hervorgebracht hat. Ein recht bekannter Ansatz ist das sog. *Confirm-/Disconfirm-Paradigma.* Demnach ist Zufriedenheit das Ergebnis eines (kognitiven) Abgleichs von Erwartungen, die vor dem Kauf bzw. der Bestellung einer Ware oder vor der Inanspruchnahme einer Dienstleistung beim Kunden bestanden haben, mit den konkreten Erfahrungen, die er mit der Nutzung der Waren und Dienstleistungen sammelt (Churchill Jr. & Surprenant, 1982, S. 491 f.; Homburg & Stock-Homburg, 2016, S. 20 ff.; Oliver, 1981, S. 27; Töpfer & Mann, 2008, S. 50 f.). Werden die Erwartungen erfüllt, ist der Kunde zufrieden, werden sie übererfüllt, dann kann Begeisterung entstehen. Werden die Erwartungen hingegen nicht erfüllt, stellt sich in der Regel eine Unzufriedenheit ein. Allerdings ist zu berücksichtigen, dass der Abgleich von Erwartungen und Erfahrungen zumeist nicht sehr akkurat und mathematisch exakt erfolgt, sondern eher eine grobe Einschätzung darstellt, bei der es auch Toleranzzonen bezüglich der Ausprägung einer Leistung gibt. Solange diese nicht unter- bzw. überschritten werden, kommt es zu einer Assimilation der beiden Größen und somit zur Zufriedenheit. Werden die Toleranzzonen hingegen unter- oder überschritten, findet eine Kontrastierung statt (Anderson, 1973, S. 39; Johnson & Fornell, 1991, S. 275). Bei den Kunden tritt dann entsprechend eine Begeisterung ein oder eine Enttäuschung auf.

3.2　Arten von Kundenerwartungen

Die *Erwartungen* von Kunden sind somit eine zentrale Determinante der Kundenzufriedenheit. Unter Kundenerwartungen versteht man in der Marketingliteratur häufig die Antizipation zukünftiger Ereignisse, deren Eintritt mit einer (groben) Wahrscheinlichkeit verbunden wird (Beckmann & Heckhausen, 2018, S. 122; Gerrig, 2018, S. 455 f.; Puca & Schüler, 2017, S. 228). Dementsprechend handelt es sich um prädiktive Einschätzungen. Bei den Ereignissen kann es sich um bestimmte Produkteigenschaften und deren Ausprägungen oder auch um funktionale, hedonistische oder soziale Nutzenwirkungen handeln, die man mit der Verwendung einer Ware oder der Inanspruchnahme einer Dienstleistung verbindet. Die Grundlage für die Ausbildung von (prädiktiven) Erwartungen bilden sowohl eigene Erfahrungen aus der Vergangenheit (z. B. mit einem Anbieter oder mit Wettbewerbern), weshalb Lernprozesse an der Entstehung beteiligt sind, als auch externe Einflüsse, z. B. in Form von Produktpräsentationen oder Erfahrungen Dritter, die z. B. in Produktreviews berichtet werden (Holak et al., 1987, S. 247). *Prädiktive Kundenerwartungen* können daher auch „als subjektive erfahrungsbasierte Prognosen bezüglich zukünftiger Leistungs- und Zustandsergebnisse verstanden werden" (Mann & Pristl, 2022, S. 1295).

Neben den prädiktiven gibt es auch *normative Erwartungen*. Sie beziehen sich auf Forderungen gegenüber einem Anbieter bzw. an die von ihm angebotenen Waren und Dienstleistungen. Hierbei geht es weniger darum, wie etwas voraussichtlich sein wird, sondern primär darum, wie etwas sein sollte (Mann & Pristl, 2022, S. 1296). Normative Kundenerwartungen basieren ebenfalls auf eigenen oder abgeleiteten Erfahrungen anderer Personen mit einem Anbieter und seinen Leistungen oder mit Wettbewerbsleistungen (Golder et al., 2012, S. 10 f.). Zudem werden sie von Marketingmaßnahmen der Anbieter (z. B. Werbeaussagen/-versprechen und der Preishöhe der angebotenen Leistungen) beeinflusst (Mann & Pristl, 2022, S.1296). Darüber hinaus nehmen persönlichkeitsbezogene Eigenschaften der Kunden und situative Faktoren (z. B. zeitlicher Handlungsdruck) einen Einfluss auf die graduellen Ausprägungen normativer Erwartungen, die sich in Minimal-, Standard- und Idealanforderungen niederschlagen können (Golder et al., 2012, S. 10 f.; Oliver, 1980, S. 461).

Prädiktive und normative Kundenerwartungen sind interdependent (Golder et al., 2012, S. 11). So hängen Kaufentscheidungen u. a. davon ab, ob Kunden ihre Anforderungen (normative Erwartungen) durch die angebotene Leistung mit großer Wahrscheinlichkeit erfüllt sehen (prädiktive Erwartungen). Muss sich ein Nachfrager zwischen zwei oder mehreren Anbietern und/oder Leistungen entscheiden, dann wird er sich für die Option entscheiden, bei der die positivste prädiktive Erwartung zur Erfüllung der normativen Erwartungen vorliegt (Bruhn & Georgi, 2000, S. 187). Ebenso werden prädiktive Erwartungen von den normativen Anforderungen geprägt. Bei Minimalanforderungen wird

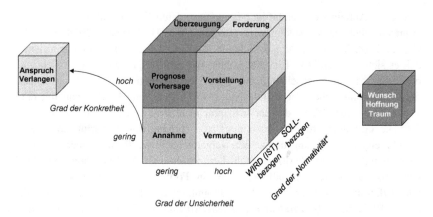

Abb. 4 Klassifikation von Kundenerwartungen. (Quelle: Mann & Pristl, 2022, S. 1297)

die Wahrscheinlichkeit der Erfüllung in der Regel größer eingeschätzt als bei Idealvorstellungen.

Die Bildung von normativen und prädiktiven Erwartungen wird auch von der *Klarheit* der Vorstellungen darüber, wie bestimmte Ereignisse respektive Eigenschaften sind bzw. sein sollten, beeinflusst. Damit können Kundenerwartungen je nach Ausprägung der eingeschätzten Eintrittswahrscheinlichkeit bzw. der wahrgenommenen Unsicherheit für den Eintritt eines Ereignisses sowie dem Ausmaß der normativen Anforderungen und der Konkretheit der prognostizierten Ereignisse klassifiziert werden (Mann & Pristl, 2022, S. 1296 f.). In Abb. 4 ist eine entsprechende Erwartungsklassifikation dargestellt.

Demzufolge sind Vorstellungen also Erwartungen mit einem hohen Grad an Unsicherheit und Konkretheit, aber mit einem geringen Grad an Normativität. Im Gegensatz dazu sind Überzeugungen durch eine geringe Unsicherheit sowie eine hohe Normativität und eine hohe Konkretheit gekennzeichnet. Wünsche und Hoffnungen bestehen wiederum aus einem geringen Grad an Konkretheit, hoher Unsicherheit und starker Normativität.

3.3 Der Einfluss der Warenpräsentation und -beschreibung auf die Erwartungen von Online-Shoppern

Prädiktive und normative Kundenerwartungen werden ganz wesentlich von der Präsentation und der Beschreibung der angebotenen Waren und Dienstleistungen beeinflusst. Vor allem die Konkretheit der Erwartungen kann durch die Art und Weise der Veranschaulichung der angebotenen Leistungen geprägt werden. Grundsätzlich werden zur Darstellung von Waren in Online-Shops eine verbale Beschreibung der Produkte sowie eine bildliche Präsentation verwendet. Aufgrund der technischen Gegebenheiten ist auch der Einsatz akustischer Reize denkbar (z. B. bei Elektronikprodukten). Diese Formate können wiederum in ihrer Ausgestaltung unterschiedlichen Funktionen dienen, wie z. B. über die Leistungseigenschaften informieren, Emotionen transportieren oder einen sensorischen Eindruck hervorrufen (Bleier et al., 2019, S. 101 ff.).

Die Darstellung angebotener Waren und Dienstleistungen in Online-Shops zur Erläuterung eines Produktes und seiner Eigenschaften soll demzufolge einerseits die Besucher eines Online-Shops über das Produkt und seine Leistungseigenschaften informieren und andererseits zum Kauf motivieren. Um dies zu erreichen, sollte die Beschreibung verschiedene Erlebniskomponenten beinhalten (z. B. informative, emotionale und sensorische), um sowohl relevante Informationen für die Einschätzung des funktionalen Produktnutzens zu übermitteln, als auch ein gutes Gefühl bei der Bestellentscheidung auszulösen (Bleier et al., 2019, S. 101 ff.; Holbrook, 1978, S. 549). Zu den typischen Formen *informativer Warendarstellungen* gehören z. B. Produktdatenblätter, Grafiken, Fotos und Listen, die über bestimmte Produkteigenschaften und deren Ausprägungen sowie über Verkaufspreise und Preisnachlässe informieren (Bleier et al., 2019, S. 101 ff.; De et al., 2013, S. 1002; Jiang & Benbasat, 2007, S. 476). Ebenso sind Angaben zu Lieferzeiten und -bedingungen (z. B. Mindestabnahmemengen) wichtige Informationen (Pristl & Mann, 2021, S. 75).

Emotionale Beschreibungen können durch die Verwendung von Metaphern und bildhaften Aussagen erfolgen. Während Metaphern als rhetorische Beschreibungen, die sinnbildlich für bestimmte Sachverhalte stehen, entsprechende positive Assoziationen hervorrufen sollen, werden bei bildhaften Aussagen gezielt Begriffe verwendet, die mit bestimmten visuellen Wahrnehmungen verbunden sind, die beim Lesen oder Hören ausgelöst werden sollen. Darüber hinaus können auch sensorische Beschreibungen genutzt werden, die sich insbesondere auf den Geschmack, den Geruch und die Haptik der angebotenen Waren beziehen, weil diese Sinneseindrücke – anders als das Aussehen und akustische Eigenschaften von Produkten – sich nicht direkt im Rahmen der Warenpräsentation in Online-Shops darstellen lassen (Pristl & Mann, 2021, S. 75 f.). Wenngleich haptische Informationen grundsätzlich für die Exploration von Produktqualitäten bedeutsam sind (Ackerman et al., 2010, S. 1712 f.), sind sie vor allem für Personen relevant, die ein großes Bedürfnis danach haben, Produkte anzufassen, um sich einen Qualitätseindruck zu verschaffen (Mann & Barkhof, 2019, S. 914; Peck et al., 2013, S. 197 ff.). Für sie sind entsprechende sensorische Surrogatinformationen essenziell, um die fehlenden haptischen Inspektionsmöglichkeiten ansatzweise auszugleichen und eine Frustration zu vermeiden (Peck & Childers, 2003, S. 37), die sonst zu einem Ausbleiben der Online-Bestellung führen würde. Allerdings sind die haptischen Beschreibungen allein oft nicht ausreichend, damit sich Nachfrager mit einem hohen *Need-for-Touch* ein fundiertes (Qualitäts-)Urteil bilden können. Hier kann es hilfreich sein, bei der optischen und akustischen Warenpräsentation haptische Informationen unterstützend herauszustellen, indem z. B. Bilder in 3-D-Ansichten oder 360-Grad-Ansichten verwendet oder Zoom-Möglichkeiten zur besseren Produktbetrachtung angeboten werden (Pristl & Mann, 2021, S. 76). Anwendungsvideos können zudem die Produkte bei der Nutzung zeigen und sowohl haptische Eindrücke als auch Informationen über den Anwendungsnutzen transportieren. Insbesondere visuelle Reize sind für den Aufbau haptischer Vorstellungsbilder tendenziell gut geeignet (Silva et al., 2021, S. 4).

Ergebnisse einer aktuellen *qualitativen Untersuchung* der beiden Autoren zeigen, dass bei Bekleidung in einem ersten Schritt der Produktinspektion ausschließlich die Produktbilder zur Begutachtung herangezogen werden. Erst in einem zweiten Schritt, wenn die Ausprägung der Eigenschaften, die anhand der Bilder ableitbar sind, zu weiterem Interesse am Produkt führt, erfolgt die Betrachtung verbaler Produktbeschreibungen, die idealerweise nicht im Fließtext, sondern zur schnelleren mentalen Aufnahme als Stichpunkte dargeboten werden sollten. Allerdings sind hier nur komplementäre Informationen aufzuführen, die nicht bereits über die Bilder zu ermitteln waren, weil sonst die Beschreibung als irrelevant und nutzlos eingestuft wird. Soll das Material des Produktes hinsichtlich seiner Beschaffenheit eingeschätzt werden, dann werden allen voran Nahaufnahmen bzw. die Zoom-Funktion genutzt. Hier kommt es vor allem auf eine hohe Auflösung der Bilder an, damit die Materialstruktur klar erkennbar wird. Beschreibungen des Materials, die einerseits in der Nennung der Materialzusammensetzung und andererseits in der Beschreibung des haptischen Eindrucks des Materials liegen, werden unterschiedlich bewertet. So ist der Nutzen der

Materialzusammensetzung abhängig von der Vorerfahrung einer Person mit derartigen Angaben und nur bei deren Vorliegen nützlich. Die verbale Beschreibung des haptischen Eindrucks wiederum wird teilweise sogar negativ und als wenig glaubwürdig wahrgenommen, da sie für eine Marketingmaßnahme des Anbieters anstatt für eine realistische Produktdarstellung gehalten wird. Zudem scheint es ein individuell eingeschätztes „Zuviel" an Detailreichtum zu geben so wird der Nutzen von 3-D-Rotationen, 360-Grad-Ansichten und Produktvideos als verschieden stark bzw. schwach ausgeprägt eingestuft. Als mehr oder minder irrelevant für die Präsentation von Bekleidung in Online-Shops werden Virtual Reality (VR)-basierte Anwendungen wie Magic-Mirror-Applikationen bzw. Virtual-Try-on-Funktionen angesehen, die in der Wahrnehmung der Mehrheit der Befragten keine wesentlichen Vorteile z. B. für die Einschätzung der Passform bieten.

Grundsätzlich können eine relevante Beschreibung und nachvollziehbare (visuelle) Präsentation der angebotenen Waren eines Online-Shops dazu beitragen, Interessenten einen besseren Eindruck über die Produkte zu vermitteln und somit eine mentale Inspektion der Waren zu fördern, die für eine überlegte Kaufentscheidung/Bestellung notwendig ist (Zhang et al., 2022, S. 168). Allerdings gilt es zu berücksichtigen, dass es beim Einsatz dieser Präsentationstechniken auch zu *verzerrten Vorstellungen* über (einzelne) Produkteigenschaften kommen kann. Insbesondere bei Personen, die bis zur Bestellung keine eigenen Erfahrungen mit den angebotenen Leistungen haben, können falsche prädiktive Erwartungen entstehen, die dann zu Unzufriedenheit und Enttäuschung führen können, wenn die gelieferten Waren nicht den Erwartungen entsprechen, die zum Zeitpunkt der Bestellung vorgeherrscht haben. So kann z. B. eine stark vergrößerte Darstellung von Produkteigenschaften beim Zoomen zu unrealistischen Vorstellungen über die Ausmaße der Merkmale beim Betrachter führen. Professionelle Fotos der Waren, die mit einer optimalen Belichtung aufgenommen werden, entsprechen zumeist nicht den Lichtverhältnissen beim Öffnen der zugestellten Pakete (Pristl & Mann 2021, S. 76). Ebenso können im Tonstudio abgemischte Sounds bei akustischen Warenpräsentationen nicht mit dem tatsächlichen Klang von Produkteigenschaften (z. B. das Schließen von Türen bei einem Möbel) bzw. beim Einsatz der Waren beim Kunden übereinstimmen. Auch die Präsentation der Ware vor emotional positiv anmutenden Bild- oder Sound-Hintergründen kann bei den Bestellern emotionale Vorstellungen hervorrufen, die dann beim Kunden vor Ort nicht bestätigt werden (Pristl & Mann, 2021, S. 76). Emotionale Produktdarstellungen sind bei der Evaluation der gelieferten Waren deshalb problematisch, weil sie oft mehrdeutig sind und vor allem stark subjektiv interpretiert werden. Damit besteht gerade hier die Gefahr, dass bei der Bestellung kaufmotivierende prädiktive Erwartungen entstehen, die später nicht erfüllt werden und dann zu Unzufriedenheit führen (De et al., 2013, S. 1001). Betreiber von Online-Shops stehen somit vor einem Dilemma. Einerseits führen attraktive Produktdarstellungen und emotionale Beschreibungen der angebotenen Leistungen zu einer Steigerung der Bestellbereitschaft bei den Kunden (Pristl & Mann, 2021, S. 75). Andererseits können hierdurch Erwartungen entstehen, die nicht erfüllt werden können und schließlich zu Retouren führen (Powers & Jack, 2015, S. 1185). Es kommt daher darauf an, das richtige Maß an funktionalen und emotionalen Informationen bei der Präsentation und Beschreibung der angebotenen Leistungen zu finden. Dabei ist auch zu beachten, dass sich Erwartungen im Laufe der Bestellabwicklung verändern können. Je größer die Zeitspanne zwischen Bestellung und Lieferung bzw. (Erst-) Nutzung/Inanspruchnahme der Produkte und Dienstleistungen ist, desto eher kann es zu entsprechenden Veränderungen kommen (Mann & Pristl, 2022, S. 1298).

3.4 Zeitliche Veränderung von Kundenerwartungen als Herausforderung für den Online-Vertrieb

Zeitbezogene Veränderungen von Erwartungen können in unterschiedlichen Formen auftreten. Einerseits kann es dazu kommen, dass sich Kunden beim Erhalt der bestellten Waren nicht mehr genau oder überhaupt nicht mehr an bestimmte Initialerwartungen, die zur Bestellung geführt haben, erinnern („retrograde Erwartungsamnesie"). Andererseits können neue Erwartungen entstehen, die zum Zeitpunkt der Bestellung gar nicht vorgelegen haben („Erwartungsillusion"). Darüber hinaus kann es auch zur Neu- oder Uminterpretation der ursprünglichen Erwartungen kommen. Hierbei werden einzelne Erwartungen bei der Bewertung der gelieferten Waren stärker oder geringer ausgeprägt erinnert, als das zum Bestellzeitpunkt tatsächlich der Fall war (Pristl & Mann, 2021, S. 71 f.).

Bei der *„retrograden Erwartungsamnesie"* kann es sich um einen tatsächlichen Verlust von im Gehirn gespeicherten Informationen über die Erwartungen an bestellte Waren oder um ein kognitives Problem beim Zugriff auf die gespeicherten Informationen handeln (Schacter, 1999, S. 184). Zugriffprobleme können u. a. durch Interferenzen verursacht werden, wenn z. B. länger gespeicherte Informationen (z. B. Initialerwartungen) durch neuere Informationen (z. B. aktuelle werbliche Informationen) überlagert werden oder wenn vor Kurzem gespeicherte Informationen (Bestellerwartungen) durch ältere Informationen (z. B. Erfahrungen mit früheren Bestellungen) daran gehindert werden, die neueren Erwartungen abzurufen. Dementsprechend kann es zu Erinnerungsverzerrungen (Recall Biases) kommen, indem man sich nicht mehr korrekt an die ursprünglichen Erwartungen erinnern kann und im Nachhinein den Initialerwartungen eine größere oder geringere Bedeutung für eine Bestellung zuordnet.

„*Erwartungsillusionen*" können ebenfalls durch Interferenzen oder eine oberflächliche Verarbeitung und Speicherung von erwartungsbezogenen Informationen entstehen (Schacter, 1999, S. 186), weil die Kunden bei der Bestellung abgelenkt bzw. unkonzentriert waren. Hierdurch entstehen Informationslücken, die durch die Nutzung von kongruenten Informationen gefüllt werden, die auf schematischen Vorstellungen zu einer Produkt- und Warengruppe beruhen (Buchner & Brandt, 2017, S. 419; Gallo, 2010, S. 836). Dementsprechend erinnern sich Kunden bei der Bewertung der gelieferten Waren dann möglicherweise an bestimmte Produktmerkmale oder deren Ausprägung, die für sie zum Zeitpunkt der Bestellung relevant waren, obwohl diese gar nicht vorlagen bzw. bei der Warenbeschreibung und -präsentation nicht erwähnt bzw. dargestellt wurden (Roediger III & McDermott, 1995, S. 806 ff.).

Neben möglichen mentalen Problemen bei der Speicherung von Erwartungen bei der Bestellung und dem Abruf dieser beim Empfang von Waren kann auch eine Veränderung bei der inhaltlichen Fokussierung der Erwartungen im Zeitablauf stattfinden. In diesem Zusammenhang spielt die psychologische Distanz eine wichtige Rolle. Je größer der Zeitraum zwischen der Bestellung einer Ware und deren Lieferung ist, desto größer ist die *psychologische Distanz* (Mann & Pristl, 2022, S. 1298). Bei großen psychologischen Distanzen sind die Vorstellungen über die Produkteigenschaften und den erwarteten Nutzen eher abstrakt und schematisch (sog. High Level-Construal). Im Fokus stehen vor allem wünschenswerte Zustände (z. B. eine angenehme Wohnatmosphäre), die mit den bestellten Waren (z. B. Heimtextilien oder Möbel) verbunden werden. Bei einem kurzen Zeitraum sind die Vorstellungen über die bestellten Waren konkreter (sog. Low Level-Construal). Im Fokus der Betrachtung stehen dann vor allem Eigenschaften, die sich auf die Anwendung und Nutzbarkeit der bestellten Waren beziehen (z. B. die Waschbarkeit von Tischdecken und Pflege des Leders eines Sofas). Während bei einem High Level-Construal also vor allem hedonistische, emotionale und soziale Nutzengrößen relevant sind, die sich auf grundlegende terminale Werte bzw. Lebensziele beziehen, rücken bei einem Low Level-Construal verstärkt Herausforderungen bei der Produktnutzung und funktionale Produktmerkmale in den Vordergrund der Vorstellungen (Liberman et al., 2007, S. 115). Dementsprechend können zum Zeitpunkt der Bestellung einer Ware völlig andere Erwartungen für die Bestellentscheidung vorliegen als zum Zeitpunkt der Warenlieferung, an dem die finale Kauf- oder Rücksendeentscheidung erfolgt.

Einen ähnlichen Effekt wie die psychologische Distanz haben *zeitinkonsistente Präferenzen* (Mann & Pristl, 2022, S. 1298). Hierbei handelt es sich um Neubewertungen von Informationen bzw. Erwartungen im Zeitablauf, indem eine ursprünglich gefasste (Bestell-)Entscheidung zu einem späteren Zeitpunkt (Empfang der bestellten Ware) von dem Entscheider bzw. Besteller nicht mehr als sinnvoll angesehen wird, obwohl sich die entscheidungsbezogene Informationslage nicht geändert hat (Beck, 2014, S. 219). Die Neubewertung der initialen Kundenerwartungen führt oft zu sog. *kognitiven Dissonanzen.* Hierbei handelt es sich um einen unangenehmen Spannungszustand, der entsteht, wenn widersprechende kognitive Informationen, wie z. B. veränderte prädiktive Kundenerwartungen mit unterschiedlichen Ausprägungen (u. a. Vor- und Nachteile der bestellten Produkte), aufeinandertreffen (Festinger, 1962, S. 93). Sie können dazu führen, dass die Besteller entweder die Bestellung grundsätzlich anzweifeln oder die Bestellung eines bestimmten Produkts bedauern, das sie anstatt eines alternativen Produkts geordert haben (Powers & Jack, 2013, S. 725). In der Regel versuchen Personen diesen Spannungszustand durch verschiedene Strategien zu lösen (Festinger, 1962, S. 93). Grundsätzlich gilt, je größer die wahrgenommene Dissonanz ist, desto größer ist die Motivation bei den betroffenen Personen diese abzubauen (Gerrig, 2018, S. 672 f.). Eine Möglichkeit zum Abbau von kognitiven Kaufdissonanzen ist die Loslösung von der ursprünglichen Kaufentscheidung und damit die Rücksendung von bestellten Waren an den Online-Shop-Betreiber (Powers & Jack, 2015, S. 1185).

Ein weiteres Problem ist der sog. *Impact Bias,* der sich auf menschliche Probleme bei der Abschätzung von zukünftigen Emotionen bezieht und für die Bildung und Bewertung von antizipatorischen emotionalen Erwartungen relevant ist. Diese stellen Vorhersagen darüber dar, welche Emotionen in welcher Intensität eine Person bezüglich eines bestimmten Anlasses in der Zukunft (z. B. Freude über die gute Passform eines bestellten Kleidungsstückes) zu erleben glaubt (Bruhn et al., 2006, S. 117 f.). Hier kommt es zu unzureichenden Einschätzungen der Dauer und des Ausmaßes zukünftiger emotionaler Zustände, wobei die Dauer und der Wirkungsgrad zumeist überschätzt werden (Mann & Pristl, 2022, S. 1298). Ein wesentlicher Grund für die fehlerhaften Emotionsprognosen liegt darin, dass die antizipierten Emotionen zum Zeitpunkt der Bestellung unter den dort vorherrschenden Kontextbedingungen simuliert und auf die zukünftige Situation übertragen werden (sog. *Fokalismus*) (Gilbert & Wilson, 2007, S. 1352). Zum Zeitpunkt der Warenlieferung ist der tatsächliche Erfahrungskontext jedoch zumeist anders ausgeprägt (Mann &Pristl, 2022, S. 1298). Wenn die Ware z. B. vom häuslichen Sofa aus in gemütlicher Atmosphäre bestellt wird, dann aber die Lieferung und Inspektion der Ware am Arbeitsplatz in einer kurzen Mittagspause erfolgen, können schnell Diskrepanzen zwischen emotionalen Erwartungen und emotionalen Erfahrungen auftreten. Eine Überschätzung der emotionalen Wirkung wird in der Regel nach dem Empfang der Ware durch eine hedonistische Adaption reguliert, indem die ausgelösten Emotionen beim Eintreten eines Ereignisses (z. B. Lieferung bestellter Ware) sich oft schnell wieder dem ursprünglichen Niveau vor der Bestellung anpassen (Pfister et al., 2017, S. 328). Somit ist die Freude über die bestellte Ware dann schnell wieder verflogen und kann kaum zu einer Steigerung der Zufriedenheit mit den bestellten Waren beitragen.

4   Implikationen für den Online-Vertrieb

Zur Reduzierung des Retourenaufkommens stehen Online-Shops im Wesentlichen zwei Strategien zur Verfügung. Zum einen die Retourenverhinderung und zum anderen die Retourenvermeidung (Asdecker, 2014, 23 f.). Bei der *Retourenverhinderung* geht es darum, Maßnahmen zu ergreifen, die eine Rücksendung von bestellten Waren für die Kunden unattraktiv erscheinen lassen. Hierzu gehören z. B. die teilweise oder vollständige Übernahme der Rücksendekosten durch die Kunden und/oder aufwendige Rücksendeprozesse, bei denen die Kunden z. B. zunächst auf der Website des Anbieters spezifische Retourenformulare ausdrucken und ausfüllen müssen (Pristl & Mann 2021, S. 76). Auch eine kritische Überprüfung von Retourengründen und gegebenenfalls Zurückweisung des Retourenwunsches kann hierzu gezählt werden. Vor allem bei opportunistisch und hedonistisch motivierten Bestellungen kann eine derartige Vorgehensweise sinnvoll sein. Ebenso können auch (monetäre) Anreize zur Retourenverhinderung eingesetzt werden, indem Kunden z. B. (Einkaufs-)Gutscheine erhalten, wenn sie keine Retouren auslösen. Diese Vorgehensweise kann vor allem bei Bestellungen relevant sein, bei denen die Besteller nicht ganz sicher waren, ob sie die Waren tatsächlich benötigen. Zudem kann auch bereits beim Bestellprozess und bei der Zustellung der Waren auf soziale Normen hingewiesen werden, die Retouren als unerwünschtes Verhalten herausstellen, das keine soziale Akzeptanz aufweist. Neben deskriptiven Normen, die auf das Verhalten anderer Personen hinweisen und somit anzeigen, was üblich ist (z. B. „Über 95 % unserer Kunden sind mit den bestellten Waren zufrieden und behalten diese"), können auch injunktive Normen herausgestellt werden. Sie weisen darauf hin, wie etwas sein sollte, und stellen somit eine klare Erwartungshaltung auf, die einen sozialen Druck zur Umsetzung eines bestimmten Verhaltens auslöst (z. B. „Sie sollten es vermeiden, bestellte Artikel zurückzusenden, da Retouren die CO_2-Belastung erhöhen und somit unsere Umwelt schädigen"). Vor allem bei distanten Sendern von Normen, mit denen die Kunden nicht in engem interaktivem Kontakt stehen, sind injunktive Normen gut wirksam (Pristl et al., 2021, S. 644 f.).

Die *Retourenvermeidung* wiederum bezieht sich auf Maßnahmen zur Abwendung bzw. Elimination von Retourenursachen. Da vor allem unerfüllte Erwartungen eine wesentliche Grundlage für Rücksendungen sind, kommt dem *Erwartungsmanagement* eine große Bedeutung zu. Ziel muss es sein, der Entstehung von nicht erfüllbaren Erwartungen an die bestellten Waren entgegenzuwirken. Da die Erwartungen wiederum maßgeblich durch die Produktpräsentation und -beschreibung im Online-Shop determiniert werden, stellen diese Informationselemente einen aussichtsreichen Ansatzpunkt für Maßnahmen des Erwartungsmanagements dar. Das deckt sich auch mit den Angaben von Personen, die nach für sie wünschenswerten Maßnahmen zur Reduktion von Retouren gefragt wurden. Es zeigte sich, dass allen voran bessere bzw. detailliertere Produktinformationen und -bilder in Online-Shops gewünscht wurden (KPMG, 2021, S. 21).

Bei der Darstellung von Produktinformationen ist grundlegend auf eine ausgewogene Produktpräsentation und -beschreibung zu achten. Einerseits sind die angebotenen Leistungen möglichst attraktiv darzustellen, um die Bestellwahrscheinlichkeit zu erhöhen. Andererseits ist zu berücksichtigen, dass eine sehr positive Darstellung der Waren schnell zu überzogenen Erwartungen führen kann, die die Waren nicht erfüllen können und somit Unzufriedenheit fördern und die Retourenwahrscheinlichkeit steigern kann. Daher sollten die angebotenen Waren möglichst realitätsnah präsentiert werden und herausgestellte Produktbesonderheiten auch tatsächliche USPs darstellen (Pristl & Mann, 2021, S. 77). Hierbei sind z. B. auch technische Angaben zu relevanten Produkteigenschaften durch Vergleiche mit anderen Alltagsgegenständen hilfreich, damit diese von den Bestellern besser eingeschätzt werden können. So können z. B. Abmessungen von Produkten neben den formalen Angaben von Breite, Länge und Höhe in Zentimetern auch mit einem Vergleich zu typischen Alltagsgegenständen versehen werden („Die Etagere ist damit so hoch wie die Länge eines DIN-A4-Blatts"). Ebenso können z. B. bei Bekleidung auch Hinweise von Kunden in den Bewertungen zum Produkt oder in sozialen Medien genutzt werden, um Angaben über die Passgenauigkeit von Textilien anzugeben („Das T-Shirt fällt kleiner aus als die entsprechende Größe üblicherweise ist. Wenn Ihnen Größe M normalerweise gut passt, nehmen Sie hier eher Größe L"). Im Rahmen der qualitativen Studie der Autoren wurde zudem die Präsentation eines Kleidungsstückes an verschiedenen Modellen mit unterschiedlichen Figurtypen als hilfreich zur Einschätzung der Passform bewertet. Außerdem sollte – gerade bei Textilien, die zumeist eine hohe Explorationsnotwendigkeit aufweisen – nicht nur das Produktäußere, sondern ebenso relevante Hinweise auf die Materialbeschaffenheit im Produktinneren angeboten werden, damit die Besteller die Verarbeitungs- und Materialqualität besser einschätzen können. So berichten Probanden in unserer qualitativen Studie, dass sie sich z. B. Produktbilder der Innenansicht (z. B. des Futters, von Nähten und Säumen) für die visuelle Inspektion wünschen, um die Verarbeitung sowie mögliche Kratz- und Reibwirkungen einschätzen zu können. Darüber hinaus wurde die Nutzung einer standardisierten Bewertung bestimmter Materialeigenschaften (z. B. ob sich ein Pullover, der aus 50 % Wolle und 50 % Baumwolle besteht, eher flauschig weich oder kratzig anfühlt) durch verifizierte Käufer, ähnlich der Bewertung der Passgenauigkeit, als Mehrwert bei der Bildung eines Eindrucks vom Produkt erachtet. Zudem zeigte sich, dass sich Produktvideos, in denen ein Kleidungsstück am Modell in Bewegung präsentiert wird, gut eignen, um eine Einschätzung bestimmter Materialeigenschaften wie z. B. der Leichtigkeit eines Stoffes vorzunehmen.

Des Weiteren sollten die Botschaften im Rahmen der prozessbegleitenden Kommunikation von der Bestellung bis zur Lieferung – entsprechend den Veränderungen des Construal Level – angepasst werden (Mann & Pristl, 2022, S. 1299). Während bei der Auftragsbestätigung die wünschenswerten Nutzenwirkungen und hedonistischen Produktqualitäten herausgestellt werden sollten (z. B. „Ihre Kuscheldecke mit dem flauschigen Stoff für stimmungsvolle Winterabende wird zum Versand vorbereitet"), ist es sinnvoll, bei der Lieferankündigung und der Zustellbestätigung primär funktionale Produkteigenschaften zu erwähnen (z. B. „Ihre pflegeleichte Kuscheldecke mit dem knitterfreien, maschinenwaschbaren Stoff ist unterwegs").

Für die Retourenprävention ist in jedem Fall eine detaillierte Ermittlung der Retourengründe unerlässlich (Pristl & Mann, 2021, S. 76). Die bei Online-Shops häufig anzutreffende Praxis, die Waren unter Nennung von recht pauschalen Ursachen zurückzunehmen, ist kaum hilfreich, um aussagekräftige Ergebnisse über Retourenanlässe zu erhalten, die für eine bessere Retourenprävention genutzt werden können. Hierzu ist auch die gezielte Auswertung von Kundenbewertungen und Posts in sozialen Medien förderlich, die gemeinsam mit einer Abfrage von Rücksendeursachen eine gute Informationsbasis liefern (Möhring et al., 2013, S. 69).

5   Fazit

Retouren beim Online-Vertrieb stellen ein großes Problem für Anbieter, Nachfrager und die Umwelt dar. Eine weitgehende Reduktion von Rücksendungen bestellter Waren ist daher ein anzustrebendes Ziel. Eine wesentliche Ursache für Retournierungen sind nicht erfüllte Erwartungen bei den Bestellern. Aufgrund fehlender haptischer Inspektionsmöglichkeiten der angebotenen Waren vor bzw. während der Bestellung und bei unzureichenden produktbezogenen Erfahrungen können bei den Kunden unzutreffende Vorstellungen entstehen, die letztlich zu Retouren führen. Es ist daher sinnvoll, die Entstehung und Veränderung von Erwartungen zu verstehen, die ganz wesentlich von der Präsentation und Beschreibung der Waren in Online-Shops beeinflusst werden. Im vorliegenden Beitrag wurden konzeptionelle Grundlagen zu Kundenerwartungen präsentiert, die für ein Erwartungsmanagement unterstützend sein sollen, das zu einer Reduzierung von Rücksendungen beitragen kann. Vor allem die Veränderung von Erwartungen im Zeitablauf ist ein relevantes Phänomen für Retouren, das in diesem Beitrag besonders herausgestellt wurde. Leider gibt es hierzu noch keine ausreichenden Forschungserkenntnisse. Dementsprechend liegt hier ein bedeutsamer Forschungsbedarf vor, den es zu decken gilt. Dabei geht es sowohl um die Ermittlung des Einflusses verschiedener Formen der Warenpräsentation und -beschreibung auf die Bildung von bestimmten prädiktiven und normativen Kundenerwartungen als auch um die Stärke der Veränderungen der verschiedenen produktbezogenen Erwartungen in der Zeitspanne von der Bestellung bis zur Lieferung. Hierauf könnten u. a. die Bestellmotive einen Einfluss haben, der ebenso genauer zu untersuchen ist wie auch verschiedene Formen der Warenpräsentation und -beschreibung. Hierbei sind auch die Interaktionen zwischen bestimmten Arten der Produkterläuterungen, z. B. emotional, mit unterschiedlichen Formen der Warenpräsentation, z. B. visuelle 3-D-Darstellungen, genauer zu analysieren. Es ist zu vermuten, dass auch die Produktkategorie (z. B. Textilien oder Elektronikartikel) diese Wechselwirkungen verschiedener Darstellungsmöglichkeiten beeinflusst, was es zu untersuchen gilt.

Insgesamt gibt es ein breites, noch nicht hinreichend bearbeitetes Forschungsspektrum zur Untersuchung der Entstehung und Prävention von Rücksendungen, das zu vielen neuen und relevanten Erkenntnissen führen kann und daher verstärkt bearbeitet werden sollte (Robertson et al., 2020, S. 176).

Literatur

Ackerman, J. M., Nocera, C. C., & Bargh, J. A. (2010). Incidental haptic sensations influence social judgments and decisions. *Science, 328*(6), 1712–1715.

Anderson, R. E. (1973). Consumer dissatisfaction: The effect of disconfirmed expectancy on perceived product performance. *Journal of Marketing Research, 10*(1), 38–44.

Asdecker, B. H. (2014). *Retourenmanagement im Versandhandel.* University of Bamberg Press.

Asdecker, B., et al. (2022). *European Return-o-Meter – Ergebnisbericht Teil 1: Deutschland vs. Rest-EU,* Forschungsgruppe Retourenmanagement, Otto-Friedrich-Universität Bamberg, S. 1–82.

Beck, H. (2014). *Behavioral Economics – Eine Einführung.* Springer-Fachmedien.

Beckmann, J., & Heckhausen, J. (2018). Motivation durch Erwartung und Anreiz. In H. Heckhausen & J. Heckhausen (Hrsg.), *Motivation und Handeln* (5. Aufl., S. 119–162). Springer.

bevh. (2022): Interaktiver Handel in Deutschland – Ergebnisse 2021. https://www.bevh.org/fileadmin/content/05_presse/Auszuege_Studien_Interaktiver_Handel/Interaktiver_Handel_in_Deutschland_2021.pdf. Zugegriffen: 28. Nov. 2022.

Bleier, A., Harmeling, C.M., & Palmatier, R.W. (2019). Creating effective online customer experience. *Journal of Marketing, 83*(2), 98–119.

Bruhn, M., & Georgi, D. (2000). Kundenerwartungen als Steuerungsgröße: Konzept, empirische Ergebnisse und Ansätze eines Erwartungsmanagements. *Marketing – ZFP, 22*(3), 185–196.

Bruhn, M., Richter, M., & Georgi, D. (2006). Dynamik von Kundenerwartungen im Dienstleistungsprozess – Empirische Befunde eines experimentellen Designs zur Bildung und Wirkung von Erwartungen. *Marketing – ZFP, 28*(2), 116–133.

Buchner, A., & Brandt, M. (2017). Gedächtniskonzeptionen und Wissensrepräsentationen. In J. Müsseler & M. Rieger (Hrsg.), *Allgemeine Psychologie* (2. Aufl., S. 401–434). Springer.

Churchill, G. A., Jr., & Surprenant, C. (1982). An investigation into the determinants of customer satisfaction. *Journal of Marketing Research, 19*(4), 491–504.

De, P., Hu, Y., & Rahman, M. S. (2013). Product-oriented web technologies and product returns: An exploratory study. *Information Systems Research, 24*(4), 998–1010.

Festinger, L. (1962). Cognitive dissonance. *Scientific American, 207*(4), 93–106.

Foscht, T., et al. (2010). Retaining or returning? Some insights for a better understanding of return behavior. *International Journal of Retail & Distribution Management, 41*(2), 113–134.

Gallo, D. A. (2010). False memories and fantastic beliefs: 15 years of the DRM illusion. *Memory & Cognition, 38*(7), 833–848.

Gerrig, R. J. (2018). *Psychologie* (21. Aufl.). Pearson.

Gilbert, D. T., & Wilson, T. D. (2007). Prospection: Experiencing the future. *Science, 317*(5843), 1351–1354.

Gilovich, T., Kumar, A., & Jampol, L. (2015). A wonderful life: Experiential consumption and the pursuit of happiness. *Journal of Consumer Psychology, 25*(1), 152–165.

Golder, P. N., Mitra, D., & Moorman, C. (2012). What is quality? An integrative framework of processes and states. *Journal of Marketing, 76*(6), 1–23.

Gustafsson, E., Jonsson, P., & Holmström, J. (2021). Reducing retail supply chain costs of product returns using digital product fitting. *International Journal of Physical Distribution & Logistics Management, 51*(8), 877–896.

Harris, L. C. (2010). Fraudulent consumer returns: Exploiting retailers' return policies. *European Journal of Marketing, 44*(6), 730–747.

HDE e. V. – Handelsverband Deutschland. (2022). *Online-Monitor 2022*, Köln.

Holak, S. L., Lehmann, D. R., & Sultan, F. (1987). The role of expectations in the adoption of innovative consumer durables: Some preliminary evidence. *Journal of Retailing, 63*(3), 243–259.

Holbrook, M. B. (1978). Beyond attitude structure: Toward the informational determinants of attitude. *Journal of Marketing Research, 15*(4), 545–556.

Homburg, C., & Stock-Homburg, R. (2016). Theoretische Perspektiven zur Kundenzufriedenheit. In C. Homburg (Hrsg.), *Kundenzufriedenheit* (9. Aufl., S. 17–52). Springer-Fachmedien.

Janakiraman, N., Syrdal, H. A., & Freling, R. (2016). The effect of return policy leniency on consumer purchase and return decisions: A meta-analytic review. *Journal of Retailing, 92*(2), 226–235.

Jiang, Z., & Benbasat, I. (2007). The effects of presentation formats and task complexity on online consumers' product understanding. *MIS Quarterly, 31*(3), 475–500.

Johnson, M. D., & Fornell, C. (1991). A framework for comparing customer satisfaction across individuals and product categories. *Journal of Economic Psychology, 12*(2), 267–286.

KPMG. (2021). *Online-Shopping: So wünscht sich der Kunde den Einkaufsprozess – Customer Journey, Versand und Retoure.* KPMG.

Liberman, N., Trope, Y., & Wakslak, C. (2007). Construal level theory and consumer behavior. *Journal of Consumer Psychology, 17*(2), 113–117.

Mann, A., & Barkhof, A. (2019). Haptisches Marketing. *WISU – Das Wirtschaftsstudium, 48*(8/9), 911–915.

Mann, A., & Pristl, A.-C. (2022). Kundenerwartungen. *WISU – Das Wirtschaftsstudium, 51*(12), 1295–1300.

Möhring, M., et al. (2013). Präventives retourenmanagement im eCommerce. *HMD Praxis der Wirtschaftsinformatik, 50*(5), 66–75.

Oliver, R. L. (1980). A cognitive model of the antecedents and consequences of satisfaction decisions. *Journal of Marketing Research, 17*(4), 460–469.

Oliver, R. L. (1981). Measurement and evaluation of satisfaction processes in retail setting. *Journal of Retailing, 57*(3), 25–48.

Peck, J., Barger, V. A., & Webb, A. (2013). In search of a surrogate for touch: The effect of haptic imagery on perceived ownership. *Journal of Consumer Psychology, 23*(2), 189–196.

Peck, J., & Childers, T. L. (2003). To have and to hold: The influence of haptic information on product judgments. *Journal of Marketing, 67*(2), 35–48.

Pei, Z., & Paswan, A. (2018). Consumers' legitimate and opportunistic product return behaviors in online shopping. *Journal of Electronic Commerce Research, 19*(4), 301–319.

Pfister, H.-J., Jungermann, H., & Fischer, K. (2017). *Die Psychologie der Entscheidung – Eine Einführung* (4. Aufl.). Springer-Verlag.

Powers, T. L., & Jack, E. P. (2013). The influence of cognitive dissonance on retail product returns. *Psychology and Marketing, 30*(8), 724–735.

Powers, T. L., & Jack, E. P. (2015). Understanding the causes of retail product returns. *International Journal of Retail & Distribution Management, 43*(12), 1182–1202.

Pristl, A.-C., Kilian, S., & Mann, A. (2021). When does a social norm catch the worm? Disentangling social normative influences on sustainable consumption behaviour. *Journal of Consumer Behaviour, 20*(3), 635–654.

Pristl, A.-C., & Mann, A. (2021). Retouren beim Online-Shopping: Gründe, Auswirkungen und Implikationen für die Produktpräsentation und -kommunikation im E-Commerce. *transfer – Zeitschrift für Kommunikation und Markenmanagement, 67*(4), 70–77.

Puca, R. M., & Schüler, J. (2017). Motivation. In J. Müsseler & M. Rieger (Hrsg.), *Allgemeine Psychologie* (3. Aufl., S. 223–249). Springer.

Rick, S. I., Pereira, B., & Burson, K. A. (2014). The benefits of retail therapy: Making purchase decisions reduces residual sadness. *Journal of Consumer Psychology, 24*(3), 373–380.

Robertson, T. S., Hamilton, R., & Jap, S. D. (2020). Many (Un)happy returns? The changing nature of retail product returns and future research directions. *Journal of Retailing, 96*(2), 172–177.

Roediger, H. L., III., & McDermott, K. B. (1995). Creating false memories: Remembering words not presented in lists. *Journal of Experimental Psychology: Learning, Memory, and Cognition, 21*(4), 803–814.

Rusche, C. (2021). *Die Effekte der Corona-Pandemie auf den Onlinehandel in Deutschland* (Nr. 87). IW-Kurzbericht.

Schacter, D. L. (1999). The seven sins of memory. *American Psychologist, 54*(3), 182–203.

Silva, S. C., et al. (2021). Need for touch and haptic imagery: An investigation in online fashion shopping. *Journal of Retailing and Consumer Services, 59,* 102378.

Tian, X., & Sarkis, J. (2022). Emission burden concerns for online shopping returns. *Nature Climate Change, 12*(1), 2–3.

Töpfer, A., & Mann, A. (2008). Kundenzufriedenheit als Basis für den Unternehmenserfolg. In A. Töpfer (Hrsg.), *Handbuch Kundenmanagement* (3. Aufl., S. 37–79). Springer.

Walsh, G., & Möhring, M. (2017). Effectiveness of product return-prevention instruments: Empirical evidence. *Electronic Markets, 27*(4), 341–350.

Zhang, J. Z., Chang, C.-W., & Neslin, S. A. (2022). How physical stores enhance customer value: The importance of product inspection depth. *Journal of Marketing, 86*(2), 166–185.

Univ.-Prof. Dr. Andreas Mann ist Leiter des Fachgebiets Marketing am Fachbereich Wirtschaftswissenschaften der Universität Kassel. Seine Arbeits- und Forschungsgebiete sind Technologieakzeptanz, Customer Experience Management, Dialogmarketing und Vertriebsmanagement.

Ann-Catrin Pristl, M. Sc. ist wissenschaftliche Mitarbeiterin am Fachgebiet Marketing am Fachbereich Wirtschaftswissenschaften der Universität Kassel. Ihre Forschungsinteressen liegen im Bereich nachhaltiges Konsumentenverhalten und Customer Experience Management, innerhalb derer sie sich vor allem mit Kundenerwartungen im Online-Shopping beschäftigt.

Kundendaten im E-Commerce – Optimierungspotenzial im Checkout-Prozess des deutschen Online-Handels

Simone Braun und David Hennig

Inhaltsverzeichnis

Zusammenfassung

Die Gestaltung eines benutzungsfreundlichen Checkout-Prozesses ist für den Erfolg des E-Commerce von großer Bedeutung. Die Abfrage der Kundendaten

S. Braun (✉)
Hochschule Offenburg, Gengenbach, Deutschland
E-Mail: simone.braun@hs-offenburg.de

D. Hennig
Uniserv GmbH, Pforzheim, Deutschland
E-Mail: david.hennig@uniserv.com

bildet einen wichtigen Teil der Customer Journey. Auf der einen Seite wollen die Handelsunternehmen so viel wie möglich über ihre Kundschaft erfahren, um möglichst zielgenaue Angebote und Marketingmaßnahmen ausspielen und das perfekte Einkaufserlebnis generieren zu können. Auf der anderen Seite möchten sich die Kundinnen und Kunden beim Online-Shopping auf den Kauf konzentrieren und erwarten einen reibungslosen Ablauf. Der Checkout-Prozess ist in diesem Zusammenhang ein kritischer Punkt. Dies spiegelt sich auch in den hohen Warenkorbabbruchraten wider. Um Online-Shoppende nachhaltig zu begeistern, gibt es noch viel Raum für Verbesserungen. Mit dem Ziel, den Status quo im deutschen Online-Handel besser zu verstehen und Usability und User Experience für eine höhere Konvertierungsrate zu optimieren, untersuchte die hier vorgestellte Forschungsarbeit den Anmelde- und Checkout-Prozess der 100 umsatzstärksten Online-Shops in Deutschland. Es werden die Ergebnisse der Studie präsentiert und aufgezeigt, an welchen Stellen Optimierungspotenzial besteht – bspw. bei zu komplizierten Formularen, unnötigen Datenabfragen oder erzwungenen Registrierungen – sowie Vorschläge für die Praxis des Online-Handels diskutiert.

Schlüsselwörter

E-Commerce • Online-Shop • Checkout • Warenkorbabbruch • Kundendaten • Adressdaten • Checkout-Prozess • Usability Probleme • Heuristische Evaluation

1 Motivation

Die Covid-19-Pandemie hat in kürzester Zeit unsere Lebensgewohnheiten dramatisch verändert und damit auch das Kaufverhalten der Verbraucherinnen und Verbraucher maßgeblich beeinflusst. Maßnahmen wie Kontaktbeschränkungen und Lockdowns haben viele Menschen dazu veranlasst, Produkte und Dienstleistungen online zu kaufen. Selbst Kundinnen und Kunden, die vor der Pandemie ausschließlich oder überwiegend den stationären Handel bevorzugten, kaufen inzwischen online ein. Hinzu kommt, dass in ganz neuen Warengruppen wie „Fast Moving Consumer Goods" (FMCG) sowie „Do-it-yourself & Garten" online eingekauft wird, so die Ergebnisse des HDE-Online-Monitors 2021 des Handelsverbands Deutschland (Handelsverband Deutschland – HDE e. V., 2021).

Der deutsche Business-to-Consumer (B2C-)Online-Handel verzeichnete im Jahr 2021 ein Umsatzwachstum von 19,1 % gegenüber dem Vorjahr (Handelsverband Deutschland – HDE e. V., 2021). Und auch jetzt, wo Restriktionen gefallen sind, der Einzelhandel geöffnet ist und viele Menschen wieder das physische

Einkaufserlebnis suchen, ist das Wachstum des Online-Handels ungebrochen. So ermittelte das Statistische Bundesamt, dass im Februar 2022 die Umsätze im Internet- und Versandhandel in Deutschland um 26,2 % höher waren als zwei Jahre zuvor im Vor-Pandemie-Monat Februar 2020 (Statistisches Bundesamt, 2021, 2022). Auch im Business-to-Business (B2B) erkennen die Unternehmen Wachstumschancen im Online-Handel (Mehta & Senn-Kalb, 2021; Eurostat, 2022).

Gleichzeitig ist der Online-Handel mit steigenden Kundenerwartungen konfrontiert. Die Kundinnen und Kunden wünschen sich ein nahtloses Einkaufserlebnis – vom ersten Kontakt über den Besuch der Webseite bis hin zum Checkout und zur Lieferung. Dies spiegelt sich auch in den hohen Warenkorbabbruchquoten wider. Das heißt, die Besucherinnen und Besucher haben bereits Artikel in ihrem Warenkorb und sind auf dem Weg zur Kasse, verlassen den Online-Shop aber vor Abschluss des Kaufs. Die jüngste Studie des Baymard Institute (2022) ermittelte eine durchschnittliche Warenkorbabbruchquote von 69,99 %. Die Meta-Studie basiert auf 48 verschiedenen Studien mit Statistiken zu Warenkorbabbrüchen im E-Commerce. Das bedeutet, dass knapp sieben von zehn Online-Käuferinnen und -Käufern ihren Kaufvorgang nicht abschließen. Bei den mobilen Nutzenden – vor allem denen mit Smartphones – liegt die Abbruchquote mit über 80 % sogar noch höher (Serrano, 2022). Dabei kaufen bereits über 60 % der deutschen Online-Shopper mit ihrem Smartphone ein (Bitkom Research, 2021).

Nach hohen Versandkosten sind die am häufigsten genannten Gründe für einen Kaufabbruch: 1) die Erstellung eines Kundenkontos, 2) zu lange Lieferzeiten und 3) ein zu langer und zu komplizierter Checkout-Prozess (Baymard Institute, 2021). Schätzungen zufolge kann allein die Optimierung des Checkout-Prozesses in Bezug auf Usability und User Experience die Konvertierungsrate um 35,26 % steigern (Baymard Institute, 2022). Schließlich wollen Online-Shoppende schnell und einfach bestellen und keine langwierigen Formulare ausfüllen.

Um den Status quo im deutschen Online-Handel besser zu verstehen, wurde in dieser Forschungsarbeit der Anmelde- und Checkout-Prozess der 100 umsatzstärksten Online-Shops in Deutschland untersucht. Die Untersuchung erfolgte in Form einer Usability-Inspektion mittels einer heuristischen Evaluation und Guideline Review auf Basis der DIN EN ISO 9241-110:2020 Interaktionsprinzipien sowie der „10 Usability Heuristics for User Interface Design" nach Jacob Nielsen (Nielsen, 1994a, b). Darüber hinaus wurde ein Set von 19 umfassenden Heuristiken speziell für die Registrierung und den Checkout auf E-Commerce-Webseiten entwickelt und angewandt.

2   Hintergrund – Usability Evaluation

Die Usability Evaluation ist ein etabliertes Verfahren im Bereich der Mensch-Computer-Interaktion und der Informatik, um die Qualität und den Erfolg von Software im Allgemeinen und von Webseiten oder interaktiven Webanwendungen wie Online-Shops im Besonderen zu bewerten.

In den vergangenen 40 Jahren wurden zahlreiche Usability-Evaluationsmethoden (UEM) vorgeschlagen, um die Interaktion des Menschen mit einem System, Produkt oder einer Dienstleistung zu bewerten und Verbesserungsmöglichkeiten zu ermitteln. Ebenso gibt es eine große Vielfalt an UEM-Klassifizierungen (Dhouib et al., 2016; Gray & Salzman, 1998; Holzinger, 2005; Ivory & Hearst, 2001). Nach Gray und Salzman (1998) lassen sich UEMs in zwei Hauptkategorien unterteilen: empirische und analytische Methoden. Empirische Evaluationsmethoden beziehen repräsentative Zielanwenderinnen und -anwender ein, während analytische Methoden in der Regel von Expertinnen und Experten angewandt werden und keine Beteiligung der Nutzenden erfordern. Es gibt auch hybride Ansätze, die sich nicht eindeutig einer bestimmten Kategorie zuordnen lassen, da sie Methoden beider Kategorien kombinieren.

Analytische Methoden werden auch als Inspektionsmethoden bezeichnet. Ein/e oder mehrere Expertinnen/Experten (Usability- oder Domänenexpertinnen/-experten) untersuchen oder inspizieren das System mit dem Ziel, Usability-Probleme aufzudecken, die den Endanwendenden Probleme bereiten könnten, und Empfehlungen zur Verbesserung der Usability zu geben. Diese Methoden gelten als schnell und kosteneffizient und erfordern im Vergleich zu Methoden, die Nutzende einbeziehen, wenig Vorbereitung (Nielsen, 1994b).

2.1   Usability-Inspektion

Verschiedene Usability-Inspektionstechniken finden sich in der Praxis, darunter der kognitive Walkthrough, die heuristische Evaluation und die Überprüfung bzw. Inspektion von Richtlinien/Standards (Guideline Review) (Zhang et al., 1999; Nielsen, 1994c). Überwiegend werden die beiden ersteren angewandt (Krannich, 2013). Der kognitive Walkthrough konzentriert sich darauf zu bewerten, ob eine Schnittstelle durch Erkundung leicht zu erlernen ist. Anhand von Aufgabenszenarien versetzen sich die evaluierenden Personen in die Lage der Nutzenden und untersuchen in verschiedenen Handlungsabläufen die einzelnen Schritte, die zur Erfüllung der Aufgaben erforderlich sind. Bei einem Guideline Review wird eine Schnittstelle auf Konformität mit einem umfassenden Usability-Leitfaden, einer spezifischen Norm oder einer konkreten Checkliste geprüft, wie z. B. die „ISO 9241 – Teil 110: Interaktionsprinzipien" für eine auf der ISO 9241-Norm basierende Evaluation (DIN EN ISO 9241-110:2020).

2.1.1 ISO 9241-110 Interaktionsprinzipien

Die ISO 9241-110:2020 Interaktionsprinzipien (früher als „Dialogprinzipien" bezeichnet) bieten einen allgemeinen Rahmen für die Analyse, Gestaltung und Bewertung interaktiver Systeme. Der Schwerpunkt liegt auf der ergonomischen Gestaltung der Interaktionen zwischen den Benutzenden und dem interaktiven System. Zu diesem Zweck zielt sie darauf ab, Leitlinien und allgemeine Gestaltungsempfehlungen zur Verbesserung der Benutzungsfreundlichkeit bereitzustellen.

Die DIN EN ISO 9241-110:2020 enthält sieben Hauptprinzipien: (IP1) Aufgabenangemessenheit, (IP2) Selbstbeschreibungsfähigkeit, (IP3) Erwartungskonformität, (IP4) Erlernbarkeit, (IP5) Steuerbarkeit, (IP6) Robustheit gegen Benutzungsfehler und (IP7) Benutzerbindung.

Die Einhaltung des Interaktionsprinzips der Steuerbarkeit bedeutet zum Beispiel, dass die Autonomie der Nutzenden nicht beeinträchtigt werden darf, damit sie weiterhin selbstbestimmt handeln können.

Diese Prinzipien sind in Gruppen von Empfehlungen über insgesamt 65 Punkte aufgeteilt, wie z. B. „Vermeiden Sie Voreinstellungen, die Benutzende in die Irre führen können" oder „Zeigen Sie den Fortschritt bei der Erledigung der Aufgabe an".

2.1.2 Heuristische Evaluation

Die heuristische Evaluation ist ähnlich der Guideline-Review-Methode, da die Grundlage eine Reihe von Leitlinien bildet. Allerdings handelt es sich bei den für die heuristische Evaluation verwendeten Leitlinien eher um eine knappe Menge an Regeln, die allgemeiner formuliert und weniger detailliert sind und anerkannten Usability-Grundsätzen folgen. Sie werden als „Heuristiken" oder „Faustregeln" anstelle von Leitlinien bezeichnet. Nielsen und Molich (1990) beschreiben die heuristische Evaluation als „an informal method of usability analysis where a number of evaluators are presented with an interface design and asked to comment on it" (Nielsen & Molich, 1990). Schon wenige evaluierende Personen können bis zu 75 % der Usability-Probleme finden. Beliebte Heuristiken sind Jacob Nielsens „10 Usability Heuristics For User Interface Design" (Nielsen, 1994a) oder Ben Shneidermans „Eight Golden Rules of Interface Design" (Shneiderman et al., 2018).

Die zehn Usability-Heuristiken von Jacob Nielsen gehören zu den am breitesten angewandten und übernommenen Heuristiken. Die zehn Heuristiken sind (Nielsen, 1994a): (NH1) Sichtbarkeit des Systemstatus; (NH2) Übereinstimmung zwischen dem System und der realen Welt; (NH3) Kontrolle und Freiheit der Benutzerin/des Benutzers; (NH4) Konsistenz und Standards; (NH5) Fehlervermeidung; (NH6) Wiedererkennung statt Erinnerung; (NH7) Flexibilität und Effizienz bei der Benutzung; (NH8) ästhetisches und minimalistisches Design; (NH9) Unterstützung der Benutzerin/des Benutzers bei der Erkennung, Diagnose und Behebung von Fehlern; und (NH10) Hilfe und Dokumentation.

Für jede Heuristik gibt es eine Erklärung und Beispiele zur Unterstützung der Evaluatorinnen und Evaluatoren, die regelmäßig aktualisiert werden[1], während die zehn Heuristiken selbst seit beinahe 30 Jahren unverändert sind. Zum Beispiel lautet die Erklärung zu (H1) Sichtbarkeit des Systemstatus wie folgt: „The design should always keep users informed about what is going on, through appropriate feedback within a reasonable amount of time."

2.1.3   Heuristiken für den E-Commerce

Allgemeine Heuristiken wie die zehn Usability-Heuristiken nach Nielsen oder die acht goldenen Regeln nach Shneiderman sind meist leicht zu verstehen und anzuwenden. Sie können jedoch domänenspezifische Usability-Fragen nicht abdecken. Daher wurden in der Literatur und Praxis weitere domänenspezifische Heuristiken vorgeschlagen[2]. Heuristiken, die sich auf den E-Commerce-Bereich beziehen, zielen darauf ab, die spezifischen Transaktionsmerkmale von Online-Shop-Webseiten und die Customer Journey besser zu berücksichtigen. Bonastre und Granollers (2014) präsentieren einen sehr detaillierten Satz von 64 Heuristiken, um die Bewertung von E-Commerce-Webseiten entlang des Kaufentscheidungsprozesses der Kundinnen und Kunden zu erleichtern. Die Heuristiken sind als Fragen formuliert, wie z. B. „Bietet die Webseite ein Suchfeld zum Auffinden von Produkten und Informationen?". Der ECUXH (Bascur et al., 2021) ist ein Satz von elf Heuristiken, die sich auf User-Experience-Faktoren wie „Zuverlässigkeit, Geschwindigkeit und Sicherheit von Transaktionen" oder „Zahlungsmethoden" konzentrieren. Díaz et al. (2017) hoben die kulturorientierte Schnittstellenqualität als wichtiges Element von E-Commerce-Webseiten hervor. Durch die Anwendung der kulturellen Faktoren von Hofstede et al. (2010) (z. B. Individualismus vs. Kollektivismus als Grad der Interdependenz in der Gesellschaft) auf die Heuristiken

---

[1] Siehe https://www.nngroup.com/articles/ten-usability-heuristics/
[2] Eine Übersicht über zahlreiche domänenspezifische Usability-Heuristiken bieten Quiñones und Rusu (2017).

von Nielsen schlagen sie eine Reihe von zwölf kulturübergreifenden Gestaltungsrichtlinien mit zugehörigen kulturellen Dimensionen vor. Heutzutage ist die Customer Journey von Online-Käuferinnen und -Käufern nicht mehr auf einen Kanal beschränkt, sondern findet über mehrere Kanäle wie Webseite und App statt. Daher haben Kharel et al. (2021) 13 Omni-Channel-Heuristiken entwickelt, die Aspekte wie nahtloses Erlebnis, Kanalstärke, Markenbildung, Kontaktfreudigkeit oder Datenschutz widerspiegeln. Jede Heuristik wird durch eine Reihe von Fragesätzen ergänzt, wie z. B. „Werden die Aktionen der Nutzenden kanalübergreifend einheitlich benannt?" oder „Wenn ein Registrierungsprozess erforderlich ist, ist er kurz, einfach und erfordert nur die wichtigsten Informationen?".

2.1.4   Ablauf einer heuristischen Evaluation

Der Ablauf der heuristischen Evaluation kann in folgenden Schritten zusammengefasst werden (Kumar et al., 2020; Nielsen, 1994b):

1. Planung:
   - Umfang der Inspektion: Festlegen des Ziels und Entscheidung darüber, welche Aspekte eines Systems überprüft werden müssen.
   - Auswahl und Anpassung der Heuristik: Erstellen einer Liste von Heuristiken, die für die Evaluationsziele geeignet sind. Vorhandene Heuristiken können zur Inspiration herangezogen, kombiniert, angepasst oder mit Erklärungen und Verweisen speziell auf das Zielsystem weiter detailliert werden; irrelevante Heuristiken werden verworfen.
   - Auswahl und Einweisung der Evaluatorinnen und Evaluatoren: Im Idealfall werden drei bis fünf Personen mit Usability- und/oder Domänenkenntnissen für die Evaluation ausgewählt und über die Heuristiken und den Ablauf, die Durchführung und den Abschluss der Evaluation unterrichtet. Eine Liste der durchzuführenden Aufgaben und eine Berichtsvorlage zur Aufzeichnung der festgestellten Usability-Verstöße können zusätzliche Unterstützung bieten.
2. Durchführung:
   - Die Evaluatorinnen und Evaluatoren bewerten das Zielsystem unabhängig voneinander in der Regel in mehreren Runden. In der ersten Runde erkunden sie das System, um einen allgemeinen Eindruck zu gewinnen. Im/In folgenden Durchgang/-gängen inspizieren und beurteilen die Evaluatorinnen und Evaluatoren die im Fokus stehenden Aspekte mithilfe der Heuristiken. Sie halten jeden gefundenen Verstoß oder verbesserungswürdigen Bereich mit relevanten Details fest, wie z. B. eine Beschreibung des

Problems, wo es aufgetreten ist, die verletzte(n) Heuristik(en), eine Bewertung des Schweregrads und Vorschläge zur Behebung des Problems. Dies dauert in der Regel etwa ein bis zwei Stunden, je nach Komplexität des Systems.

3. Nachbesprechung:
   - Nachdem die Expertinnen und Experten die Evaluierung für sich abgeschlossen haben, kommen sie zusammen, um die Ergebnisse zu diskutieren und in einem Bericht zusammenzufassen. Sie beseitigen Duplikate, ordnen die Probleme nach ihrem Schweregrad ein und machen gegebenenfalls Vorschläge zur Lösung der Probleme.

3   Forschungsmethodik

Die Untersuchung wurde als analytische Usability-Evaluation durchgeführt und konzentrierte sich auf die folgende Forschungsfrage:

RQ1 Wie steht es um die Usability von B2C-E-Commerce-Webseiten in Deutschland in Bezug auf den Registrierungs- und Checkout-Prozess?

Zu diesem Zweck wurden die 100 umsatzstärksten deutschen Online-Shop-Webseiten analysiert. Die Studie beschränkte sich auf den Kanal der browserbasierten Desktop-Versionen der E-Commerce-Shops. Multi- oder Omni-Channel-Aspekte standen nicht im Fokus der Studie. Die Untersuchung wurde im Juli und August 2021 in Form einer Usability-Inspektion durchgeführt. Untersucht wurde der Registrierungs- und Checkout-Prozess der deutschen Top-100-Online-Shops mit besonderem Fokus auf die Eingabe von Personen- und Adressdaten.

Grundlage der deutschen Top-100-Online-Shops war das Top-100-Ranking, das vom EHI Retail Institute und Statista in der Studie „E-Commerce-Markt Deutschland 2020" veröffentlicht wurde (Langer et al., 2020). Seit der Veröffentlichung des Rankings bis zum Zeitpunkt der Studie wurden drei der 100 Online-Shops geschlossen. Schwab.de ging in Sheego.de und Apo-rot.de in DocMorris.de auf. Comtech.de ging insolvent. Die untersuchten Top 100, von denen im Folgenden die Rede ist, beziehen sich somit auf insgesamt 97 Online-Shops.

Die Prüfung erfolgte mittels einer heuristischen Evaluation und Guideline Review. Als Grundlage dienten die Checkliste der Interaktionsprinzipien nach DIN EN ISO 9241-110:2020 und die „10 Usability-Heuristiken für User Interface Design" von Jacob Nielsen. Darüber hinaus wurde ein Satz von 19 umfassenden Heuristiken entwickelt, um die spezifischen Merkmale der Registrierung und des Checkouts von E-Commerce-Webseiten zu berücksichtigen, da bestehende E-Commerce-Heuristiken entweder zu weit gefasst (z. B. hinsichtlich Aspekten, die sich auf das Suchfeld oder die Suchergebnisse beziehen) oder nicht spezifisch genug waren (d. h., sie behandelten den gesamten Checkout-Bereich mit einer Heuristik oder gar nicht).

Für die Durchführung der Untersuchung wurden zwei evaluierende Personen ausgewählt – ein Fachexperte und eine Usability-Expertin mit spezifischem Fachwissen. Zwar stellen drei bis fünf Gutachterinnen bzw. Gutachter die ideale Anzahl für eine heuristische Evaluierung dar, jedoch standen aus Zeit- und Ressourcengründen zum Zeitpunkt der Studiendurchführung nur zwei Personen mit einschlägigem Fachwissen zur Verfügung.

Die Expertin und der Experte erhielten die Rangliste der 97 Online-Shops und deren zu prüfende Webseiten-Links. Jeder Online-Shop wurde von ihnen mindestens zweimal besucht und der Anmelde- und Bezahlvorgang durchlaufen – zunächst, um den zu untersuchenden Shop zu erkunden, und dann, um ein Kundenkonto anzulegen und eine Bestellung auf der Website aufzugeben (wobei der abschließende Kauf nicht vollzogen wurde). Die Evaluatorin und der Evaluator arbeiteten unabhängig voneinander und untersuchen die Dialogkomponenten. Es fanden regelmäßige Abstimmungstreffen statt, bei denen die Gutachterpersonen zusammenkamen, um ihre Ergebnisse zu erörtern, die schwerwiegendsten Probleme hervorzuheben und die Ergebnisse für die Online-Shops zusammenzufassen, für die sie ihre individuellen Inspektionen abgeschlossen hatten. Es konnte kein Online-Shop ohne Probleme identifiziert werden.

4   Ergebnisse

Im Folgenden werden die Ergebnisse der Untersuchung präsentiert. Es wird ein Überblick über die allgemeinen Merkmale der Shops gegeben, bevor die detaillierten Ergebnisse vorgestellt werden.

Abb. 1 zeigt die Verteilung der untersuchten Top-100-Online-Shops nach Branche. Rund ein Drittel der Online-Shops ist der Branche „Fashion & Accessoires" zuzuordnen. Gefolgt von „Consumer Electronics/Elektro" und Generalisten. Die Branche „Büro & Schreibwaren" ist nicht in den Top 100 vertreten. 70 der 97 Online-Shops sind auch mit stationären Ladengeschäften in unseren Fußgängerzonen vertreten.

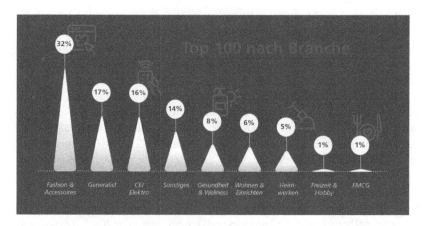

Abb. 1 Top-100-Online-Shops nach Branche

4.1 Zwang zum Kundenkonto

Erstaunlich viele Online-Shops bieten noch keine Bestellung als Gast ohne Registrierungs- und Log-in-Pflicht an. Unsere Untersuchung ergab, dass mehr als ein Drittel der Top-100-Online-Shops in Deutschland ihre Kundinnen und Kunden zwingen, ein Kundenkonto anzulegen, sobald sie sich für den Gang zur Kasse entschlossen haben.

Um der Datenschutz-Grundverordnung (DSGVO) zu entsprechen, muss eine Bestellung als Gast gemäß dem Beschluss der Konferenz der unabhängigen Datenschutzaufsichtsbehörden des Bundes und der Länder (DSK) möglich sein (Datenschutzkonferenz, 2022). Das Anlegen eines Kundenkontos kann nur verlangt werden, wenn es einen alternativen Bestellweg ohne Registrierung gibt, z. B. per Telefon. Aber auch dann spricht vieles dafür, die Gastbestellung anzubieten, da Verbraucherinnen und Verbraucher gerne die freie Wahl haben und sich die optionale Erstellung eines Kundenkontos positiv auf die Konvertierungsrate auswirkt (Baymard Institute, 2017). Vor allem Neukundinnen und Neukunden möchten sich gerne zunächst vom Angebot und Service überzeugen und deshalb einfach, schnell und unverbindlich eine Bestellung aufgeben. Die Registrierung ist mit zusätzlichen Schritten, zusätzlichem Aufwand und dem Risiko verbunden, dass etwas schiefgeht und die Benutzerin oder der Benutzer den Kaufprozess nicht abschließt.

Dies steht in direktem Zusammenhang mit dem grundlegenden Konzept der Interaktionskosten. Interaktionskosten sind die Summe der Aufwände, die Nutzende bei der Interaktion mit einer Website leisten müssen, um ihre Ziele zu erreichen (Budiu, 2013). Dazu gehören sowohl physische als auch kognitive Anstrengungen, z. B. lesen, scrollen, verstehen der angezeigten Informationen, auffinden eines Eingabefelds, zum Eingabefeld navigieren und klicken, tippen, auf eine Antwort der Seite warten usw. (Budiu, 2013; Hong et al., 2008; Lam, 2008). Die Interaktionskosten sind ein direktes Maß für die Usability: Je höher die Interaktionskosten sind, desto weniger Benutzerinnen und Benutzer werden eine Aufgabe oder einen Prozess abschließen. Die Korrelation von Interaktionskosten und Prozessabbruch gilt für alle Schritte auf einer Website, aber im Falle der Kaufabwicklung in einem Online-Shop besteht ein direkter Zusammenhang zwischen der daraus resultierenden Verärgerung der Nutzenden und dem entgangenen Umsatz.

Der Gastzugang kann den Eindruck vermitteln, dass der Kaufprozess schneller geht. Aber auch registrierte Kundinnen und Kunden können von der Möglichkeit der Gastbestellung profitieren, wenn sie z. B. ihre Anmeldedaten nicht zur Hand haben. Im Durchschnitt vergessen 19 % der Kundinnen und Kunden ihre Anmeldedaten (Baymard Institute, 2017). So ist es häufig einfacher, den Kauf als Gast abzuschließen, als das Passwort zurückzusetzen. Das gilt besonders dann, wenn das Smartphone zum Online-Shopping genutzt wird.

4.2   Formularfelder – Schlange stehen an der virtuellen Kasse

Niemand steht gerne in der Schlange an der Kasse. Das gilt auch für den Checkout im Online-Shop. Die Kundinnen und Kunden haben sich bereits entschieden, welche Artikel sie kaufen wollen, und müssen nur noch bezahlen. Daher wird erwartet, dass der Checkout-Prozess einfach, schnell und linear abläuft. Der Grund dafür ist eine lineare „mentale Landkarte" ihrer Einkaufsreise. Sie möchten stets genau wissen, was vor sich geht, was sie tun müssen, um ihr gewünschtes Ergebnis zu erreichen, und wo sie sich in ihrer wahrgenommenen Customer Journey befinden. Daher sollte der Checkout in maximal fünf Schritten oder (Unter-) Seiten abgeschlossen werden – einschließlich der Warenkorbansicht, die für die meisten Kundinnen und Kunden bereits Teil des Kaufprozesses ist. Fast alle Top-100-Online-Shops setzen dies erfolgreich um. Welche Schritte zu durchlaufen sind, sollte für die Kundinnen und Kunden vorab und vor allem mit verständlichen Bezeichnungen ersichtlich sein. Eine deutliche Visualisierung, wie weit man im Checkout-Prozess fortgeschritten ist und welche Schritte bereits erledigt wurden, erleichtert es den Online-Shoppenden, ihr Ziel zu erreichen. Das beherzigen mittlerweile 90 % der Online-Shops. Allerdings erlauben nicht alle Shops, zwischen den Checkout-Schritten zu wechseln, und schränken damit die Kontrolle und Freiheit der Kundinnen und Kunden ein.

Neben der Anzahl der Schritte oder (Unter-)Seiten sind vor allem auch die Anzahl und die Gestaltung der Formularfelder entscheidend. Denn das Ausfüllen von Formularfeldern gehört zu den unbeliebtesten Aspekten des Online-Shoppings. Nach Angaben des Baymard Institute (2017) werden im Checkout-Prozess doppelt so viele Formularfelder eingeblendet, wie unbedingt notwendig sind. Und mit jedem Feld, das manuell auszufüllen ist, steigt die Wahrscheinlichkeit eines Kaufabbruchs.

Dies gilt insbesondere für die Abschnitte „Lieferadresse" und „Persönliche Daten" der Kaufabwicklung. Die Eingabe von Adressinformationen ist zeitaufwendig und oft verwirrend. Es werden die meisten Informationen von potenziellen Kundinnen und Kunden benötigt. Diese sind essenziell, denn ohne korrekte Lieferadresse kann die Sendung nicht an die Empfängerin oder den Empfänger zugestellt werden. In unserer Untersuchung muss ein/e Online-Käuferin oder -Käufer bei der ersten Bestellung durchschnittlich zehn bis elf Formularfelder bearbeiten. In einem Fall waren es sogar 18 Formularelemente, die ausgefüllt werden mussten. Darüber hinaus waren bei 19 Online-Shops die Bezeichnungen der Eingabefelder nicht eindeutig und unverständlich, z. B. „Adresse", wo Straßenname und Hausnummer einzugeben ist. Bei fünf Online-Shops fehlte die Beschriftung (Labels) an den Eingabefeldern ganz. Stattdessen wurde lediglich mit Platzhaltertexten gearbeitet, die aber bei der Eingabe verschwinden. Bei einigen Shops waren die Felder nicht groß genug, sodass der eingegebene Text nicht mehr sichtbar war.

Als Pflichtfelder dürfen nur die für die Bestellung und den Versand wirklich notwendigen Felder definiert sein. Dies sind Name, E-Mail-Adresse und Anschrift. Dies kommt nicht nur den Erwartungen der Kundinnen und Kunden entgegen, sondern entspricht auch dem Grundsatz der Datensparsamkeit. Lediglich bei Versandapotheken oder dem Angebot von Speditionsware darf die Telefonnummer verpflichtend abgefragt werden. Alle anderen Angaben, auch die Anrede oder das Geburtsdatum, sind optional zu gestalten. Laut Rechtsexperten ist ein verpflichtendes Geburtsdatum auch beim Angebot von „jugendgefährdenden Waren" (wie Bildträger, Alkohol, Tabakwaren, E-Zigaretten und Shishas) nicht zulässig, da hier eine zuverlässige, zweistufige Altersverifikation durchgeführt werden muss (Brünen, 2022).

Unter den Top 100 verlangen 39 Online-Shops die Telefonnummer und 30 das Geburtsdatum bei der Registrierung bzw. Bestellung als Gast. Lediglich 23 der 39 bzw. 13 der 30 Shops erläutern, weshalb diese Angaben erforderlich sind (z. B. für den Versand oder die Geschäftsfähigkeit). Nur ein Online-Shop (real.de bzw. kaufland.de) fragt die für den Versand benötigte Telefonnummer nur dann ab, wenn sich tatsächlich Speditionsware im Warenkorb befindet. 68 % der Online-Shops machen auch die Anrede zur Pflicht und bieten keine geschlechtsneutrale Auswahl an. Dabei muss eine diskriminierungsfreie Bestellung mit einer geschlechtsneutralen Anrede angeboten werden. Dies wird durch die jüngsten Gerichtsentscheidungen des Oberlandesgerichts Frankfurt am Main und Karlsruhe bestätigt (Oberlandesgericht Frankfurt am Main, Urteil vom 21.06.2022; Oberlandesgericht Karlsruhe, Urteil vom 14.12.2021).

Optionale Felder erschweren den Ablauf der Kaufabwicklung. Denn optionale Felder sind für die Nutzenden ebenso anspruchsvoll wie Pflichtfelder, da sie sich aktiv den Hinweis „optional" oder das fehlende Sternchen am Label bewusst machen müssen. Daher sollte die Anzahl an optionalen Feldern so gering wie möglich gehalten werden. So sind z. B. Geburtsdatum, Bundesland bei Adressen in Deutschland, ein separates Feld für Titel oder eine zweite Telefonnummer in der Regel überflüssig. Selten genutzte und nicht unbedingt notwendige Felder sollten nur bei Klick angezeigt werden und ansonsten ausgeblendet bleiben.

In den meisten B2C-Online-Shops sind „Adresszeile 2" und „Firmenname" die häufigsten Felder, die reduziert und zum Beispiel geschickt hinter einem Text-Link versteckt werden könnten. Beim Feld „Adresszeile 2" haben viele Nutzende Schwierigkeiten zu verstehen, ob das Feld für sie relevant ist oder nicht (Scott, 2018). Insgesamt zeigen 72 Online-Shops ein zusätzliches Feld für die Adresszeile an, 32 bieten keine Hilfe oder keinen Tooltip an und nur 13 machen das Feld bei Bedarf sichtbar. Sechs Shops fragen nach mehr als einer Telefonnummer, zwei nach einer Faxnummer, ein Shop stets nach der Umsatzsteueridentifikationsnummer und vier nach dem Bundesland. Weitere 17 Online-Shops bitten um ein Newsletter-Abonnement. Darunter zwei Webseiten, bei denen die Newsletter-Option vorausgewählt war, was gegen die Datenschutz-Grundverordnung verstößt. 13 Online-Shop verlangen die mehrfache Eingabe der E-Mail-Adresse.

Das mehrmalige Eingeben der gleichen Informationen ist für viele enervierend. Deshalb sollte die Rechnungsadresse standardmäßig als Lieferadresse übernommen werden, z. B. mit dem Hinweis „Lieferadresse entspricht der Rechnungsadresse". Stimmt die Rechnungsadresse mit der Lieferadresse überein, sollten die Felder für die Lieferadresse vollständig ausgeblendet und nur bei

Wahl einer Lieferung an eine andere Adresse angezeigt werden. Alle untersuchten Online-Shops setzen dies um. Darüber hinaus können Autofill-Funktionen des Online-Shops, d. h. das automatische Ausfüllen mit bereits eingegebenen oder bekannten Informationen (z. B. eine in der Vergangenheit verwendete Lieferadresse), eingeloggten Kundinnen und Kunden die erneute Eingabe vieler Daten ersparen. Dies beschleunigt nicht nur den Prozess, sondern minimiert auch das Risiko von Eingabefehlern.

Eine weitere Möglichkeit, die Vielzahl der Eingabefelder zu reduzieren, besteht darin, Formularfelder zusammenzufassen, z. B. in einem einzigen Formularfeld für den gesamten Namen. Dies ist hilfreich, da viele Benutzerinnen und Benutzer ihren Namen als eine ganzheitliche Entität wahrnehmen, was oft dazu führt, dass sie den vollständigen Namen in das erste Namensfeld eingeben und ihn dann noch einmal korrigieren müssen. Ein einziges Formularfeld ist auch flexibler hinsichtlich weiterer Vornamen, Präfixe/Suffixe, Titel usw. Derzeit bieten fünf der Top-100-Online-Shops nur ein Feld für die Eingabe des Namens an. Häufiger werden Straßenname und Hausnummer in einem Feld zusammengefasst (38 % der Online-Shops). Die Postleitzahl und der Ort müssen in allen untersuchten Erfassungsmasken separat eingegeben werden.

Das liegt häufig am zugrunde liegenden Datenmodell oder an den Folgeprozessen, die separate Felder erfordern. Informationen, die von den Nutzenden eher als Entität betrachtet werden, sollten daher auch zusammengefasst werden und das Formular stattdessen mit möglichst wenigen Formularfeldern gestaltet werden. Eine eventuell notwendige Aufteilung der Eingabedaten für nachfolgende Prozesse kann automatisch im Hintergrund erfolgen. Entsprechende Werkzeuge sind auf dem Markt verfügbar.

4.3 Automatische Adressvervollständigung als Schnellkasse

Die automatische Adressvervollständigung ist ein weiteres Mittel, um das Frustpotenzial bei der Kundschaft zu verringern. Sobald die Kundinnen und Kunden mit der Eingabe der Adresse beginnen, öffnet sich ein Dropdown-Menü zur automatischen Vervollständigung der Adresse (s. Abb. 2). Daraus kann die bestellende Person auswählen und den begonnenen Eintrag automatisch und fehlerfrei vervollständigen. Eine automatische Adressvervollständigung kann zwei große Vorteile mit sich bringen: Zum einen kann der Tippaufwand für Rechnungs- und Lieferadressen deutlich reduziert werden. Zum anderen können Tippfehler und falsche Schreibweisen vermieden werden. Dies gilt insbesondere dann, wenn

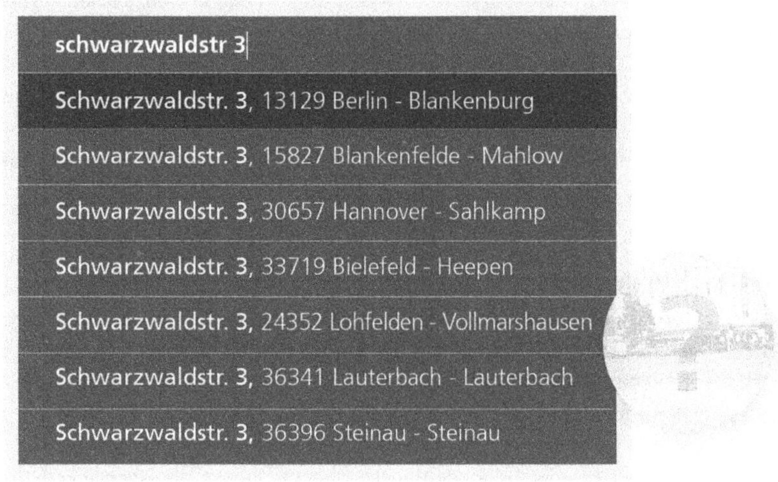

Abb. 2 Beispiel einer automatischen Adressvervollständigung

Käuferinnen und Käufer an eine andere Adresse als ihre Privatadresse versenden lassen. Darüber hinaus haben Studien des Baymard Institute (2017) gezeigt, dass die automatische Erkennung im Checkout-Prozess für mobile Webseiten noch entscheidender ist als für die Desktop-Variante.

Bereits 67,9 % der Deutschen nutzen eine Shopping-App auf ihrem Handy oder Tablet (Kepios, We Are Social, Hootsuite, 2021, S. 73). Unter jungen Online-Shoppenden zwischen 16 und 29 Jahren sind es 81 %, die mit ihrem Smartphone einkaufen (Bitkom Research, 2021). Doch vier von fünf mobilen Online-Shoppenden – die insbesondere mit dem Smartphone unterwegs sind – brechen ihren Einkauf auf dem Weg zur Online-Kasse ab (Serrano, 2022).

Die Eingabe auf mobilen Endgeräten zeichnet sich dadurch aus, dass die verwendeten Touchscreen-Tastaturen insbesondere auf Smartphones im Vergleich zu physischen Tastaturen wesentlich kleiner sind. Für den Zugriff auf Zahlen oder Sonderzeichen muss die Tastatur gewechselt werden (Palin et al., 2019). Außerdem ist das Tippen auf mobilen Geräten schwieriger, weil die Finger keinen physischen Bezugspunkt haben. Das heißt, sie müssen ständig durch unsere visuelle Aufmerksamkeit überwacht und geleitet werden.

Treten Tippfehler auf mobilen Geräten auf, sind sie im Vergleich zur physischen Tastatur kostspieliger, da mehr Schritte und Zeit zur Korrektur erforderlich sind. Da vor allem das taktile Feedback fehlt, ist es schwierig, Tippfehler zu erkennen, selbst wenn man sich auf die Touchscreen-Tastatur konzentriert. Werden Fehler erkannt, sind oft bis zu fünf Rücktastenanschläge erforderlich. Eine Studie von Palin et al. aus dem Jahr 2019 zeigt, dass 2,5 bis 3,0 % der Fehler von den Tippenden nicht korrigiert werden. Das sind doppelt so viele wie bei der Desktop-Tastatureingabe. Unkorrigiert bleiben vor allem Substitutionsfehler neben Einfüge- und Auslassungsfehlern. Pro eingegebenen Satz können zwei Rücksprünge notwendig sein. Teilweise auch bis zu vier. Zusätzlich spielen Aspekte wie das Alter der Personen eine Rolle (Palin et al., 2019).

Um das insgesamt langsamere Tippen auf virtuellen Tastaturen zu überwinden, nutzen viele Nutzerinnen und Nutzer intelligente Texteingabehilfen, wie z. B. die Autokorrektur falsch geschriebener Wörter, die Vorhersage des nächsten Wortes oder die dynamische Größenanpassung der Tasten (Buschek et al., 2018). Eines der Hauptprobleme bei diesen Funktionen ist, dass sie oft für typischen Korrespondenztext ausgelegt sind, nicht aber für Eigennamen, wie sie in Namens- oder Adressfeldern im Bestellprozess vorkommen. So werden die Einträge durch die Autokorrektur des Browsers oder des Betriebssystems falsch verbessert. Die Nutzenden sind jedoch oft so sehr auf das Tippen konzentriert, dass sie die fehlerhafte Autokorrektur erst später oder gar nicht bemerken. Fehlerhafte Autokorrekturen, wenn bemerkt, zu berichtigen ist mühsam. Dies kann zu fehlerhaften Namens- und Adresseingaben und frustrierten Online-Shoppenden führen. Deshalb sollte im Anmelde- und Bestellformular die Entscheidung nicht der Autokorrektur des Browsers oder des Betriebssystems überlassen werden, sondern diese in den Formularfeldern gezielt deaktiviert werden.

Umso wichtiger ist eine dedizierte Browser- und Betriebssystem-unabhängige Adressvervollständigung. Solch eine Autocompletion-Lösung ist jedoch nur bei 24 der Top-100-Online-Shops in Deutschland im Einsatz. Und dies nicht einmal durchgängig, weder im Bestellprozess noch bei der Registrierung für ein Kundenkonto. Fünf Shops bieten diese Funktion nur im Checkout-Prozess an, zwei Shops nur beim Anlegen einer Adresse im Kundenkonto. Zwei weitere Shops bieten in jedem der beiden Bereiche eine unterschiedliche Funktion an. Neun Shops nutzen hierfür eine Google-Lösung (Google Places Autocomplete API[3]). Drei Shops nutzen das Adressmodul von Klarna – allerdings steht diese Funktionalität nur im Checkout-Prozess zur Verfügung und nicht bei der Registrierung für ein Kundenkonto. Solche Inkonsistenzen sollten aus Usability-Sicht vermieden werden, da sie zu Irritationen bei den Nutzenden führen können.

Die automatische Adressvervollständigung wird in den Top-100-Shops auf unterschiedliche Weise und mit unterschiedlichem Umfang umgesetzt. So sind

---

[3] s. https://developers.google.com/maps/documentation/places/web-service/autocomplete.

beispielsweise Lösungen im Einsatz, die nach Eingabe der Postleitzahl automatisch den Ort vervollständigen. Die restliche Adresse muss jedoch manuell eingegeben werden (so z. B. bei Klarna). Bei anderen erhalten Online-Shoppende nach Eingabe weniger Zeichen Adressvorschläge, die – je mehr Zeichen eingegeben werden – immer spezifischer werden (sogenannte Type-Ahead-Suche). Durch Anklicken einer Adresse in der Liste wird diese dann übernommen (z. B. bei Google). Dass eine Unterstützung vorliegt, bemerken Nutzerinnen und Nutzer in der Regel erst, wenn sie im entsprechenden Feld anfangen zu tippen. Dies kann dann für die ein oder andere Person überraschend sein.

Weiterhin unterscheiden sich die Online-Shops darin, in welchen Adressfeldern die automatische Vervollständigung angeboten wird. Neun Online-Shops integrieren die Vervollständigung in das Feld für den Straßennamen (sieben nutzen dafür die Google Places Autocomplete API). Dies kann in den meisten Fällen ausreichen, wenn dieses Feld in der Formularreihenfolge als erstes angezeigt wird, da deutsche Adressen in der Regel beginnend mit dem Straßennamen eingegeben werden. Bei allen neun Shops können Nutzende theoretisch ihre Adresse in beliebiger Reihenfolge, d. h. nicht nur den Straßennamen, in dieses Feld eingeben und erhalten eine Auswahlliste möglicher Adressen. Da jedoch keine Informationen über die Funktion (z. B. in Form eines Platzhaltertextes) bereitgestellt werden, kann es für die Nutzenden insofern irritierend sein, als dann beim Eintippen im Straßenfeld in der Auswahlliste auch Ortsnamen für die eingegebenen Zeichen angezeigt werden, wo an dieser Stelle eigentlich ein Straßenname erwartet wird. Beginnen die Nutzenden in einem anderen Feld als dem der Straße, profitieren sie nicht von der automatischen Vervollständigung.

Bei einem Online-Shop mit Google Places Autocomplete folgt das Feld für den Straßennamen erst nach den Feldern „PLZ" und „Ort", für die keine Autocomplete-Unterstützung integriert ist. Das heißt, bei linearer Vorgehensweise hat die Anwenderin bzw. der Anwender bereits Postleitzahl und Ort eingegeben und bekommt dann im Feld „Straße" eine Vervollständigung der Adresse angeboten. Dies kann zu Verärgerung („die vorherige Eingabe hätte ich mir sparen können"), aber auch zu fehlerhaften Adressen führen, da in diesem Fall eine Straße ausgewählt werden kann, die nicht zu den vorherigen Eingaben für „Postleitzahl" und „Ort" passt.

Anhand der eingegebenen Postleitzahl wird der Ort automatisch vervollständigt. Dazu muss die Postleitzahl jedoch korrekt eingegeben werden. Drei der Online-Shops nutzen dies, um die Anzahl der im ersten Schritt angezeigten Eingabefelder zu reduzieren. Das bedeutet, dass die restlichen Adressfelder erst nach Eingabe der Postleitzahl mit den vervollständigten Ortsangaben angezeigt werden. Nach der automatischen Vervollständigung des Ortes findet dann eine sogenannte Feld-für-Feld-Ergänzung statt. Das heißt, bei der Eingabe der Straße beziehen sich die Vorschläge nicht nur auf die eingegebenen Zeichen, sondern auch auf den identifizierten Ort. Nur in einem Online-Shop funktioniert die Feld-für-Feld-Vervollständigung unabhängig davon, in welchem Feld die Nutzenden beginnen.

Fünf Online-Shops reduzieren die Adresseingabe auf eine einzige Adresszeileneingabe, eine sogenannte Single-Line-Eingabe (drei Online-Shops bieten diese Unterstützung sowohl im Checkout-Prozess als auch im Bereich des Kundenkontos an, zwei Shops nur in jeweils einem Bereich). Hier steht der Kundschaft ein Eingabefeld zur Verfügung, das einem Suchfeld gleicht, in das die Adresse eingetippt werden kann. Anhand der Eingabe wird eine Auswahlliste mit den gefundenen Adressen angezeigt. Nach der Auswahl einer Adresse zeigen drei Shops das vollständig mit den entsprechenden Daten ausgefüllte Formular an. Bei zwei Shops wird die erkannte Adresse nur als Etikett angezeigt und kann bei Bedarf über einen Text-Link nochmals bearbeitet werden. Der Vorteil der Single-Line-Eingabe liegt zum einen darin, dass die Adresse frei eingegeben werden kann, ohne mit einem bestimmten Parameter beginnen zu müssen. Zum anderen kann die Anzahl der Formularfelder reduziert werden, die ansonsten zur Eingabe einzeln angeklickt werden müssen. Dies ist insbesondere für mobile Nutzende eine Erleichterung. Außerdem wird den Online-Shoppenden vermittelt, dass der Prozess weniger lang und komplex ist. Abb. 3 zeigt eine beispielhafte Umsetzung einer Single-Line-Eingabe. Ist die richtige Anschrift gefunden, werden die entsprechenden Datenfelder automatisch korrekt in die jeweiligen Maskenfelder eingesetzt.

Bei der automatischen Adressvervollständigung wurde außerdem geprüft, ob bei der Eingabe auch der aktuelle Standort berücksichtigt wird. Letzteres ist wichtig, da die meisten Online-Shoppenden eine Adresse im näheren Umkreis eingeben möchten. Beispielsweise kommt die „Hauptstraße" (inklusive Vorsilben wie „Alte", „Neue" etc.) in Deutschland über 8000-mal vor. Das bedeutet, dass die Vorschläge eingegrenzt und optimiert werden können und die Kundinnen und Kunden schneller die richtige Adresse finden. Ein Aspekt, der gerade im Hinblick auf die mobile Nutzung nicht vernachlässigt werden sollte. Standortbezogene Vorschläge werden jedoch nur von sechs der Top-100-Online-Shops unterstützt.

Untersucht wurde auch, wie die Autovervollständigungsfunktionen mit typischen Tipp- und Schreibfehlern, Abkürzungen und Mehrdeutigkeiten bei der Eingabe umgehen, zum Beispiel „önigstraße" oder „Königsstraße" statt „Königstraße", „Hautstraße" statt „Hauptstraße" oder „Arlingerplatz" und „Arlingerstraße" bei gleichem Ortsnamen. Denn Formulare lassen sich nur dann schnell

Abb. 3 Beispiel einer Single-Line-Eingabe

ausfüllen, wenn Adressen auch bei Tipp- und Rechtschreibfehlern gefunden werden können. Während Mehrdeutigkeiten meist gut gehandhabt werden, haben zehn der 24 Online-Shops Schwierigkeiten, wenn es bei der Eingabe zu Fehler kommt und Adressen sich dann nicht finden lassen.

4.4   Sicher ist sicher mit automatischer Adressprüfung

Eine automatische Adressvervollständigung erleichtert es den Online-Shoppenden, eine korrekte Rechnungs- und Lieferadresse anzugeben. Und eine einwandfreie Lieferadresse ist wesentlich dafür, dass die Bestellung am Ende auch tatsächlich bei der Kundschaft ankommt. So ergab die Adressstudie 2021 der Deutschen Post Direkt (2021), dass im Jahr 2020 jede siebte Kundenadresse inkorrekt war. Die Adressen sind unter anderem fehlerhaft, mehrdeutig oder veraltet. Beispielsweise ist die folgende Adresse fehlerhaft: „Leipziger Str. 67, 80939 München". Diese Straße liegt korrekt im Postleitzahlengebiet „80993". Ein kleiner Zahlendreher kann dazu führen, dass die Sendung nicht korrekt zugestellt werden kann. Solch ein Fall kann mit einfachen Referenztabellen für PLZ/Ort nicht erkannt werden, da sowohl „80939" als auch „80993" korrekte

Münchner Postleitzahlen sind. Aufgrund falscher Kundenadressen wurden im Jahr 2020 fast 15 % aller Sendungen als unzustellbar zurückgeschickt oder kamen verspätet an.

Laut einer Umfrage des Bitkom sind Bestellungen, die nicht zum angekündigten Termin eintreffen, das Top-Ärgernis der Kundinnen und Kunden (Dornig, 2021). Im Vergleich zu anderen europäischen Ländern haben vor allem die Deutschen höhere Erwartungen an die Lieferzeiten. Sie erwarten, dass ihre Bestellung innerhalb von zwei bis drei Tagen ankommt, und sind bereit, maximal 4,5 Tage zu warten. Für viele ist eine verspätete Lieferung daher auch ein Grund, die Sendung zurückzuschicken oder nicht anzunehmen (Heinemann & Mulyk, 2020). 10 % der retournierten Bestellungen werden zurückgesendet, weil die Zustellung zu lange dauerte (Paul & Stahl, 2020). Eine Retoure kostet den Online-Handel durchschnittlich 19,51 € (Forschungsgruppe Retourenmanagement, Universität Bamberg, 2019). Wobei die Kosten eine enorme Bandbreite aufweisen und beispielsweise im Jahr 2014 zwischen 5,18 € und 17,70 € lagen – abhängig von der Gesamtzahl der bearbeiteten Retoursendungen und den Warengruppen der Artikel (Asdecker, 2022).

Eine von Online-Shoppenden selbst falsch eingegebene Adresse oder eine nicht aktualisierte Adresse im Kundenkonto (z. B. nach einem Umzug) sind mithin Hauptgründe, warum Lieferungen verspätet oder gar nicht ankommen. Besonders wenn die Versandadresse nicht die eigene ist, passieren Fehler. Immer häufiger lassen sich Online-Shoppende ihre Bestellungen an eine andere Adresse schicken, z. B. an Paketabholstationen oder Paketshops, an den Arbeitsplatz oder zu Freunden und Familienangehörigen. Und im Zuge von Corona werden auch Geschenke für Familie und Freunde vermehrt online gekauft und direkt an die Beschenkten geschickt. Online-Shoppende wollen natürlich sicher sein, dass sie die Adresse richtig eingegeben haben und das Paket auch ankommt.

Eine automatische Adressprüfung kann hier Abhilfe schaffen. Sie gibt Online-Shoppenden sowie dem Handel Sicherheit und vermeidet unnötige Verzögerungen oder Rücksendungen. Allerdings nutzt nicht einmal ein Drittel der Top-100-Online-Shops eine Adressprüfung (davon zwei nur im Bereich des Kundenkontos oder des Checkouts), um Kundinnen und Kunden bei der Korrektur von Fehlern zu unterstützen bzw. ihnen eine korrekte Eingabe zu bestätigen. Dabei erwarten Online-Shoppende eine sofortige Rückmeldung von der Webseite, wenn sie Informationen in Formularfelder eingeben. Erhalten Nutzende keine Rückmeldung, wenn sie ihre Angaben füllen, kann dies verunsichern.

Bei der sogenannten „Live-Inline-Validierung" (LIV) (auch Instant Validation oder Realtime Validation genannt) wird die Gültigkeit der Eingaben in Echtzeit während des Eingabevorgangs geprüft und direkt am entsprechenden Eingabe-feld ein positives oder negatives Feedback zurückgespielt. Studien haben gezeigt, dass Inline-Validierung die Ausfüllquote und Nutzungszufriedenheit deutlich erhöht (Wroblewski, 2009). Formulare können schneller bearbeitet werden und es werden weniger Fehler gemacht. Denn wenn direkt während oder nach der Feldeingabe auf Fehler hingewiesen wird, können diese schneller korrigiert wer-den, da sich die Nutzenden gedanklich noch in diesem Feld befinden. Positive Meldungen (z. B. ein grünes Häkchen neben dem Feld) bei richtiger Eingabe wir-ken motivierend und beruhigend. Solch ein direktes Feedback verbessert die User Experience und vermittelt zusätzlich ein gutes Gefühl des Fortschritts nach jeder Eingabe. Abb. 4 zeigt eine beispielhafte Umsetzung der Live-Inline-Validierung mit positivem wie negativem Feedback.

Wenn möglich, sollte die Inline-Validierung der Validierung nach dem Absen-den der Formulardaten, der sogenannten Same-Page-Reload-Methode (SPR), vorgezogen werden, bei der die Shoppenden zunächst das gesamte Formular aus-füllen und absenden, bevor Fehlermeldungen angezeigt werden. Untersuchungen (z. B. Hinzen et al., 2016) haben gezeigt, dass die SPR-Methode vor allem bei mobilen Shoppenden zu Irritationen und Unterbrechungen führt, da es zu mehr Scroll-Bewegungen kommt und die lineare Navigation der Nutzenden behindert wird. Dadurch verlängert sich die Zeit, die zum Ausfüllen der erforderlichen Formularfelder benötigt wird, was wiederum Kaufabbrüche wahrscheinlicher macht.

Zu beachten ist bei der Inline-Validierung allerdings, dass eine vorzeitige Validierung sowie veraltete Fehlermeldungen vermieden werden. Das heißt, dass Eingaben nicht bereits als ungültig markiert werden, während die Eingabe noch erfolgt, bzw. dass Fehlermeldungen in Echtzeit aktualisiert und entfernt werden, wenn die Eingaben bearbeitet und das Problem behoben wird.

Die im Einsatz befindlichen Adressprüfungen wurden im Rahmen der Studie nochmals genauer unter die Lupe genommen und untersucht, ob und wie sie mit typischen Fehlern bei der Adresseingabe umgehen. Neben falscher Schreibweise und Tippfehlern (wie bei oben genannter „Königstraße") wurden folgende Fälle im Speziellen getestet:

- Falsche Postleitzahl bei ansonsten richtiger Adresse (z. B. „Königstr. 32 in 70174 Stuttgart")
- Hausnummer in der Straße nicht existent (z. B. „Rastatter Str. **28**, 75179 Pforz-heim") oder in anderem Postleitzahlabschnitt (z. B. „Menzinger Str. 62, **80638** München)

Abb. 4 Beispiel einer
Live-Inline-Validierung mit
positivem wie negativem
Feedback

- Mehrdeutigkeiten (z. B. „Arlinger**platz** 1, 75179 Pforzheim" und „**Arlingerstraße** 1, 75179 Pforzheim" für eingegeben „Arlinger 1, 75179 Pforzheim")
- Neue oder veränderte Orts- und Straßennamen (Neu: „Pfarrgasse 7, 34469 Tiefenort", alt: „Zur Kirche 7, 36469 Bad Salzungen")

Fast alle der 31 Shops mit Adressprüfung erkennen Tipp- und Schreibfehler gut bis sehr gut, liefern eine Liste mit möglichen Korrekturvorschlägen oder korrigieren Fehler automatisch und liefern nur sehr ähnliche Treffer. Ein Shop korrigiert zwar automatisch, aber nicht immer zur richtigen Adresse. Was insofern risikoreich ist, da die Kundinnen und Kunden erst am Ende bei der Bestellprüfung die Möglichkeit haben, dies festzustellen. 29 Shops erkennen erfolgreich eine falsche Postleitzahl, wenn die Adresse ansonsten korrekt ist. Allerdings gelingt dies drei Online-Shops nur, solange der Straßenname nicht mehrfach im Ort existiert, was jedoch nicht selten vorkommt. Ein weiterer Shop liefert lediglich einen Hinweis, dass die Adresse inkorrekt ist, aber darüber hinaus keine präzisere Angabe.

Ein Drittel der Shops scheitert bei der Hausnummernprüfung gänzlich. Das heißt Hausnummern, die es in der Straße gar nicht gibt oder die in einem anderen Postleitzahlengebiet liegen, können nicht festgestellt werden. Letzteres schaffen nur sechs Online-Shops. Das kann dazu führen, dass die Sendung gar nicht oder zu spät zugestellt wird.

Auch mehrdeutige Angaben stellen für die meisten Adressprüfungen eine Herausforderung dar. Nur elf Shops sind in der Lage, Mehrdeutigkeiten vollständig aufzulösen, acht Online-Shops stellen nur eine der möglichen Alternativen zur Auswahl.

Noch schwerer tun sich die Online-Shops mit veränderten Orts- und Straßennamen. Allein in Deutschland kam es laut Deutsche Post Direkt im Jahr 2020 zu 100 geänderten Ortsnamen und 9100 geänderten Straßennamen (Deutsche Post Direkt, 2021). Trotz Adressprüfung wird dies von 39 % der Shops nicht korrigiert oder die neuen Namen werden nicht akzeptiert, ebenso wie viele Neubaugebiete.

In elf der Online-Shops werden die Online-Shoppenden mit direktem Feedback beim Ausfüllen des Formulars unterstützt, z. B. bei fehlender Hausnummer oder bei Eingabe einer vier- statt fünfstelligen Postleitzahl. Sechs der elf geben auch positives Feedback. Die eigentliche Adressprüfung erfolgt beim überwiegenden Teil aber erst nach Absenden des Formulars. In 15 Fällen werden Korrekturvorschläge als Site-Overlay oder auf einer neuen Seite angezeigt, die dann von den Nutzenden zu bestätigen bzw. bei mehreren Alternativen auszuwählen sind. Zehn Shops korrigieren die Adresse automatisch. Allerdings werden die Nutzenden von fünf Shops darüber nicht informiert und bemerken die Korrektur erst im letzten Schritt der Auftragsprüfung oder gar nicht. Die Nutzenden sollten immer die Möglichkeit haben, die automatisch korrigierten Werte manuell zu überschreiben. Bei neun Shops gibt es jedoch keine Möglichkeit, die automatischen Vorschläge oder Korrekturen wieder zu ändern oder die eigene ursprüngliche Eingabe beizubehalten. Dies ist besonders kritisch, wenn z. B. die eigene Adresse nicht unter den Vorschlägen zu finden ist.

4.5   Grenzenloser Online-Handel

Der elektronische Handel ist global. Im Jahr 2021 tätigten 216 Mio. Menschen in Europa ihre Einkäufe im Ausland (PostNord, 2021). Grenzüberschreitendes Online-Shopping ist vor allem in den europäischen Nachbarländern beliebt, und mehr als jede/r Zweite bestellt gerne bei einem ausländischen Online-Shop (Sendcloud, 2022). Allerdings stellt das uneinheitliche Adresssystem in den verschiedenen Ländern viele Online-Händlerinnen und -Händler bei der Versandabwicklung vor eine Herausforderung (Paul et al., 2019). Aber nicht nur der Handel, sondern bereits die Kundschaft scheitert häufig im Bestellprozess, sodass es gar nicht erst zu einem Versand kommt.

Ausschlaggebend ist dabei die länderspezifische Reihenfolge, in der die Adressdaten eingegeben werden. In Deutschland ist die Standardreihenfolge meist Straße, Hausnummer, Postleitzahl und Ort. In Frankreich etwa steht die Hausnummer vor dem Straßennamen und für viele ländliche Gebiete ist eine zusätzlich Ortszeile erforderlich. Abb. 5 veranschaulicht das Problem. Im abgebildeten Beispiel existiert die Straße „Rue Jean Jaures" in den drei kleinen Orten (Lieu-Dits) bei LILLE und zwar LOMME, HELLEMS und LILLE EURALILLE.

In Österreich sind Angaben wie „Apartment" und „Stiege" üblich. In den USA ist auch die Angabe „State" erforderlich, und die Postleitzahl wird als „ZIP Code" bezeichnet und folgt zuletzt.

Insgesamt zeigen 21 Online-Shops für deutsche Adressen die Felder für Postleitzahl und Ort vor den Feldern für Straße und Hausnummer an. Sechs der 21 Shops tun dies nur beim Checkout-Prozess. Bei der Registrierung für ein Kundenkonto ist die Reihenfolge umgekehrt. Teilweise steht das Feld „Ort" vor dem Feld für die Postleitzahl. Drei Online-Shops erfragen zusätzlich das Bundesland.

50 der Top-100-Online-Shops (ausgenommen Shops mit separater eigener Domäne außerhalb Deutschlands) bieten den Versand ins Ausland an. Allerdings belassen 43 der 50 Shops die Erfassungsmaske für die Adresseingabe im Format für Deutschland und bieten keine länderspezifische Eingabe an.

Abb. 5 Herausforderung
für Kundinnen und Kunden
bei der Eingabe einer
französischen
Beispieladresse in eine
deutsche Registrierungs-
bzw. Bestellmaske

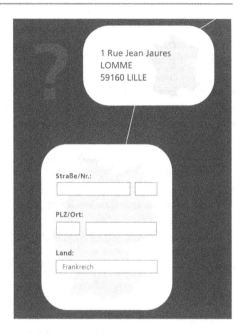

Sollen Nutzende Adressdaten in einer anderen Reihenfolge bzw. in einem anderen Layout als das landestypische Format erfassen, führt dies zu Irritationen, Verunsicherung und mehr Fehlern. Unzustellbare Bestellungen ins Ausland verursachen für den Handel zudem höhere Kosten als innerhalb Deutschlands.

5   Handlungsempfehlungen

Folgende Stellschrauben lassen sich drehen, um den Registrierungs- und Checkout-Prozess zu optimieren:

- Möglichkeit zur Gastbestellung anbieten
- Fortschrittsanzeige über alle Schritte im Checkout-Prozess
- Checkout-Prozess nicht mit Einblendungen und Overlays für Newsletter, Werbung, Aktionen oder Kundenkontoregistrierung unterbrechen
- Unnötige Klicks minimieren, z. B. ein Feld für Telefonnummer mit automatischer Formatierung

- Eingabeformulare unkomplizierter machen mit möglichst wenig Feldern bei aktivierter Autofill-Funktion, aber ausgeschalteter Autokorrektur
- Jedem Formularfeld eine eindeutige und leicht verständliche Bezeichnung geben – ein Platzhaltertext ersetzt das Label nicht
- Informationen nicht mehrfach eingeben lassen
- Lieferadresse für Rechnungsadresse als Default übernehmen
- Eingeloggten Online-Shoppenden Autofill-Funktionen für bereits im System gespeicherte Daten anbieten, um Interaktionskosten zu reduzieren
- Eingabe mit Inline-Validierung in Echtzeit sowie mit positivem Feedback unterstützen
- Für mobile Anwendende lange Dropdown-Listen vermeiden und relevanteste Werte zuoberst anzeigen sowie für jedes Formularfeld das richtige Tastatur-Layout anzeigen
- Adresserfassungsmasken dem jeweiligen landesspezifischen Layout entsprechend darstellen
- Adresseingabe mit einer automatischen Adressvervollständigung vereinfachen und beschleunigen
- Zusätzlich eine einzeilige Eingabe bzw. Single-Line-Eingabe als eigenen Dialogschritt mit einem entsprechenden Hinweis vorschalten
- Adressvalidierung zur Reduzierung fehlerhafter Liefer- und Rechnungsadressen einsetzen und um den Kundinnen und Kunden Vertrauen und Sicherheit zu geben
- Auf automatische Korrekturen hinweisen und eine einfache Möglichkeit bieten, die Vorschläge der Adressprüfung oder Autovervollständigung zu überschreiben
- Bei der Bestellprüfung die Möglichkeit geben, Daten direkt zu bearbeiten, ohne die Kundschaft im Prozess zurückzuschicken
- Auf konsistentes Aussehen und Verhalten innerhalb des Bestellprozesses achten, aber auch zwischen den Bereichen Kundenkonto und Checkout, was z. B. Anordnung der Formularfelder oder Autocomplete-Funktionen betrifft

6   Fazit

Obwohl der Registrierungs- und Checkout-Prozess zu den bestoptimierten Bereichen eines Online-Shops zählt, hat die vorliegende Studie erhebliche Defizite bei Deutschlands größten Online-Shops aufgedeckt. Es konnte kein Online-Shop ohne Probleme identifiziert werden.

Insbesondere durch den Einsatz von Adressprüfung und automatischer Adressvervollständigung kann sich die Zahl der unzustellbaren und verspäteten Sendungen deutlich reduzieren lassen. Das senkt nicht nur die Kosten. Gleichzeitig kann durch die höhere pünktliche Zustellquote mehr Umsatz erzielt werden. Ganz zu schweigen von Kosten und Umsatzeinbußen aufgrund von Imageschäden, negativen Bewertungen und Kommentaren in sozialen Medien, verminderter Kundenzufriedenheit und Online-Shoppenden, die nicht wiederkommen. Darüber hinaus optimieren Adressvalidierung und automatische Adressvervollständigung die Benutzungsfreundlichkeit und das Einkaufserlebnis im Bestellprozess. Sie vereinfachen und verkürzen den Checkout-Prozess und geben Online-Shoppenden Sicherheit. Dies gilt noch mehr für mobile Käuferinnen und Käufer. Ein zu langer und komplizierter Checkout-Prozess ist der Grund für 18 % der Kaufabbrüche im Online-Handel (Baymard Institute, 2021).

Mit der richtigen Optimierung des Bestellprozesses in Bezug auf Usability und User Experience können die Konvertierungsraten um 35 % gesteigert werden (Baymard Institute, 2022). Durch die Umsetzung der hier präsentierten Best Practices im Checkout-Prozess können die Usability und User Experience verbessert werden. Zusätzlich können durch eine verbesserte Usability und User Experience die Kosten für den Kundensupport gesenkt und mehr Besuchende zu zufriedenen und treuen Kundinnen und Kunden werden, was zu Folgekäufen führt.

Literatur

Asdecker, B. (2022). Statistiken Retouren Deutschland – Definition. http://www.retour enforschung.de/definition_statistiken-retouren-deutschland.html. zuletzt aktualisiert am 30.08.2022, zuletzt geprüft am 30.08.2022.

Bascur, C., Rusu, C., & Quiñones, D. (2021). ECUXH: A Set of User eXperience Heuristics for e-Commerce. In G. Meiselwitz (Hrsg.), *Social Computing and Social Media: Experience Design and Social Network Analysis* (Bd. 12774, S. 407–420). Springer International Publishing (Lecture Notes in Computer Science).

Baymard Institute. (2017). Checkout Optimization and Reducing Abandonments. 6 Ways to Retain Shoppers from ‚Add to Cart' to Order Completion. https://pages.amazon payments.com/rs/846-RQB-314/images/Baymard%20Report%20-%20US.pdf?ld=APN ALPADirect. zuletzt geprüft am 03.06.2022.

Baymard Institute. (2021). Reasons for Cart Abandonment – Why 68 % of Users Abandon Their Cart. https://baymard.com/blog/ecommerce-checkout-usability-report-and-ben chmark.

Baymard Institute. (2022). 48 Cart Abandonment Rate Statistics 2022. https://baymard.com/ lists/cart-abandonment-rate. zuletzt aktualisiert am 16.08.2022.

Bitkom Research. (2021). E-Commerce-Trends 2021: So shoppen die Deutschen im Netz. Felix Lange. https://www.bitkom-research.de/de/pressemitteilung/e-commerce-tre nds-2021-so-shoppen-die-deutschen-im-netz. zuletzt geprüft am 30.08.2022.

Bonastre, L., & Granollers, T. (2014). A set of heuristics for user experience evaluation in e-commerce websites. In 7th International Conference on Advances in Computer-Human Interactions, S. 27–34.

Brünen, B. (2022) Geburtsdatum als Pflichtangabe im Bestellformular? Hg. v. IT-Recht Kanzlei. https://www.it-recht-kanzlei.de/geburtsdatum-pflichtangabe.html. zuletzt aktualisiert am 29.08.2022, zuletzt geprüft am 29.08.2022.

Budiu, R. (2013). Interaction cost: Definition. Hg. v. Nielsen Norman Group. https://www.nngroup.com/articles/interaction-cost-definition/. zuletzt aktualisiert am 31.03.2013, zuletzt geprüft am 03.06.2022.

Buschek, D., Bisinger, B., & Alt, F. (2018). ResearchIME: A Mobile Keyboard Application for Studying Free Typing Behaviour in the Wild. In R. Mandryk, M. Hancock, M. Perry, & A. Cox (Hrsg.), *Proceedings of the 2018 CHI Conference on Human Factors in Computing Systems. CHI '18: CHI Conference on Human Factors in Computing Systems. Montreal QC Canada, 21 04 2018 26 04 2018* (S. 1–14). ACM.

Datenschutzkonferenz. (2022). Hinweise der DSK – Datenschutzkonformer Online-Handel mittels Gastzugang (Stand 24. März 2022). Beschluss der Konferenz der unabhängigen Datenschutzaufsichtsbehörden. https://datenschutzkonferenz-online.de/media/dskb/202 22604_beschluss_datenminimierung_onlinehandel.pdf. zuletzt geprüft am 09.03.2023.

Deutsche Post Direkt. (2021). Adress-Studie 2021. Untersuchung zur Qualität von Kundenadressen in Deutschland. https://www.deutschepost.de/content/dam/dpag/images/D_d/ DDP/Downloads/studien/dp-adress-studie-2021.pdf. zuletzt geprüft am 30.08.2022.

Dhouib, A., Trabelsi, A., Kolski, C., & Neji, M. (2016). A classification and comparison of usability evaluation methods for interactive adaptive systems. In 9th International Conference on Human System Interactions (HSI). 2016 9th International Conference on Human System Interactions (HSI), S. 246–251.

Díaz, J., Rusu, C., & Collazos, C. A. (2017). Experimental validation of a set of cultural-oriented usability heuristics: e-Commerce websites evaluation. *Computer Standards & Interfaces, 50,* 160–178. https://doi.org/10.1016/j.csi.2016.09.013.

DIN EN ISO 9241-110:2020: DIN EN ISO 9241-110:2020-10, Ergonomie der Mensch-System-Interaktion– Teil_110: Interaktionsprinzipien (ISO_9241-110:2020); Deutsche Fassung EN_ISO_9241-110:2020.

Dornig, P. (2021). Wo ist mein Paket? Die größten Ärgernisse von Online-Shoppern –Onlineportal von IT Management. In *IT Verlag für Informationstechnik GmbH,* 24.01.2021. https://www.it-daily.net/it-management/e-business/wo-ist-mein-paket-die-groessten-aer gernisse-von-online-shoppern. zuletzt geprüft am 30.08.2022.

Eurostat. (2022). E-Commerce Sales. https://appsso.eurostat.ec.europa.eu/nui/show.do?
query=BOOKMARK_DS-057220_QID_-4F34A0D8_UID_-3F171EB0&layout=TIM
E,C,X,0;GEO,L,Y,0;INDIC_IS,L,Z,0;UNIT,L,Z,1;SIZEN_R2,L,Z,2;INDICATOR
S,C,Z,3;&zSelection=DS-057220UNIT,PC_ENT;DS-057220INDIC_IS,E_AWS_
B2BG;DS-057220INDICATORS,OBS_FLAG;DS-057220SIZEN_R2,10_C10_
S951_XK;&rankName1=UNIT_1_2_-1_2&rankName2=INDICATORS_1_2_-1_2&
rankName3=INDIC-IS_1_2_-1_2&rankName4=SIZEN-R2_1_2_-1_2&rankNa
me5=TIME_1_0_0_0&rankName6=GEO_1_2_0_1&sortC=ASC_-1_FIRST.   zuletzt
aktualisiert am 17.03.2022, zuletzt geprüft am 27.11.2022.
Forschungsgruppe Retourenmanagement, Universität Bamberg. (2019). Retourentacho
2018/2019 ausgewertet. http://www.retourenforschung.de/info-retourentacho2019-aus
gewertet.html. zuletzt geprüft am 30.08.2022.
Gray, W. D., & Salzman, M. C. (1998). Damaged Merchandise? A Review of Experiments
That Compare Usability Evaluation Methods. *Human–Computer Interaction, 13*(3), 203–
261. https://doi.org/10.1207/s15327051hci1303_2.
Handelsverband Deutschland – HDE e. V. (Hrsg.). (2021). HDE Online-Monitor 2021.
https://einzelhandel.de/index.php?option=com_attachments&task=download&id=
10572. zuletzt geprüft am 07.05.2022.
Heinemann, G., & Mulyk, A. (Hrsg.). (2020b). Bevh-RETOURENKOMPENDIUM. Bun-
desverband E-Commerce und Versandhandel Deutschland e. V. https://www.bevh.org/
fileadmin/content/04_politik/Nachhaltigkeit/Retourenkompendium/bevh-Retourenkomp
endium_Webseite.pdf.
Hinzen, G., Simon, T., & Pagel, S. (2016). Wirkung von Validierungsmethoden bei Formularen auf Mobile Usability. In W. Prinz, J. O. Borchers, & M. Jarke (Hrsg.), *Mensch und
Computer 2016 – Tagungsband*. Gesellschaft für Informatik e. V. (GI).
Hofstede, G., Hofstede, G. J., & Minkov, M. (2010). *Cultures and organizations. Software of
the mind; intercultural cooperation and its importance for survival* (revised and expanded
3. ed.). McGraw-Hill.
Holzinger, A. (2005). Usability engineering methods for software developers. *Communica-
tions of the ACM, 48*(1), 71–74. https://doi.org/10.1145/1039539.1039541.
Hong, L., Chi, E. H., Budiu, R., Pirolli, P., & Nelson, L. (2008). SparTag.us. In S. Levialdi
(Hrsg.), *Proceedings of the working conference on Advanced visual interfaces. the working
conference. Napoli, Italy, 5/28/2008 – 5/30/2008* (S. 65). ACM.
Ivory, M. Y., & Hearst, M. A. (2001). The state of the art in automating usability evaluation
of user interfaces. *ACM Computing Surveys, 33*(4), 470–516. https://doi.org/10.1145/503
112.503114.
Kepios, We Are Social, Hootsuite. (Hrsg.). (2021). DIGITAL 2021: GERMANY. https://wea
resocial.com/de/blog/2021/01/digital-2021-deutschland/. zuletzt geprüft am 16.12.2022.
Kharel, S., Fernström, M., & Bal, B. K. (2021). Omnichannel Heuristics for E-commerce.
In *34th British HCI Conference, 20th – 21st July 2021: BCS Learning & Development
(Electronic Workshops in Computing)*.
Krannich, D. (2013). *Mobile System Design: Herausforderungen, Anforderungen und
Lösungsansätze für Design, Implementierung und Usability-Testing Mobiler Systeme*.
Books on Demand.

Kumar, B. A., Goundar, M. S., & Chand, S. S. (2020). A framework for heuristic evaluation of mobile learning applications. *Education and Information Technologies, 25*(4), 3189–3204. https://doi.org/10.1007/s10639-020-10112-8.

Lam, H. (2008). A framework of interaction costs in information visualization. *IEEE transactions on visualization and computer graphics, 14*(6), 1149–1156. https://doi.org/10.1109/TVCG.2008.109.

Langer, N., Baeskow, L., Hofacker, L., Eden, S., & Jäger-Roschko, K. (2020). *E-Commerce-Markt-Studie Deutschland 2020. Marktstudie der 1000 umsatzstärksten B2C-Onlineshops für physische Güter*. EHI Retail Institute GmbH.

Mehta, D., & Senn-Kalb, L. (2021). In-depth: B2B eCommerce 2021. Hg. v. Statista. https://de.statista.com/statistik/studie/id/44436/dokument/in-depth-report-b2b-e-commerce/.

Nielsen, J. (1994a). Enhancing the explanatory power of usability heuristics. In C. Plaisant (Hrsg.), *CHI '94: Conference Companion on Human Factors in Computing Systems* (S. 152–158). Association for Computing Machinery.

Nielsen, J. (1994b). Usability Engineering. San Diego, Palo Alto: Elsevier Science & Technology Books; Ebrary, Incorporated [distributor]. https://learning.oreilly.com/library/view/-/9780125184069/?ar.

Nielsen, J. (1994c). Usability inspection methods. In C. Plaisant (Hrsg.), *CHI '94: Conference Companion on Human Factors in Computing Systems* (S. 413–414). Association for Computing Machinery.

Nielsen, J., & Molich, R. (1990). Heuristic evaluation of user interfaces. In J. C. Chew & J. Whiteside (Hrsg.), *Proceedings of the SIGCHI conference on Human factors in computing systems Empowering people – CHI '90. the SIGCHI conference. Seattle, Washington, United States, 01.04.1990 – 05.04.1990* (S. 249–256). ACM Press.

Oberlandesgericht Frankfurt a. M., Urteil vom 21.06.2022, Aktenzeichen 9 U 92/20. In *Bürgerservice Hessenrecht*.

Oberlandesgericht Karlsruhe, Urteil vom 14.12.2021, Aktenzeichen 24 U 19/21. In *Neue Juristische Wochenschrift, 2022*(791).

Palin, K., Feit, A. M., Kim, S., Kristensson, P. O., & Oulasvirta, A. (2019). How do People Type on Mobile Devices? In *Proceedings of the 21st International Conference on Human-Computer Interaction with Mobile Devices and Services. MobileHCI '19: 21st International Conference on Human-Computer Interaction with Mobile Devices and Services. Taipei Taiwan, 01 10 2019 04 10 2019* (S. 1–12). ACM.

Paul, M., Seidenschwarz, H., & Wittmann, G. (2019). Internationaler E-Commerce – Chancen und Herausforderungen aus Händlersicht. ibi Research. https://ibi.de/veroeffentlichungen/Erfolgsfaktoren-im-internationalen-E-Commerce.

Paul, M., & Stahl, E. (2020). Handel im digitalen Wandel: Wie online eingekauft wird. ibi Research. https://ibi.de/veroeffentlichungen/handel-im-digitalen-wandel.

PostNord. (2021). E-Commerce in Europe 2021. https://www.postnord.se/siteassets/pdf/rapporter/e-commerce-in-europe-2021.pdf.

Quiñones, D., & Rusu, C. (2017). How to develop usability heuristics: A systematic literature review. *Computer Standards & Interfaces, 53*, 89–122. https://doi.org/10.1016/j.csi.2017.03.009

Scott, E. (2018). Form Usability: Getting 'Address Line 2' Right. Hg. v. Baymard Institute. https://baymard.com/blog/address-line-2. zuletzt aktualisiert am 04.09.2018, zuletzt geprüft am 29.08.2022.

Sendcloud. (2022). E-Commerce-Lieferkompass 2021/2022.
Serrano, S. (2022). Complete List of Cart Abandonment Rate Statistics: 2006–2021. Barilliance. https://www.barilliance.com/cart-abandonment-rate-statistics/. zuletzt aktualisiert am 23.06.2022, zuletzt geprüft am 30.08.2022.
Shneiderman, B., Plaisant, C., Cohen, M., Jacobs, S. M., & Elmqvist, N. (2018). *Designing the user interface. Strategies for effective human-computer interaction* (6. Aufl.). Pearson.
Statistisches Bundesamt. (2021). Einzelhandelsumsatz im Juni 2021 um 4,2 % höher als im Vormonat. Pressemitteilung Nr. 366 vom 2. August 2021. https://www.destatis.de/DE/Presse/Pressemitteilungen/2021/08/PD21_366_45212.html. zuletzt geprüft am 31.08.2022.
Statistisches Bundesamt. (2022). Einzelhandelsumsatz im Februar 2022 um 0,3 % höher als im Vormonat. Pressemitteilung Nr. 138 vom 31. März 2022. https://www.destatis.de/DE/Presse/Pressemitteilungen/2022/03/PD22_138_45212.html. zuletzt geprüft am 31.08.2022.
Wroblewski, L. (2009). Inline Validation in Web Forms. *A List Apart,* (291). https://alistapart.com/article/inline-validation-in-web-forms/. zuletzt geprüft am 30.08.2022.
Zhang, Z., Basili, V., & Shneiderman, B. (1999). Perspective-based usability inspection: An empirical validation of efficacy. *Empirical Software Engineering, 4*(1), 43–69. https://doi.org/10.1023/A:1009803214692.

Prof. Dr. Simone Braun ist Professorin für E-Commerce an der Hochschule Offenburg. Ihr Schwerpunkt in Forschung und Lehre liegt in den Themenfeldern Omni-Channel-Commerce, Kundendatenmanagement und Künstliche Intelligenz in Handel und E-Commerce. Sie verfügt über langjährige Erfahrung im Bereich der Innovationsentwicklung mit speziellem Fokus auf Kundendaten und hat in verschiedenen Positionen in Industrie und Forschung gearbeitet, um die digitale Transformation voranzutreiben.

David Hennig ist Business Development Manager bei Uniserv. Seine Aufgaben sind unter anderem Markt- und Wettbewerbsanalysen. Er hat unter anderem die Top-100-Online-Shops analysiert. Ein weiterer Schwerpunkt seiner Arbeit ist es, innovative Themen in das Uniserv-Portfolio zu integrieren. Hierzu leitete er bspw. das Forschungsprojekt DE4L seitens der Uniserv, welches sich unter anderem mit der Zustellung auf der letzten Meile befasst und wie diese optimiert werden kann.

Ein Rahmenmodell zur Anwendung psychologischer Erkenntnisse in Anwendungsfeldern des Dialogmarketings

Robert K. Bidmon

Inhaltsverzeichnis

R. K. Bidmon (✉)
Rohrbach, Deutschland
E-Mail: robert@bidmon.de

© Der/die Autor(en), exklusiv lizenziert an Springer Fachmedien Wiesbaden
GmbH, ein Teil von Springer Nature 2023, Deutscher Dialogmarketing
Verband e. V. (Hrsg.), *Dialogmarketing Perspektiven 2022/2023*,
https://doi.org/10.1007/978-3-658-40753-7_7

Zusammenfassung

Die Psychologie ist die „Wissenschaft vom Verhalten und den mentalen Prozessen des Menschen" (Myers, 2014, S. 7). Unter Letzterem versteht man subjektive innere Erfahrungen wie z. B. Träume, Empfindungen, Wahrnehmungen, Gedanken, Einstellungen, Gefühle. Die Psychologie bietet eine – kaum übersehbare – Anzahl an Erkenntnissen an. Im folgenden Text wird eine Art Rahmenmodell angeboten, das dem Anwender eine Einordnung der unterschiedlichen Ergebnisse ermöglicht. Dies geschieht am Beispiel der Gestaltung von Dialogwerbemitteln.

Schlüsselwörter

Psychologie • Werbepsychologie • Rahmenmodell • Dialogmarketing • Wahrnehmung • Processing fluency • Ästhetik • Emotion • Motivation • Handeln • Response

1   Mehr Sicherheit für Dialogmarketing-Regeln

1.1   Wie alles begann …

In den meisten frühen „wissenschaftlichen" Werken des Direktmarketings, wie z. B. denen von Hopkins (1923), Buckley (1924) oder Caples und Hahn (1997), werden nur Ergebnisse berichtet, die Erfolg versprechen. Die Autoren schrieben ihre Bücher für den Anwender – und diesen interessierte damals nur, was Erfolg bringt, und nicht, wie die Ergebnisse zustande kamen. Deshalb finden sich kaum theoretische Bezüge in den Arbeiten. Die Autoren betonen zwar die Wichtigkeit eines wissenschaftlichen Vorgehens, die dargestellten Ergebnisse sind aber nicht nachvollziehbar.

1.2   Die Psychologie als Erfolgsbasis

Wäre es nicht schön, es gäbe im Dialogmarketing allgemeingültige, sichere Regeln und Ergebnisse, die sich deshalb auch auf zukünftige Instrumente des Marketingmix übertragen lassen? Ein Bestreben der Wissenschaft ist es, genau solche verlässlichen Ergebnisse zu finden. Damit dies gelingt, muss der Wissenschaftler beschreiben, Schritt für Schritt – für andere nachvollziehbar –, wie er zu seinen Erkenntnissen kam. Dabei genügt nicht der Einsatz (den Laien oft imponierender) technischer Untersuchungsmethoden, wie z. B. in der Hirnforschung, die des funktionellen Magnetresonanztomografen. Vielmehr muss begründet werden, warum man gerade dieses Untersuchungs-Instrument einsetzt, warum bei diesen Personen, zu diesem Zeitpunkt usw. Diese Beschreibung, wie man zu welcher Erkenntnis kam, wird nun in verschiedenen Publikationen zur Diskussion gestellt – und nur die sichersten Ergebnisse bewähren sich in diesem Umfeld.

Viele Aussagen in der psychologischen Wissenschaft haben allgemeingültigen Charakter, wie z. B. die Aussage, das Gehirn neige in vielen Situationen zum „Energie-Sparen" (abgeleitet aus Shulman et al., 2004). Hier wird unabhängig von bestimmten Instrumenten (Off-, Online) eine Aussage gemacht, die dann bei der Gestaltung jedes Instruments als Leitlinie dienen kann: „Mache dem Umworbenen die Aufnahme und die Verarbeitung der werblichen Informationen so leicht wie möglich." Die Psychologie stellt uns viele solcher allgemeingültigen Aussagen zur Verfügung, die über viele Situationen und Zeitpunkte gültig sind. Einige davon werden im Folgenden dargestellt:

Vieles, was die frühen Direktwerber herausfanden, erinnert an den in der Psychologie verbreiteten Stimulus–Response-Ansatz (S-R-Ansatz), der den Zusammenhang zwischen definierten Reizen und bestimmten Reaktionen hervorhob.

Viele neuere Untersuchungsergebnisse der Psychologie haben den S-R-Ansatz verlassen. Sie drehen sich, wie die folgenden Ausführungen zeigen werden, differenzierter um die Themen der Dialogmarketer. Diese Fülle unterschiedlichster Erkenntnisse soll hier in ein strukturierendes Rahmenmodell gebracht werden. Diese Ordnung soll die Anwendung auf das Gebiet des Dialogmarketings erleichtern.

2   Ein Rahmenmodell

Zu dem eben genannten Ordnungszweck schlagen Nolting und Paulus (2018) einen „Rahmen" vor, der auf die meisten psychologischen Sichtweisen und Gebiete anwendbar ist. Im Folgenden werden zuerst die allgemeinsten Grundbausteine dieses Rahmenmodells genannt. Dann werden die einzelnen Elemente detaillierter betrachtet. Beispiele aus der Dialogmarketing-Praxis folgen. Sie sollen das Verständnis erleichtern.

2.1   Grundbaustein Person und Umwelt

Die von einer Umwelt umgebene Person kann als der basalste Rahmen betrachtet
werden. Person und Umwelt sind dabei durch eine wechselseitige Abhängigkeit
gekennzeichnet. Verhalten wird hier als eine Funktion von Person und der von
ihr subjektiv erlebten Situation betrachtet. Lewin formulierte es so (Bogner 2021;
Lück & Guski-Leinwand, 2014, S. 94–100):

$$V = f(LR) = f(P, U)$$

Verhalten (V) ist nicht direkt eine Funktion des psychischen (Werbe-)Stimulus,
sondern es schließt die psychischen Bedingungen des Lebensraums (LR) ein, der
sowohl die Person (P) als auch die Umwelt (U) umfasst (vgl. Spieß & Rosenstiel,
2010, S. 17).

Dies sei an einem einfachen Beispiel erklärt: Der Hunger, den eine Person P
spürt (also das Bedürfnis), führt dazu, dass Energie freigesetzt wird. Diesem wird
ein Wert verliehen (Valenz bei Lewin). Der Mensch wird körperliche Symptome
wie Magenknurren haben, aber auch psychisch an Essen denken müssen.

In der konkreten Umwelt (U) der Person P erhält also Essen einen positiven Wert. Bei sehr großem Hunger kann sogar Essen, das P normalerweise nicht
mag, einen höheren positiven Wert bekommen. Die Person P richtet die Wahrnehmung der Umwelt U nach ihren Bedürfnissen aus. Alles, was mit dem Bedürfnis
zu tun hat, wird in der U schneller und besser wahrgenommen. Der Mensch
wird versuchen, sein Bedürfnis zu befriedigen und eine geeignete Nahrung zu
bekommen, also all seine Anstrengungen in Richtung Bedürfnisbefriedigung aus-
richten. Diese Prozesse werden so nicht eintreten, wenn die Person P gesättigt
ist. Werbung für leckeres Essen wird sie dann deutlich weniger wahrnehmen als
im Hungerzustand.

2.2   Über die Passung von P und U in der Werbung

Eine optimale Passung von P und U gilt in vielen Bereichen als Voraussetzung für „Erfolg". So wird in der Eignungsdiagnostik die passende Person P
für eine bestimmte Umwelt U gesucht (Diagnostik- und Testkuratorium (DTK),
2018). Die Personalentwicklung versucht, durch Weiterbildungsmaßnahmen P
an die Anforderungen der Arbeitsumwelt U besser anzupassen (Böckelmann &
Mäder, 2018). Arbeitspsychologen versuchen, die Arbeitsumwelt mehr an die

Bedürfnisse von P anzupassen (Nerdinger et al., 2019). Und was in der Organisationspsychologie gilt, gilt auch im Dialogmarketing. Eine Praktikerregel besagt, dass im Marketing die optimale Passung P-U geschätzt mehr als 40 % des Erfolges einer Kampagne ausmache (Gosden, 1985, S. 9 f.; Raphel & Erdman, 1988, S. 45 f.). Auch eine Überlegung zeigt die Bedeutung dieser Passung: Dackelmäntelchen verkaufen sich am besten an Dackelliebhaber, Kaffeemaschinen an Kaffeeliebhaber etc. Um diese Passung herzustellen gibt es zwei Hauptwege im Dialogmarketing: die Zielgruppe finden (z. B. durch vordefinierte Adresslisten) oder von ihr gefunden werden (z. B. durch Search Engine Marketing).

Oft wird der Faktor Person als ursächlich für späteres Verhalten überschätzt und situationale Wirkfaktoren unterschätzt. Dies gilt auch als fundamentaler Attributionsfehler in der Psychologie: Menschen neigen dazu, bei anderen die Ursache für ihr Verhalten eher in deren persönlichen Eigenschaften zu vermuten, vernachlässigen aber die gerade erläuterten Umstände der Situation als mögliche Erklärung.

2.3   Ein Beispiel

Wie Person und die umgebende Umwelt berücksichtigt werden können, erläutert auch Rosenstiel (2010). Ein konkretes Verhalten kann einerseits – situational – auf das soziale Dürfen und Sollen zurückgeführt werden, d. h. die geschriebenen und ungeschriebenen Normen, Regeln und Selbstverständlichkeiten unserer sozialen Umwelt. Ein weiterer Faktor ist die situative Ermöglichung, d. h. die materialen Umstände, die unser Verhalten besonders fördern oder behindern. Andererseits kann das Verhalten auf der Personenseite auf ein individuelles Wollen und ein persönliches Können zurückgeführt werden. So kann z. B. ein fünfzehnjähriges Mädchen eine Karriere als Fußballerin anstreben wollen und dies auch durch hohes fußballerisches Können unterstreichen. Auf der situativen Seite hindert sie jedoch die Entfernung zur nächsten Trainingsmöglichkeit im Frauenfußball, da diese, schwer erreichbar, 43 km vom Wohnort entfernt ist. Auch das soziale Dürfen und Sollen machen Probleme. Ihre sehr konservative Umwelt ist der festen Überzeugung, dass „anständige Mädchen" nicht Fußball spielen. Aus dem Zusammenspiel von Person und Umwelt ergibt sich also das letztlich beobachtbare Verhalten. Für das Marketing bedeutet dies, dass wir neben der Motivation, dem Wollen einer Person, weitere zusätzliche Faktoren betrachten müssen. Wollte also die Trainingsmöglichkeit für angehende Fußballerinnen für sich werben, sollte sie vor allem auch die Hindernisse, wie z. B. die große Entfernung, ins Auge nehmen und dafür Lösungen anbieten.

Im Folgenden sollen nun die Hauptfaktoren dieser beiden Bausteine Person-Umwelt noch genauer betrachtet werden.

3   Der Baustein Situation

3.1   Mögliche Situations-Kennzeichen

Psychisches Geschehen spielt sich nie im „luftleeren Raum" ab. Vielmehr ist die die Person umgebende Situation ein entscheidender Faktor für deren Handeln. Person ist ohne Situation und Situation ist ohne Person nicht denkbar. Die objektiv „gleiche" Situation kann aber für zwei Menschen, durch ihre individuelle Interpretation der Situation, zu zwei verschiedenen Situationstypen gehören (Heckhausen & Heckhausen, 2018, S. 6 f.).

Die Fülle möglicher Situationsfaktoren lässt sich wie folgt gliedern (nach Nolting & Paulus, 2018, S. 114 ff.; Neumann, 2013, S. 79 ff.; ebenso: Burck, 2017): Sie können einzeln oder in vielfacher Kombination auf Personen einwirken:

- Medial-inhaltliche Bedingungen: Werbemittel, Musik, Publikationen, Romane, Vorträge etc.
- Materielle Gegenstände, wie Ladeneinrichtung, Mobiliar, Computer etc.
- Physikalisch-chemische Bedingungen, wie Luft, Licht, Temperatur, Wetter, Lärm, Düfte
- Räumliche Bedingungen, wie Zimmergröße, Wege, Plätze, Parks, …
- Soziale Bedingungen, wie das Verhalten von Marktteilnehmern: Anbieter, Funktionäre aus Verbänden, Politik, politische Entscheider; Gruppenmitglieder; Rollenverteilungen in Partnerschaften; soziale, kulturelle oder ökonomische Einflüsse; Normen, sozialer Druck auf die Zielgruppe

Wenn Personen in ihrer Umwelt mit Werbung in Kontakt kommen, reagieren sie nicht alle gleich. Der Wunsch mancher Werbepraktiker, die Umworbenen reagieren wie Automaten auf einzelne Bilder, Headlines etc. – ähnlich einem pawlowschen Hund – erfüllt sich kaum.

Entscheidend ist vielmehr die subjektive Wahrnehmung einer konkreten Werbung. „Motiv- und Einstellungsbrillen" helfen dabei dem Umworbenen, die Situation subjektiv wahrzunehmen. Dazu gleich mehr.

Nicht der konkrete mediale Ausschnitt aus der Umwelt, die konkrete Werbung alleine, ist für das endgültige Verhalten einer Person entscheidend. Dies würde die Wirkung von Werbung stark überschätzen. Es ist deshalb zusätzlich zu fragen, welcher der oben genannten Faktoren auf die Wahrnehmung und das Handeln der umworbenen Person welchen Einfluss nimmt. So können z. B. physikalisch-chemische Umgebungsbedingungen wie Temperaturen die Wirkung von Werbung für Eis, den Besuch von Freibädern oder den Kauf eines Fachbuchs über den Klimawandel erheblich beeinflussen.

3.2   Leichtigkeit der Umweltwahrnehmung

Eine große Rolle spielt die „Leichtigkeit", mit der die Person die Umweltinformationen wahrnehmen und verarbeiten kann. Eine oft zitierte Aussage von Shulman et al. (2004) lautet: Das Gehirn verbrauche ca. 20 % der aufgenommenen Energie, obwohl es nur 2 % des Körpergewichts eines 70 kg schweren Menschen ausmacht. Es bestehe daher die Tendenz, dass dieser „Großverbraucher" möglichst weniger Energie verbrauche, die dann anderen Teilen des Körpers zur Verfügung gestellt werden könne. Die Leichtigkeit, mit der Gehirne Information verarbeiten können, wird in der Psychologie als „Verarbeitungsflüssigkeit" (englisch „Processing fluency") bezeichnet (vgl. z. B. Reber et al., 1998). Felser (2015, S. 136 ff.) beschreibt die konsumrelevanten Effekte hoher Verarbeitungsflüssigkeit: Sie erhöht die Plausibilität werblicher Information, deren Aussagen werden eher als „wahr" bewertet. Eine hohe Verarbeitungsflüssigkeit wird per se als angenehm erlebt. Das gilt als einer der wichtigsten konsumrelevanten Effekte.

Hier zeigt sich zumindest mit der Praktiker-Empfehlung zur Werbemittel-Gestaltung eine Parallele zur KISS-Regel: Keep it Simple and Short. Doch damit sind wir schon beim Baustein Person.

4   Baustein Person

4.1   Überblick

Nolting und Paulus unterscheiden sechs grundlegende Prozesse im Rahmenmodell bei der Person in einer aktuellen Situation. Hierbei unterscheiden sie einen aufnehmenden und einen einwirkenden Strang:

- Der aufnehmende Strang beinhaltet 1. Wahrnehmungsprozesse, 2. erfassendes Denken und 3. emotionale Prozesse.
- Der einwirkende Strang beinhaltet 4. motivationale Prozesse, 5. planendes (steuerndes, regulierendes) Denken und 6. Verhalten.

Hierbei müssen nicht immer alle diese Prozesse beteiligt sein, diese können bewusst und nicht bewusst ablaufen und sie müssen nicht immer in der gerade geschilderten Reihenfolge ablaufen (Nolting & Paulus, 2018, S. 49 ff.).

4.2   Der aufnehmende Strang

4.2.1   Sinn der Wahrnehmung
Über die Sinneskanäle (sehen, hören, riechen, …) werden relevante Ausschnitte selektiv aus der Umwelt aufgenommen. Sinn dieser Wahrnehmung relevanter Umweltausschnitte ist es, Hypothesen über das demnächst Kommende aufzubauen (angenehm? gefährlich?) und dementsprechend zu handeln (Hohwy, 2013; Clark, 2013, 2016; Lenzen, 2018). So kann ein Rascheln im Gebüsch zur Hypothese führen, dass gleich Gefahr durch ein gefährliches Tier droht oder dass gleich der entlaufene Dackel gefunden wird.

4.2.2   Wie schnell läuft nun diese Selektion ab?
Schon unsere Vorfahren mussten sekundenschnell entscheiden, ob ihnen nun Gefahr droht oder ob sie in eine angenehme Situation kommen. Sie mussten blitzschnell entscheiden, ob ein Rascheln im Gebüsch auf eine Gefahr hinweist oder ob sie einem Menschen, dem sie gerade begegneten, vertrauen können oder nicht. Diese zentrale menschliche Fähigkeit des schnellen Urteilens ist vielfach untersucht worden. Gladwell (2005) spricht hier von der Macht des Moments. Verschiedene Experimente zeigen die Macht des ersten Eindrucks, der schon in wenigen Sekunden entsteht und für die weitere Informationsverarbeitung prägend ist (Willis & Todorov, 2006; Ambady & Rosenthal, 1992). Auch in der Werbung ist der erste Eindruck für den späteren Erfolg entscheidend (Dabic et al., 2008; Esch, 2018; Kroeber-Riel & Gröppel-Klein, 2019). Etwa zwei Sekunden zum Scannen einer A-4-Seite postuliert Vögele, aufbauend auf eigenen Beobachtungen und Untersuchungen von Kroeber-Riel (Kroeber-Riel & Esch, 2000; Vögele, 2008).

Durch die zuerst wahrgenommenen Elemente eines werblichen Auftrittes, große Bilder, große Headlines, ins Auge fallende Störer, dominierende Musik, schnelle Bewegungen etc., werden Hypothesen über das Werbemittel gebildet.

Ergebnis dieses Prozesses ist ein erster Eindruck, der das weitere Handeln (wegklicken, wegwerfen, intensive Zuwendung etc.) bestimmt (Vögele & Bidmon, 2002). Dabei suchen die Zielpersonen meist nach einem relevanten Nutzen oder einer Übereinstimmung mit eigenen Werten.

4.2.3   Warum läuft die Selektion so schnell ab?

4.2.3.1 Evolutionär

Die auf Descartes zurückgehende Denkweise, dass Verstand und Gefühl getrennt seien, wurde 2005 von Damasio vom Sockel gestoßen. Er wies nach, dass Verstand und Gefühl Seiten einer Medaille sind. Allerdings sei die emotionale Seite entscheidender. Sie kommt vor jeder „vernünftigen Entscheidung". Evolutionsgeschichtlich waren zuerst die Gefühle da. Der „kühle Kopf" kam später. Rosenstiel und Neumann (1990, S. 70 ff.) sprechen für das Gebiet der Werbepsychologie hier von einer „ersten Anmutung". Diese ersten Gefühle, die Anmutung, erlaube schnelle (oft nicht ganz so präzise) Reaktionen für das Überleben. Eine kognitive Einschätzung folgt oft dieser ersten emotionalen Bewertung.

4.2.3.2 Ästhetik erleichtert schnelle Bewertung

Ein erstes positives Gefühl ergibt sich, wenn das Werbemittel schon in den ersten Sekunden, wie oben erklärt, eine hohe Verarbeitungsflüssigkeit aufweist. Ein Teil dieser Gefühlsbewertung ist vermutlich auf die „Ästhetik" eines Werbemittels zurückzuführen. Dies legt das Modell der ästhetischen Erfahrung von Leder und Nadal (2014) nahe: Automatisch, kaum bewusst, entsteht eine erste Ästhetik-Beurteilung. Hierbei spielen Symmetrie, mittlere Komplexität, klare Gruppierbarkeit etc. im Werbemittel eine entscheidende Rolle. Ergänzend zeigen Jaron und Thielsch (2009) den bislang unterschätzten Einfluss der ersten wahrgenommenen Ästhetik auf die Bewertung von Websites. Sie sprechen sich dafür aus, dies als dritte, entscheidende Dimension neben Usability und Inhalt bei der Bewertung von Websites hinzuzunehmen.

4.2.3.3 Inhaltlich und formal prägnante Elemente werden zuerst wahrgenommen

Was sind nun solche relevanten Ausschnitte aus der Umwelt? Da es zu energieaufwendig für das Gehirn wäre, immer die gesamte Situation wahrzunehmen, konzentriert es sich nur auf einige schnell wahrnehmbar Punkte: wie eben gesehen, die wahrgenommene Ästhetik, sowie inhaltlich und formal prägnante Elemente.

Inhaltlich prägnant ist alles, was emotional bedeutsam für eine Zielperson ist. So sind für den Dackelliebhaber z. B. Bilder über Dackelspielzeug, -futter, -bücher inhaltlich hoch prägnant. Der Tennisspieler erfreut sich an tennisbezogenen Darstellungen und der Gartenfreund an werblichen Bildern und Videos über den Baumschnitt.

Formal prägnant sind alle Elemente, die sich sehr schnell klar vom Wahrnehmungshintergrund abheben. Das sind in der Werbung z. B. große Headlines, große Bilder vor einem hellen Hintergrund, laute Geräusche, sehr schnelle Bewegungen u. v. m.

4.2.4 Zuerst dominieren nicht bewusste Prozesse

4.2.4.1 Über Zwei-Prozess-Theorien

Im psychischen Geschehen lassen sich automatische oder unbewusste und kontrollierte oder bewusste Prozesse unterscheiden (Metz-Göckel, 2010). Bekannte Beispiele solcher Zwei-Prozess-Modelle mit Anwendungen auch im Bereich der Konsumentenpsychologie sind das „Alternative-Wege-Modell der Wirkung von Werbung" (Batra & Ray, 1985) oder das „Elaboration-Likelihood-Modell" von Petty und Cacioppo (1984).

Auch Kahneman (2003) formulierte eines dieser Zwei-Prozess-Modelle. Er unterscheidet vereinfacht zwischen einem anstrengungslosen System 1, das mit keinem oder geringem Bewusstsein arbeitet. Es scannt kontinuierlich die Umwelt, achtet dabei auf inhaltlich und formal prägnante Elemente und steuert auch in vielen Fällen das Handeln. Wichtige Ergebnisse des Scannens werden an das System 2 übergeben, das nun mit Bewusstsein und Anstrengung die Informationen genauer bearbeitet. Die Anwendung solcher Zwei-Prozess-Modelle für den Bereich des Konsumentenverhaltens zeigen Samson und Voyer (2012) in einem Review-Artikel.

4.2.4.2 Anwendung im Dialogmarketing

Die zentrale Aussage der Dialogmethode von Vögele (1984) für Zwecke des Dialogmarketings lässt sich mit diesen Zwei-Prozess-Modellen erklären: Bei Kontakt mit einem Werbemittel werden zuerst in sehr kurzer Zeit besonders auffällige Elemente wahrgenommen (System 1). Fällt das Ergebnis dieses ersten Scannens positiv aus, wird sich die umworbene Person dem Werbemittel intensiver zuwenden (System 2), andernfalls unterbleibt eine weitere Bearbeitung. Die ursprünglich nur für Zwecke der Mailing-Gestaltung gemachten Aussagen lassen sich nun auf Grundlage der Zwei-Prozess-Modelle, die ja nicht nur für Prozesse der Werbung gelten, verallgemeinern: Über den Erfolg eines Werbemittels entscheiden die ersten, kurzen Momente der Wahrnehmung bei Werbemittelkontakt.

In dieser sehr kurzen Zeit kann die Erwartung aufgebaut werden, dass das Werbemittel relevant und positiv für die Zielperson sei. Entscheidend für dieses Urteil sei, dass die Anzahl der positiven Bewertungen (im Bereich des Sehens: Fixationselemente) die der negativen übersteigt („Dialogformel"). Negativ bewertete Informationen haben dabei einen stärkeren Einfluss auf die Gesamtbewertung als positiv bewertete (Rozin & Royzman, 2001). Baumeister und Tierney (2020, S. 34 f.) schätzen, dass etwa vier positiv bewertete Informationen eine negative aufheben.

Ein insgesamt positives Gesamtergebnis – so Vögele (2008) mit seiner Dialogformel – führe zu einer intensiveren Beschäftigung mit dem Werbemittel: Es wird gelesen, ein Video wird angeschaut, die E-Mail wird geöffnet etc. Aus Sicht der Motivationspsychologie wird hier ein Rubikon überschritten. Dieser wird im nun „einwirkenden Strang" nach Nolting und Paulus näher beschrieben.

4.3 Der einwirkende Strang

Wie beschrieben, umfasst der aufnehmende Strang selektive Wahrnehmungsprozesse, ein schnelles erstes Erfassen („ist für mich relevant") und eine erste emotionale Bewertung. Im einwirkenden Strang spielen nun Motivationsprozesse, steuerndes (regulierendes) Denken und das Verhalten eine Rolle, mit dem letztlich wieder auf die Umwelt eingewirkt wird.

4.3.1 Mythos Maslow

Zuerst zu den Motivationsprozessen, hier den Inhaltstheorien der Motivation. Sie stellen die Frage des „was motiviert" in den Mittelpunkt. Zu den bekanntesten „Theorien" dürfte die Bedürfnis-Pyramide nach Maslow (1954; Wahba & Bridgewell, 1976) gelten. Leider inzwischen ein Mythos. Maslows Grundlagen entstanden Mitte der 50er-Jahre des vergangenen Jahrhunderts. Basis waren Gespräche des therapeutisch arbeitenden Psychologen Maslow mit seinen Klienten. Eine darauf aufbauende empirische Fundierung gibt es nicht.

Die auf die Veröffentlichung folgenden empirischen Untersuchungen vieler anderer Forschenden zeigten, dass Maslows Aussagen zur Motivation nicht haltbar sind. Weder die Abfolge der Motivationsstufen noch die dahinterstehende Mangelhypothese konnten empirisch belegt werden. Und das Beste: Die Pyramide erscheint nicht mal in seinen Werken. Sie scheint ein Werk des deutschen Wirtschaftspsychologen Werner Corell zu sein (Bidmon, 2008).

4.3.2   Inhaltstheorien, empirisch entwickelt

Empirisch hingegen arbeitete McCelland (1988) drei wichtige Grundmotive
heraus und zeigte, welche Neurotransmitter diese begleiten: Zugehörigkeit vs.
Wertlosigkeit (gekoppelt mit dem Neurotransmitter Dopamin), Macht vs. Ohn-
macht (Epinephrin und Norepinephrin) und Leistung vs. Versagen (Vasopressin
und Arginin).

Eine radikale Renovierung der weiter oben gescholtenen Maslow-Pyramide
geschah durch Kenrick et al. (2010). Sie unterscheiden, basierend auf einer Fülle
empirischer Studien, sieben Motivationsbereiche. Die ersten vier sind, ähnlich
wie bei Maslow, unmittelbare physiologische Bedürfnisse, Sicherheit (unterteilt
in Selbstschutz und Krankheitsvermeidung), Zugehörigkeit und Status. Die darauffolgenden Stufen führen nicht wie bei Maslow zur Selbstverwirklichung. Da es
vielmehr Ziel der meisten Lebewesen sei, sich fortzupflanzen, werden drei weitere
Stufen unterschieden: Partnersuche, Beziehungspflege und Angehörigenfürsorge.

Die Stufen bauen nicht wie bei Maslow aufeinander auf, sodass die Erfüllung
einer niedrigeren Stufe zur nächsten Motivationsstufe führt. Vielmehr überlappen
sich diese Stufen. Diese Motivationspyramide lässt sich zur Ableitung möglicher
Motive von Zielpersonen nutzen.

4.3.3   Prozesstheorien

Doch Motivation ist nicht alles. Hohe Motivation alleine führt nicht immer zur
Handlung. Dies kennen viele Studierende, die ganz hoch motiviert für eine Klau-
sur lernen möchten. Oder wer in der Neujahrsnacht hoch motiviert Vorsätze
fasst, wie nicht mehr rauchen oder abnehmen, und dann schon kurze Zeit später mit der Umsetzung scheitert. Die hohe Motivation muss also auch gegen
Widerstände umgesetzt werden können. So kommt die Volition („Wille") in die
Motivationspsychologie.

4.3.3.1 Das Rubikonmodell

Prozesstheorien der Motivation beschreiben die meist kognitiven Prozesse, die für
die Entscheidung – und auch die Umsetzung – eines bestimmten Handlungszieles
verantwortlich sind.

Das Rubikonmodell beschreibt so einen idealtypischen Prozess von der Motivation zur Handlung und deren Bewertung (Heckhausen et al., 1987; Achtziger &
Gollwitzer, 2018; Heckhausen & Heckhausen, 2018). Dabei werden vier Phasen
unterschieden:

- „Abwägen" – In der motivational geprägten Phase des Abwägens von Hand-
  lungsmöglichkeiten wird eine davon als die entscheidende festgelegt; Damit

wird der „Rubikon" überschritten. Es geht jetzt – idealtypisch – um die Umsetzung der getroffenen Handlungsmöglichkeit;

- „Planen" – In der volitional geprägten ersten Phase geht es um die Planung der Umsetzung der getroffenen Entscheidung „in die Tat";
- „Handeln" – Die volitional geprägte zweite Phase ist die reale Durchführung der Entscheidung in konkretem Handeln;
- „Bewerten" – Im Mittelpunkt dieser wieder motivational geprägte Phase steht ein abschließendes Bewerten dieses Handelns im Vordergrund.

In den beiden volitionalen Phasen wird der Fokus von der Motivation zur Volition verschoben, also auf die Realisierung der festgelegten Ziele. Dabei wird das Handeln im Idealfall auf das Ziel ausgerichtet. Deswegen werden z. B. Ablenkungen vom Ziel ausgeblendet. Auftretende Schwierigkeiten können hier zum Abbruch der Handlung führen, es sei denn, man hat diese bereits bei der Planung der Umsetzung vorhergesehen (Oettingen, 2015; Oettingen & Gollwitzer, 2000; Krott et al., 2019).

4.3.3.2 Praktiker-Erkenntnisse

Schon lange gibt es in der Praxis Regeln zur Unterstützung dieser volitionalen Phasen, freilich ohne diese so zu benennen. Hier ein paar Beispiele. Der „Rubikon" dürfte spätestens immer dann überschritten sein, wenn die Response-Handlung beginnt, d. h., wenn im Internet der Warenkorb befüllt wird oder im Printbereich eine Antwortkarte oder ein Bestellschein in die Hand genommen wird. Um die Motivation in Handlung umzusetzen, sind mehrere Strategien möglich.

4.3.3.2.1 Durch „Leichtigkeit" bis zur Response-Ausführung

Was schon bei der Entstehung der Motivation gilt, soll hier ausführlicher behandelt werden: Je einfacher Bilder und Text sind, umso leichter wird es zu der gewünschten Response kommen.

Dies geschieht z. B. durch Bilder, die mehr als nur ästhetisch sind. Sie lassen vielmehr auf den ersten Blick schon die Vorteile eines Angebots erkennen, durchaus in einer ästhetischen Art und Weise. Ebenso hilfreich: ein leicht lesbarer Text (Wheildon & Heard, 2005). Er entsteht z. B. durch eine formale prägnante Gestaltung (Der Text hebt sich klar vom Hintergrund ab. Bilder im Hintergrund stören nicht den Lesefluss.). Eine hohe Verständlichkeit des Textes ist hier ebenfalls vorteilhaft, die sich nach Langer et al. (2019) anhand vier Dimensionen bewerten lässt:

- Hohe Einfachheit, das sind kurze Sätze, kurze Wörter, möglichst wenig Fremdworte, Verben im ersten Drittel des im Satzes.
- Hohe Gliederung/Ordnung. Neben einer inneren Folgerichtigkeit (ein klarer roter Argumentationsfaden) ist hier eine äußerliche Gliederung wichtig: pro Gedanken nur ein Absatz, kurze Absätze, Nummerierungen, Bullet Points u. v. m.
- Mittlere Prägnanz: Hier geht es um die inhaltliche Beschränkung auf das Wesentliche. Überflüssiger Text sollte dann gestrichen werden, wenn der Sinn des Gesamten erhalten bleibt. Beispiel: Beim weißen Schimmel ist das „weiß" überflüssig. Ähnlich: der telefonische Anruf, die getroffene Vereinbarung.
- Anregende Zusätze, wie persönliche Anteilnahme, wörtliche Rede etc.

Gestalterisch sollten die Response-Elemente (Antwortkarte, Button, Warenkorb) etc. schon auf den ersten Blick schnell gesehen werden oder, wie die meisten Warenkörbe, immer an gleicher Stelle, oben rechts, zu finden sein.

Neben der Sichtbarkeit der Response sollte dieser auch mit möglichst wenig Volitionsenergie umgesetzt werden können. Ein einfaches Beispiel soll dies illustrieren: Wer beim Riesen „amazon" bestellt, muss zwar beim ersten Mal für eine Bestellung „großen Aufwand" betreiben. Adresse und Zahlungsmodalitäten müssen zuerst einmal eingegeben werden. Danach kann, ganz einfach, mit einem einzigen Klick ein Angebot bestellt werden – die sogenannte One-Click-Bestellung. Dies ist wohl der kürzeste Weg zwischen Motivation und Handlung.

4.3.3.2.2 Möglichst keine oder wenige weitere konkurrierende Angebote in der Volitionsphase zeigen

Ist die Entscheidung einmal getroffen, ist deren Bestätigung wichtig. Vögele empfiehlt z. B. auf den Antwortelementen nach einem „Ja"-Kästchen, noch einmal kurz und knapp den Nutzen des Angebots zu wiederholen.

Der Nutzen wird gerne dadurch gesteigert, dass einmal getroffene Entscheidungen zugunsten einer noch „besseren Entscheidung" beeinflusst werden. Dies geschieht z. B. durch Uptrading-Argumente (Es gibt dieses Produkt in einer noch besseren Ausführung, Bsp.: Es gibt den Laptop mit einer größeren Festplatte.) oder Cross-Selling-Angebote (Zu diesem Produkt passt, Bsp.: Zu einem Laptop wird eine passende Tasche angeboten.).

4.3.3.2.3 Persuasionstechniken

Auch der Einsatz von Persuasionstechniken („Beeinflussungstechniken", aus dem lateinischen *persuadere* „überreden") „erleichtert" in den Phasen des Abwägens und denen der Volition letztendlich die Entscheidung. Hierbei wird auf Heuristiken (Nimm das Günstigste, die knappen Sachen sind wertvoll, ...) zurückgegriffen, die gerne Menschen zur schnellen Entscheidung nutzen. Vorläufer sind die von Kirchner (1991, S. 38, 52) beschriebenen „Action-Getter", wie z. B.:

- Free gift/Gastgeschenk; erkennbar an der Formulierung: „gehört Ihnen, auch wenn Sie vom Angebot keinen Gebrauch machen."
- Zeit-/Mengenbeschränkung: „letzter Bestelltermin 30. Juni."
- Prominenten-/Leitbildwerbung: „... schmeckt vorzüglich, das bestätigt auch Starköchin Sarah Wiener."

Cialdini untersuchte seit Mitte der 1980er-Jahre die Taktiken von Beeinflussungsprofis wie Verkäufern. Die daraus entwickelten Hypothesen wurden dann empirisch untersucht. Hierbei kristallierten sich zuerst sechs, später sieben Persuasionsprinzipien heraus (Cialdini, 2001a, b, 2017a, b), die Grundlage vieler schneller Entscheidungen sind:

- Reziprozität beruht auf dem Prinzip der Gegenseitigkeit: „Du gibst etwas und bekommst dafür etwas zurück." Menschen zahlen mit gleicher Münze zurück. Anwendungsbeispiel: Bei Spendenorganisationen, die ihrem Brief ein kleines Geschenk beifügten, verdoppelte sich fast der Response.
- Sozialer Beweis: Menschen orientieren sich in ihrem Handeln und Denken oft an anderen. Hierbei belegen z. B. hohe Prozentzahlen die Zufriedenheit der Kunden mit einem Angebot.
- Konsistenz/Folgewirksamkeit: „Ein Mann, ein Wort" – beschreibt (natürlich auch für Frauen geltend), dass man sich auf anfangs gemachte Zusagen meist verlassen kann. Menschen orientieren sich daran. Dies geschieht z. B. durch Texte, die ausgehend von einem allgemeinen Thema zu immer spezifischeren Themen jeweils immer spezifischere „Jas" beim Leser hervorrufen.
- Sympathie: Menschen, die wir mögen, können uns leichter beeinflussen. Die Kaufwahrscheinlichkeit wird in vielen Fällen erhöht, wenn die abgebildeten Personen der umworbenen Person als ähnlich wahrgenommen werden („Ähnlichkeit schafft Sympathie") oder attraktiv sind.
- Autorität: Als Gruppenwesen brauchen Menschen zur langfristigen Gruppenstabilität eine wie auch immer geartete „Führung". Das kann z. B. durch

Kompetenz in einem bestimmten Gebiet bedingt sein. Ein Anwendungsbei-
spiel ist die von Kirchner genannte Prominenten-/Leitbildwerbung: Einem
Werbebrief zum Thema Infrarotkabinen war z. B. ein positives Gutachten eines
Medizinprofessors beigelegt.

- Knappheit: Was knapp erscheint, erscheint auch wertvoll. Das sind z. B. die
  von Kirchner genannten „Action Getter" Zeit- und Mengenbeschränkungen,
  wie zum Beispiel das nur kurze Zeit geltende Sonderangebot oder die Aussage
  „nur 234 Produkte lieferbar". Ebenso gehören hierzu alle Lieferformen, die
  sich an einen vorher qualifizierten Personenkreis richten, wie beispielsweise
  „nur für Leser von Büchern des Springer Verlages".

- Identifikation: Der Mensch als Gruppenwesen identifiziert sich deshalb auch
  mit bestimmten Gruppen. Er fühlt sich einer Gruppe zugehörig. So fühlen
  sich z. B. die Mitglieder einer Facebook-Gruppe „Rauhaardackel mit Herz"
  einander zugehörig.

Eine Fülle von Arbeiten folgte hierzu. Forschende aus Cialdinis Umfeld beschrieben weitere Persuasionstechniken (z. B. Martin et al., 2015; Goldstein et al.,
2009; Kenrick et al., 2012). Ein Buch von Phillip Spreer (2021) verspricht
„117 Behavior Patterns für eine noch bessere User Experience und höhere
Conversion-Rate im E-Commerce". Die Hoffnung erfolgreiche Werbung funk-
tioniere nur über solche „Manipulationstechniken", zerstörte Cialdini mit seinem
letzten Werk „Pre-Suasion" (2016): Die meisten Persuasionsmethoden beschränken sich auf den Moment. Er fügt jetzt u. a. die Dimension Zeit hinzu: Die
Prinzipien der Persuasion wirken meist dann am besten, wenn im Zeitverlauf auf
den jeweiligen Beeinflussungsmoment hingearbeitet werde. Daraus lässt sich der
Schluss ziehen, dass man diese Wege zum Beeinflussungsmoment ab der ersten
Wahrnehmung – siehe Rahmenmodell – optimieren müsse.

4.4   Baustein Verhalten

Wird schließlich ein Verhalten gezeigt, kann dadurch die Umwelt verändert wer-
den: Ein neues Möbelstück, ein neuer Fernseher etc. erfreuen den Menschen.
Oder nach einer Bestellung wird lange auf die Lieferung gewartet, bzw. die
Website-Betreiber erweisen sich als Betrüger.

5   Baustein Entwicklung

5.1   Baustein Lernen und reifen: die sich entwickelnde Person

Rückblickend werden, folgt man dem Rubikonmodell, das Handlungsergebnis und alle vorhergehenden Phasen bewertet. Durch die Lernprozesse entstehen über die Zeit nun neue Einstellungen, Motive, Wissen um Handlungsabläufe u. v. m. Diese bilden nun einen neuen Hintergrund bei der Auseinandersetzung mit der Umwelt. Dies könnte z. B. auch erklären, warum Stammkunden um vieles besser reagieren als Neukunden.

Neben dem Lernen kann sich ein Mensch auch durch „Reifung" verändern. So verändern sich bei jungen Menschen mit dem Beginn der Pubertät Interessenlagen, Motive etc. Dabei sind Reifeprozesse nicht allein auf Jugendliche beschränkt. Ebenso lassen sich – andere – Veränderungen bei alternden Menschen beobachten, die sich ebenfalls in Motiven, Verhaltensweisen niederschlagen. Zielgruppenbeschreibungen greifen neben demografischen Faktoren gerade auf solche, über längere Zeit stabile, Veränderungsergebnisse zurück. Sie beschreiben so deren Interessenlage, Motive etc.

5.2   Baustein die sich entwickelnde Umwelt

Auch die Umwelt kann sich in mehrfacher Hinsicht ändern. Dies kann einerseits durch die umworbene Person geschehen, die durch Kauf (z. B. eines Smartphones, eines Möbels etc.) ihre Welt verändert. Andererseits kann sich die Situation häufig auch ohne Einfluss der Umworbenen verändern:

• Medial-inhaltlich: neue Werbewege, neue Publikationen etc.
• Materielle Gegenstände: Ein neues Smartphone erscheint etc.
• Physikalisch-chemische Bedingungen: Durch Klimawandel entstehen sehr hohe Außentemperaturen im Sommer.
• Räumliche Bedingungen, wie Plätze, die ausgetrocknet sind, ...
• Soziale Bedingungen: neue Freundschaften, neue Interessengruppen, neue Methoden des Demonstrierens etc.

Diese neuen Bedingungen werden jetzt von der Person, die umgeben von der Umwelt ist, aufgenommen und verarbeitet. Das Rahmenmodell startet neu.

6   Ausblick

Wir sahen am Beispiel, wie vielfältig die Beiträge der Psychologie für das Dialogmarketing sein können. Leider gibt es noch zwei Hürden: Erstens: Viele wissenschaftliche Psychologen publizieren zwar seit Jahren schon passende Ergebnisse, leider nicht unter einem zusammenfassenden Titel, wie beispielsweise Dialogmarketing-Psychologie. Passende Ergebnisse erhält man heute über Recherchen in Google Scholar (www.scholar.google.de) oder leibniz-psycholog y.org. Hierbei ist vor allem PubPsych.org zu empfehlen.

Eine zweite Hürde ist die Fachsprache der Psychologen. Wenn ein Psychologe den Anspruch hat, für die Praxis wissenschaftliche Erkenntnisse zu liefern, dann muss er diese in Praktikersprache übersetzen, sei es als Seminar-, Workshopleiter oder Berater. Nur so werden psychologische Erkenntnisse auch für die Praxis nutzbar. Oder wie schon 1969 Miller in seiner Antrittsrede zum Präsidenten der Amerikanischen Psychologenvereinigung sagte: „To give psychology a way, give psychology away."

Literatur

Achtziger, A., & Gollwitzer, P. M. (2018). Motivation und Volition im Handlungsverlauf. In J. Heckhausen & H. Heckhausen (Hrsg.), *Motivation und Handeln* (5. Aufl., S. 355–388). Springer Berlin, Springer (Springer-Lehrbuch).
Ambady, N., & Rosenthal, R. (1992). Thin slices of expressive behavior as predictors of interpersonal consequences. A meta-analysis. *Psychological Bulletin, 111*(2), 256.
Batra, R., & Ray, M. L. (1985). How advertising works at contact. In L. F. Alwitt & A. A. Mitchell (Hrsg.), *Psychological processes and advertising effects. Theory, research, and applications* (S. 13–44). Erlbaum. https://www.gsb.stanford.edu/faculty-research/working-papers/how-advertising-works-contact.
Baumeister, R. F., & Tierney, J. (2020). *Die Macht des Schlechten. Nicht mehr schwarzsehen und gut leben.* Campus.
Bidmon, R. K. (2008). Mythen des Direktmarketings. Welche Gültigkeit haben Werberegeln wirklich? (Kritik der AIDA-Regel und der Maslow-Pyramide). *Direkt Marketing, 44*(2), 62–63.
Böckelmann, C., & Mäder, K. (2018). *Fokus Personalentwicklung. Konzepte und ihre Anwendung im Bildungsbereich* (2., vollständig überarbeitete und erweiterte Aufl.) Springer.
Bogner, D. P. (2021). *Innovative feldtheoretische Perspektiven für die Schulpädagogik.* Springer VS (Kurt Lewin reloaded, Bd. 1).
Buckley, H. J. (1924). *The science of marketing by mail.* B. C. Forbes publishing company.
Burck, E. (2017). *Die Macht der Situation. Wovon sich Menschen im Alltag manipulieren lassen.* Books on Demand.

Caples, J., & Hahn, F. E. (1997). *Tested advertising methods* (5 Aufl., rev. and enl.). Prentice-Hall.

Cialdini, R. B. (2001a). Harnessing the science of persuasion. In *Harvard Business Review (October)* (S. 72–79).

Cialdini, R. B. (2001b). The science of persuasion. *Scientific American, 284*(2 (February)), 76–81.

Cialdini, R. B. (2016). *Persuasion. A revolutionary way to influence and persuade.* Random House Books.

Cialdini, R. B. (2017a). *Die Psychologie des Überzeugens. Wie Sie sich selbst und Ihren Mitmenschen auf die Schliche kommen* (8., unveränderte Aufl.). Hogrefe.

Cialdini, R. B. (2017b). *Pre-Suasion. Wie Sie bereits vor der Verhandlung gewinnen. Unter Mitarbeit von Carl Freytag* (1. Aufl., neue Ausgabe). Campus.

Clark, A. (2013). Whatever next? Predictive brains, situated agents, and the future of cognitive science. *Behavioral and Brain Sciences, 36*(3), 181–204. https://doi.org/10.1017/S01 40525X12000477.

Clark, A. (2016). *Surfing uncertainty. Prediction, action, and the embodied mind.* Oxford University Press.

Dabic, M., Schweiger, G., & Ebner, U. (2008). Printwerbung. Der erste Eindruck zählt! Werbeforschung mit dem Tachistoskop. *Transfer – Werbeforschung & Praxis, 54* (01 (März)), 26–35.

Damasio, A. R. (2005). *Descartes' Irrtum – Fühlen, Denken und das menschliche Gehirn* (List-Taschenbuch, 2. Aufl.). List.

Diagnostik- und Testkuratorium (DTK). (2018). *Personalauswahl kompetent gestalten. Grundlagen und Praxis der Eignungsdiagnostik nach DIN 33430.* Springer.

Esch, F. -R. (2018). *Strategie und Technik der Markenführung* (9., vollständig überarbeitete und erweiterte Aufl.). Vahlen.

Felser, G. (2015). *Werbe- und Konsumentenpsychologie* (4., erweiterte und vollständig überarbeitete Aufl.). Springer (Lehrbuch).

Gladwell, M. (2005). *Blink! Die Macht des Moments.* Piper (Serie Piper, 4905).

Goldstein, N. J., Martin, S. J., Cialdini, R. B., & Erckenbrecht, I. (2009). *Yes! Andere überzeugen – 50 wissenschaftlich gesicherte Geheimrezepte* (1. Aufl.). Huber (Psychologie-Sachbuch).

Gosden, F. F. (1985). *Direct marketing success. What works and why.* Wiley (Wiley series on business strategy).

Heckhausen, H., Gollwitzer, P. M., & Weinert, F. E. (Hrsg.). (1987). *Jenseits des Rubikon. Der Wille in den Humanwissenschaften.* Springer.

Heckhausen, J., & Heckhausen, H. (Hrsg.). (2018). *Motivation und Handeln* (5. Aufl. 2018). Springer Berlin; Springer (Springer-Lehrbuch).

Hohwy, J. (2013). *The predictive mind* (1. Aufl.). Oxford University Press.

Hopkins, C. C. (1923). *Scientific advertising.* http://www.claude-hopkins.com/. Zugegriffen: 1. Nov. 2007.

Jaron, R., & Thielsch, M. T. (2009). Die dritte Dimension. Der Einfluss der Ästhetik auf die Bewertung von Websites. *Planung & analyse, 36*(1), S. 22–25. http://www.thielsch.org/download/jaron_2009.pdf. Zugegriffen: 10. Dez. 2012.

Kahneman, D. (2003). Maps of bounded rationality: Psychology for behavioral economics. *The American Economic Review, 93*(5), 1449–1475.

Kenrick, D. T., Goldstein, N. J., & Braver, S. L. (Hrsg.). (2012). *Six degrees of social influence. Science, application, and the psychology of Robert Cialdini.* Oxford University Press.

Kenrick, D. T., Griskevicius, V., Neuberg, S. L., & Schaller, M. (2010). Renovating the pyramid of needs. Contemporary extensions built upon ancient foundations. *Perspect on Psych Science, 5*(3), 292–314. https://doi.org/10.1177/1745691610369469.

Kirchner, G. (1991). *Die neue Praxis der Direktwerbung. Wie Sie Ihre Verkaufs- und Werbeprobleme selbst lösen.* Forkel-Verlag.

Kroeber-Riel, W., & Esch, F.-R. (2000). *Strategie und Technik der Werbung. Verhaltenswissenschaftliche Ansätze* (5. völlig neu bearbeitete und erweiterte Aufl.). Kohlhammer (Edition Marketing).

Kroeber-Riel, W., & Gröppel-Klein, A. (2019). *Konsumentenverhalten* (11., vollständig überarbeitete, aktualisierte und ergänzte Aufl.). Vahlen.

Krott, N. R., Marheinecke, R. & Oettingen, G. (2019). *Mentale Kontrastierung und WOOP fördern Einsicht und Veränderung.* In S. Rietmann & P. Deing (Hrsg.), *Psychologie der Selbststeuerung* (S. 187–212). Springer VS. https://www.psy.uni-hamburg.de/arbeitsbereiche/paedagogische-psychologie-und-motivation/personen/oettingen-gabriele/dokumente/krott-marheinecke-oettingen-2019-mentale-kontrastierung-und-woop-foerdern-einsicht-und-veraenderung.pdf. Zugegriffen: 14. Dez. 2021.

Langer, I., Schulz von Thun, F., & Tausch, R. (2019). *Sich verständlich ausdrücken* (11 Aufl.). Reinhardt.

Leder, H., & Nadal, M. (2014). Ten years of a Model of aesthetic appreciation and aesthetic judgments. The aesthetic episode – Developments and challenges in empirical aesthetics. *British Journal of Psychology (Br J Psychol), 105*(4), 443–464. Zugegriffen: 9. Febr. 2019.

Lenzen, M. (2018). Das Hypothesen testende Gehirn. In C. Könneker (Hrsg.), *Fake oder Fakt? Wissenschaft, Wahrheit und Vertrauen* (S. 215–226). Springer (Spektrum der Wissenschaft).

Lück, H. E., & Guski-Leinwand, S. (2014). In v. B. Leplow & M. von Salisch (Hrsg.), *Geschichte der Psychologie. Strömungen, Schulen, Entwicklungen* (7., vollständig überarbeitete und erweiterte Aufl.). Kohlhammer (Grundriss der Psychologie, 550).

Martin, S. J., Goldstein, N. J., & Cialdini, R. B. (2015). *Überzeugen mit einfachen Kniffen.* Hogrefe (Programmbereich Psychologie).

Maslow, A. H. (1954). *Motivation and personality.* Harper & Row.

McClelland, D. C. (1988). *Human motivation.* Cambridge University Press.

Metz-Göckel, H. (2010). Dual-process theorien. In *Gestalt Theory, 32*(4), 323–342. Zugegriffen: 8. Juni 2020.

Myers, D. G. (2014). *Psychologie* (3., vollständig überarbeitete und erweiterte Aufl.). Springer (SpringerLink : Bücher).

Nerdinger, F. W., Blickle, G., Schaper, N., & Solga, M. (2019). *Arbeits- und Organisationspsychologie* (4., vollst. überarb. Aufl. 2019). Springer Berlin; Springer (Springer-Lehrbuch).

Neumann, P. (2013). *Handbuch der Markt- und Werbepsychologie. Grundlagen, Wahrnehmung, Lernen, Aktivierung, Image-Positionierung, Verhaltensbeeinflussung, Kreativität* (1. Aufl.). Huber.

Nolting, H.-P., & Paulus, P. (2018). *Psychologie lernen. Eine Einführung und Anleitung* (Neuausgabe, 15., vollständig überarbeitete Aufl.). Beltz.

Oettingen, G. (2015). *Die Psychologie des Gelingens. Unter Mitarbeit von Ulrike Strerath-Bolz*. Pattloch.

Oettingen, G., & Gollwitzer, P. M. (2000). Das Setzen und Verwirklichen von Zielen. *Zeitschrift für Psychologie/Journal of Psychology, 208*(3–4), 406–430.Zugegriffen: 30. Nov. 2016.

Petty, R. E., & Cacioppo, J. T. (1984). Source factors and the elaboration likelihood model of persuasion. In T. C. Kinnear (Hrsg.) *Advances in consumer research* (Bd. 11, S. 668–672). Association for Consumer Research.

Raphel, M., & Erdman, K. (1988). *Do-it-yourself Handbuch der Direktwerbung* (Am. Original erschien 1986: The-do-it-yourself direct mail handbook). Norman Rentrop.

Reber, R., Winkielman, P., & Schwarz, N. (1998). Effects of perceptual fluency on affective judgments. *Psychological Science, 9*(1), 45–48.

Rosenstiel, L. von (2010). *Motivation im Betrieb. Mit Fallstudien aus der Praxis* (11., überarb. und erw. Aufl.). Rosenberger Fachverl. (Mitarbeiterführung kompakt).

Rosenstiel, L. von, & Neumann, P. (1990). Die Macht des ersten Eindrucks. *Absatzwirtschaft, 33*(4), 64–72.

Rozin, P., & Royzman, E. B. (2001). Negativity bias, negativity dominance, and contagion. *Personality and Social Psychology Review, 5*(4), 296–320.

Samson, A., & Voyer, B. G. (2012). Two minds, three ways. Dual system and dual process models in consumer psychology. *AMS Review, 2*(2–4), 48–71.

Shulman, R. G., Rothman, D. L., Beharr, K. L., & Hyder, F. (2004). Energetic basis of brain imaging: Implications for neuroimaging. *Trends in Neurosciences, 27*, 489–495.

Spieß, E., & Rosenstiel, L. von (2010). *Organisationspsychologie. Basiswissen, Konzepte und Anwendungsfelder*. De Gruyter.

Spreer, P. (2021). *PsyConversion®. 117 Behavior Patterns für eine noch bessere User Experience und höhere Conversion-Rate im E-Commerce* (2. Aufl. 2021). Springer Fachmedien Wiesbaden GmbH; Springer Gabler.

Vögele, S. (1984). *Dialogmethode: Das Verkaufsgespräch per Brief und Antwortkarte*. Mi.

Vögele, S. (2008). Die Professor Vögele Dialogmethode. In T. Schwarz (Hrsg.), *Leitfaden Dialogmarketing. Das kompakte Wissen der Branche* (S. 30–32). Marketingbörse GmbH.

Vögele, S., & Bidmon, R. K. (2002). Psychologische Aspekte der Dialogmethode. In H. Dallmer (Hrsg.), *Direct Marketing & More. Das Handbuch* (8., völlig überarbeitete, S. 435–458). Gabler.

Wahba, A., & Bridgewell, L. (1976). Maslow reconsidered: A review of research on the need hierarchy theory. *Organizational Behavior and Human Performance, 15*, 212–240.

Wheildon, C., & Heard, G. (Hrsg.). (2005). *Type and Layout. Are you communicating or just making pretty shapes? How typography and design can get you message across – or get in the way (with a forward by David Ogilvy and additional material by Geoffrey Heard)*. The Worsley Press.

Willis, J., & Todorov, A. (2006). First impressions: Making up your mind after a 100-ms exposure to a face. *Psychological Science, 17*(7), 592–598.

Robert K. Bidmon Dipl.-Psych. Univ., Betriebswirt VWA, Direktmarketing-Fachwirt BAW, Ist heute freiberuflicher Trainer, Berater, Agentur-Coach und Autor von Fachpublikationen zur Werbepsychologie und zur Medizin. An Hochschulen hat er verschiedene Lehraufträge.

Er leitete die Drittmittelprojekte „Forschungszentren Direktmarketing" an den Universitä-
ten München und Rostock. Im Bereich Vermittlung von Praxis war er 19 Jahre Studienleiter
Dialogmarketing und Direktmarketing an der BAW München. Insgesamt betreute er über
1500 Abschlussarbeiten aus Praxis und Forschung. Davon wurden 35 mit Preisen ausgezeichnet.

Voice User Experience

Nutzerirritationen bei der Anwendung von Sprachapplikationen aufdecken. Wie UX-Messmethoden zu einem erfolgreichen Kundendialog beitragen können

Annebeth Demaeght, Josef Nerb und Andrea Müller

Inhaltsverzeichnis

A. Demaeght (✉) · A. Müller
Fakultät B+W, Hochschule Offenburg, Offenburg, Deutschland
E-Mail: annebeth.demaeght@hs-offenburg.de

A. Müller
E-Mail: andrea.mueller@hs-offenburg.de

J. Nerb
Pädagogische Hochschule Freiburg, Freiburg im Breisgau, Deutschland
E-Mail: nerb@ph-freiburg.de

© Der/die Autor(en), exklusiv lizenziert an Springer Fachmedien Wiesbaden   179
GmbH, ein Teil von Springer Nature 2023, Deutscher Dialogmarketing
Verband e. V. (Hrsg.), *Dialogmarketing Perspektiven 2022/2023*,
https://doi.org/10.1007/978-3-658-40753-7_8

Zusammenfassung

Sprachassistenten wie Alexa, Google Assistant, Siri, Cortana, Magenta und Bixby erfreuen sich dank ihrer intuitiven, schnellen und bequemen Interaktionsmöglichkeiten zunehmender Beliebtheit und bieten deshalb spannende Möglichkeiten für die Weiterentwicklung des digitalen Kundendialogs. Doch ob die Technologie wirklich breite Akzeptanz finden wird, hängt nicht nur mit ihrer technischen Qualität oder Usability zusammen. Auch die User Experience, die neben den Reaktionen der Nutzer*innen während der Anwendung auch ihre Erwartungen und Wahrnehmungen vor und nach der Anwendung umfasst, spielt eine zentrale Rolle. Die Messung der Qualität der Voice User Experience (Voice UX) ist daher von großem Interesse für die Bewertung und Optimierung von Sprachapplikationen. Die Frage, wie die Voice UX von sprachgesteuerten Systemen gemessen werden kann, ist jedoch noch offen. Aktuelle Methoden stützen sich häufig auf UX-Forschung zu grafischen Benutzeroberflächen, obwohl die sprachbasierten Interaktionsformen in der Regel weder visuell noch haptisch greifbar sind. In unserem Beitrag möchten wir den aktuellen Status quo der deutschen Voice User Experience untersuchen. Folgende Fragen stehen dabei im Mittelpunkt: Wie können Sprachanwendungen zu einem erfolgreichen Kundendialog beitragen? Welche Nutzerirritationen treten aktuell bei der Anwendung von Sprachassistenten auf? Mit welchen Methoden lässt sich die Voice User Experience messen?

Schlüsselwörter

Voice User Experience • Sprachbenutzeroberflächen • Sprachassistenten

1   Einleitung

Die Idee, Maschinen dazu zu befähigen, natürliche Sprache zu verstehen und adäquat darauf reagieren zu können, fasziniert Wissenschaftler*innen schon seit Jahrhunderten (vgl. Juang & Rabiner, 2004). Seit Homer Dudley in den 1930er-Jahren ein Systemmodell für Sprachsynthese und -analyse entwickelte, haben

Forschende sich diesem Ziel schrittweise angenähert. Dank aktueller Entwicklungen in der natürlichen Spracherkennung, Künstlicher Intelligenz und Cloud Computing haben sprachgesteuerte Dialogsysteme nun das Potenzial, im Alltag für alle verfügbar zu werden (vgl. Kahle & Meißner, 2020, S. 175).

Die Einsatzmöglichkeiten der Technologie sind vielfältig. Allgemein bekannt sind die Anwendungen in den Bereichen der Sprachassistenz, Voice Commerce und Smart Home. Auch für den automatisierten und personalisierten Kundendialog bietet die Technologie spannende Potenziale.

Doch der sprachgesteuerte Interaktionsprozess ist noch nicht frei von Herausforderungen. Ein Dialog ist ein komplexer Prozess, und den Systemen gelingt es nicht immer, die Absicht des Benutzers oder der Benutzerin richtig zu erkennen und zufriedenstellende Antworten zu formulieren.

In diesem Beitrag werden wir zunächst einen kurzen Blick auf die Potenziale der Sprachtechnologie für einen erfolgreichen Kundendialog werfen. Danach werden sechs Kategorien von Nutzerirritationen diskutiert, die Auswirkungen auf die Adoption und Akzeptanz der Technologie haben können. Schließlich werden einige Methoden zur Messung und Optimierung der Voice User Experience vorgestellt, denn UX-Analyse und -Optimierung können zu einer höheren Kundenzufriedenheit beitragen.

2   Potenziale sprachbasierter Kundendialoge

Die oben genannten Entwicklungen in der Sprachtechnologie können (und sollten) auch von Unternehmen für die Gestaltung ihrer Dialoge mit den Kund*innen genutzt werden. Denn die Sprachinteraktion eröffnet einen neuen „Touchpoint" in der digitalen Kundeninteraktion, eine neue Möglichkeit, mit den Kunde*innen in Kontakt zu treten (vgl. Kilian & Kreutzer, 2022). Da die Technologie einfach, schnell und bequem in der Bedienung ist, kann davon ausgegangen werden, dass einige Verbraucher*innen es zukünftig bevorzugen werden, ein Unternehmen nicht mehr telefonisch oder schriftlich, sondern per Sprachassistent zu kontaktieren (vgl. Kilian & Kreutzer, 2022). Deswegen ist es für Unternehmen ratsam, den Einsatz von Sprachassistenten in ihre operative und strategische Planung mit einzubeziehen.

Kreutzer und Seyed Vousoghi (2020, S. 22) unterscheiden folgende Aktivitäten im Bereich Conversational Commerce, die durch Sprachassistenten unterstützt werden können:

- Allgemeine Dialoge der Kund*innen mit den Unternehmen

- Beantwortung von Fragen zu Bestellungen
- Bereitstellung von Kundensupport
- Unterbreitung personalisierter und individualisierter Empfehlungen
- Bereitstellung von Bewertungen
- Erstellung von Wunschlisten
- Platzierung des Kaufs selbst
- Abwicklung der Zahlung
- Versand der Auftragsbestätigung
- Versand- und Lieferbenachrichtigungen
- Bereitstellung des Kundenservices
  (Kreutzer & Seyed Vousoghi, 2020, S. 22).

Die Potenziale werden – insbesondere auf dem deutschsprachigen Markt – noch nicht wirklich ausgeschöpft. Jedoch gibt es immer mehr Unternehmen, die über Sprachassistenten mit ihren Kund*innen in Dialog treten. Einige Praxisbeispiele sind die Alexa Skills von Snocks, Bosch und Westermann:

Snocks Der 2016 gegründeten erfolgreiche Online-Händler für Socken und Unterwäsche bietet einen Alexa-Skill an, der seinen Kund*innen nach der Bestellung auf seiner Website über den aktuellen Stand informiert. Kund*innen können die neuesten Änderungen zu ihren Bestellungen direkt als Benachrichtigungen auf ihre Alexa-Geräte zugesendet bekommen.

Bosch Home & Garden 18 V Produktberater Mit diesem Alexa-Skill können Kund*innen in vier einfachen Schritten das für sie passende Werkzeug finden. Dieses Produkt können sie dann direkt über die Sprachanwendung kaufen. Alternativ können sich die Nutzer*innen bei Interesse weitere Informationen per E-Mail zusenden lassen.

Fit fürs Abi (Westermann) Das Verlagshaus Westermann Gruppe bietet über den Alexa-Skill „Fit fürs Abi: Lernen mit Westermann" ein Quiz für die Abi-Vorbereitung an. Damit können sich Schüler*innen während der Prüfungsvorbereitung von überall und immer mal wieder zwischendurch von Alexa abfragen lassen. Wenn eine Runde abgeschlossen ist, können sich die Nutzer*innen bei Interesse das „Fit fürs Abi"-Buch direkt in den Warenkorb legen.

3 Aktuelle Nutzerirritationen bei der Anwendung von Sprachassistenten

Um zu einem erfolgreichen Kundendialog zu kommen, muss die Sprachinteraktion auch von den Nutzer*innen akzeptiert und angenommen werden. Ein Blick auf die aktuellen Hürden für die Adoption von Sprachassistenten kann Marketingexpert*innen einen Ansatzpunkt für die zukünftigen Einsatzpotenziale für Sprachtechnologie geben.

Durch eine zweistufige Befragung unter deutschen Nutzer*innen von Sprachassistenten in Anlehnung an Gast (2018) und eine zusätzliche Literaturanalyse haben wir sechs Kategorien von Irritationen, die bei Nutzer*innen von Sprachassistenten auftreten, identifiziert (vgl. Demaeght et al., 2022).

3.1 Vorstudie

Die Vorstudie wurde mit 20 deutschen Teilnehmer*innen, allesamt Digital Natives, durchgeführt. In einer kurzen Online-Befragung wurde ihnen eine Liste von Sprachassistenten vorgelegt mit der Frage, welche dieser Sprachassistenten sie schon einmal benutzt haben. Die Liste umfasste Alexa, Siri, Google Assistant, Cortana, Bixby, Telekom Magenta und die Sprachassistenten von BMW, Mercedes, Škoda und Volkswagen. Abb. 1 zeigt die Verteilung der Antworten: Erwartungsgemäß hatten die meisten Teilnehmer*innen Erfahrungen mit Alexa, Siri und/oder Google Assistent. Cortana, Mercedes, Bixby und Magenta wurden selten angekreuzt. Keine*r der Teilnehmer*innen hatte Erfahrung mit den Sprachassistenten von BMW, Škoda oder Volkswagen.

In einer zweiten Frage wurden die Teilnehmer*innen gebeten, aktiv drei bis fünf Situationen zu nennen, die sie bei der Nutzung von Sprachassistenzsystemen stören ("Welche Dinge oder Probleme ärgern Sie bei der Nutzung von Sprachassistenzsystemen?"). Die Antworten der Teilnehmer*innen wurden mit den Ergebnissen verschiedener Studien und Literatur zum Thema Sprachbenutzererfahrung (z. B. Kahle & Meißner, 2020; Pearl, 2016; DIN EN ISO 9241-110:2020-10, 2020) ergänzt, was zu einer Liste von 26 Items führte (Tab. 1).

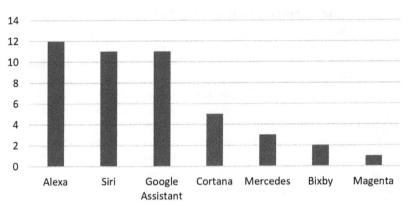

Abb. 1 Die Sprachassistenten, mit denen die Teilnehmer*innen der Vorstudie Erfahrung hatten (Mehrfachauswahl)

3.2   Hauptstudie

3.2.1   Teilnehmer*innen

Die Studie wurde mit 108 deutschen Teilnehmer*innen durchgeführt (57 männlich, 49 weiblich, 1 divers und 1 ohne Angabe), von denen 91 zwischen 18 und 25 Jahren, 16 zwischen 26 und 35 Jahren und nur eine Person älter als 35 Jahre alt war. Abb. 2 zeigt, mit welchen Sprachassistenten die Befragten Erfahrung hatten.

3.2.2   Befragung

Aus den 26 Items der Vorstudie wurde ein Fragebogen mit der Frage „Sie ärgern sich bei der Nutzung digitaler Sprachassistenten …" erstellt.

Zur Beantwortung der einzelnen Items wurde den Teilnehmer*innen eine sechsstufige Likert-Skala mit den Polen „stört mich überhaupt nicht – 1" und „stört mich sehr – 6" vorgegeben. Abb. 3 zeigt einen Auszug aus dem Originalfragebogen in deutscher Sprache.

3.2.3   Ergebnisse

Tab. 1 zeigt die Mittelwerte mit Standardabweichung und Anzahl der Befragten für jedes der 26 Items. Wir sehen, dass Datenschutzbedenken eine große Rolle bei der Erfahrung der Nutzer*innen mit Sprachassistenten spielen. Das Gefühl

Tab. 1 Befragung „Sie ärgern sich bei der Nutzung digitaler Sprachassistenten …"

… wenn der Sprachassistent dauerhaft zuhört (Gefühl von Überwachung)	*M*	*SD*	*n*
… wenn der Sprachassistent Sie akustisch nicht versteht und Sie sich mehrfach wiederholen müssen, bis das System Ihre Spracheingabe erkennt	4,93	1,03	107
… wenn der Sprachassistent sich ungewollt aktiviert	4,83	1,26	107
… wenn der Sprachassistent Sie akustisch falsch versteht	4,62	1,03	106
… wenn der Sprachassistent nicht reagiert, wenn Sie etwas sagen	4,61	1,06	106
… wenn der Sprachassistent abbricht	4,46	1,22	107
… wenn der Sprachassistent auf das Radio oder Fernsehen reagiert	4,42	1,37	105
… wenn unnötige Infos gegeben werden, bevor Sie eine Funktion nutzen können	4,41	1,25	104
… wenn es keine Korrekturmöglichkeit gibt und Sie wieder von vorne anfangen müssen, wenn ein Fehler passiert ist	4,39	1,20	104
… wenn der Sprachassistent Sie inhaltlich falsch versteht	4,34	1,16	107
… wenn Sie Ihre Eingaben mehrfach bestätigen müssen	4,31	1,14	105
… wenn Sie zuerst einen Skill herunterladen müssen, bevor Sie eine bestimmte Funktion benutzen können	4,20	1,52	107
… wenn der Sprachassistent sich nicht an bereits gegebene Informationen erinnert und Sie sich wiederholen müssen	3,97	1,43	104
… wenn die Aussage oder Frage des Sprachassistenten nicht verständlich ist	3,97	1,24	103
… wenn der Sprachassistent sich nicht unterbrechen lässt und Sie erst fortfahren können, nachdem der Sprachassistent ausgesprochen hat	3,94	1,36	106
… wenn der Assistent Sie nur versteht, wenn Sie Ihre Aussprache anpassen (z. B. lauter und langsamer reden)	3,87	1,33	107
… wenn der Sprachassistent sich oft wiederholt	3,87	1,23	105
… wenn die Reaktionszeit zu lange dauert	3,59	1,22	105
… wenn die Antwort nicht zufriedenstellend ist	3,56	1,29	107
… wenn der Sprachassistent nicht genutzt werden kann, während Musik läuft	3,56	1,72	102
… wenn die Ergebnisse auf Ihre Frage schlecht dargestellt werden	3,43	0,99	105
… wenn die Antwort des Sprachassistenten nicht genau genug ist	3,25	1,20	106
… wenn der Sprachassistent Ihren Dialekt nicht versteht	3,09	1,51	104

(Fortsetzung)

Tab. 1 (Fortsetzung)

... wenn der Sprachassistent dauerhaft zuhört (Gefühl von Überwachung)	*M*	*SD*	*n*
... wenn der Sprachassistent auf Stimmen anderer reagiert	3,08	1,52	106
... wenn der Sprachassistent eine zu monotone Stimme hat	2,16	1,08	106
... wenn Sie die Stimme des Sprachassistenten nicht aussuchen können	2,02	1,21	106

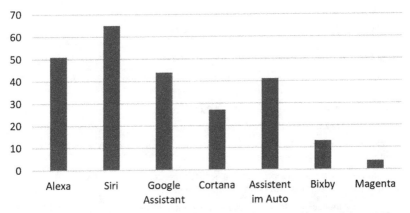

■ Welchen dieser Sprachassistenten haben Sie schon einmal benutzt? (n = 108)

Abb. 2 Die Sprachassistenten, mit denen die Teilnehmer*innen der Hauptstudie Erfahrung hatten (Mehrfachauswahl)

der Überwachung war der Punkt, der die Nutzer*innen am meisten verärgerte, gefolgt von Items, die die Antwortqualität und Verständlichkeit des Systems, unerwünschte Aktivierung und das Gesprächsdesign betreffen.

3.3 Diskussion

Nachfolgend werden die sechs Kategorien der Nutzerirritationen näher diskutiert: Datenschutzbedenken, ungewolltes Aktivieren, fehlerhafte Spracherfassung, unzufriedenstellende Qualität der Antworten, das Design des Dialogs und die Stimme des Assistenten.

Sie ärgern sich bei der Nutzung digitaler Sprachassistenten ...

	Ärgert mich gar nicht 1	2	3	4	5	Ärgert mich sehr 6
... wenn die Antwort des Sprachassistenten nicht genau genug ist.	○	○	○	○	○	○
... wenn die Antwort nicht zufriedenstellend ist.	○	○	○	○	○	○
... wenn die Ergebnisse auf Ihrer Frage schlecht dargestellt werden.	○	○	○	○	○	○
... wenn die Reaktionszeit zu lange dauert.	○	○	○	○	○	○
... wenn der Sprachassistent sich oft wiederholt.	○	○	○	○	○	○

Abb. 3 Auszug aus der Befragung

3.3.1 Datenschutzbedenken

Ein zentraler Punkt, der sich negativ auf die derzeitige Adoption und Akzeptanz von Sprachassistenten auswirkt, ist die mangelnde Transparenz der Plattformbetreiber in Bezug auf Datenverarbeitung und Datenschutz. Dabei geht es vor allem um die Frage, wo genau die Spracheingaben der Nutzer*innen verarbeitet werden und ob sie gespeichert werden (vgl. Kahle & Meißner, 2020, S. 28).

Das Gefühl der Überwachung störte auch die Teilnehmer*innen der Befragung am meisten. Dieses Ergebnis deckt sich mit der bisherigen Forschung, die Relevanz dieses Themas wird durch eine Vielzahl von Publikationen zur Datenschutzfrage bestätigt.

Gleichzeitig muss aber auf das Privacy Paradoxon hingewiesen werden: Obwohl die Nutzer*innen Datenschutzbedenken äußern, scheint es so, dass die Verbraucher*innen trotzdem freiwillig persönliche Daten zur Verfügung stellen. Es gibt eine Diskrepanz zwischen den Äußerungen von Einzelpersonen zu Datenschutzthemen und ihrem tatsächlichen Verhalten bei der Preisgabe persönlicher Daten (vgl. Norberg et al., 2007).

Außerdem können auch technische Lösungen zu einem besseren Datenschutz beitragen und so die Bedenken der Nutzer*innen vermindern. Fast alle aktuellen Software-Lösungen für die natürliche Sprachverarbeitung sind cloudbasiert, dazu gehören Amazons Alexa, Googles Dialogflow, Microsofts LUIS und IBMs Watson. Initiativen, die eine Datenverarbeitung auf dem Gerät ermöglichen und nicht mit der Cloud kommunizieren, könnten eine Antwort auf die Datenschutzbedenken der Nutzer*innen sein, bisher gibt es allerdings neben den bekannten großen Anbietern nur wenige Alternativen:

- Mycroft AI ist ein Open Source Assistent, der sich auf die Wahrung der Privatsphäre konzentriert. Für die Spracherkennung nutzt Mycroft allerdings den Online-Speech-to-Text-Dienst von Google (vgl. Mycroft, 2022).
- Rhasspy kombiniert verschiedene Dienste zu einem Offline-fähigen Sprachassistenten. Das Projekt konzentriert sich auf die Schaffung einer Sprachschnittstelle für Hausautomatisierungssoftware wie Home Assistant. Im Gegensatz zu den anderen Alternativen verfügt es nicht über einen Skill Store, für den Entwickler*innen spezialisierte Applikationen erstellen können, um sie mit anderen zu teilen (vgl. Rhasspy, 2022).
- Jaco ist ein neuer Sprachassistent, der komplett offline funktioniert, er kann leicht um neue Funktionen erweitert werden und funktioniert in mehreren Sprachen (vgl. Bermuth et al., 2022).

3.3.2   Ungewollte Aktivierung

Obwohl Sprachassistenten sich nur aktivieren sollten, nachdem sie das Wake Word (z. B. Alexa oder Hey Google) erfasst haben, kommt es vor, dass die Geräte ungewollt aktiviert werden, weil sie z. B. auf Töne aus Radio- oder TV-Geräten reagieren.

Das Problem der unerwünschten Aktivierung steht in engem Zusammenhang mit dem Gefühl der Überwachung und wurde von den Befragten als drittgrößtes Ärgernis eingestuft.

Dieses Ergebnis korrespondiert mit anderen Untersuchungen, so hat ein Forschungsteam der Ruhr-Universität Bochum rund 1000 Begriffe identifiziert, die Sprachassistenten ungewollt aktivieren können. Beispielsweise reagiert Alexa auch auf die Äußerungen „a letter" und „election" (vgl. Schönherr et al., 2020).

3.3.3   Fehlerhafte Spracherkennung und -verarbeitung

Wenn die Sprachverarbeitung des Assistenten gut funktioniert, haben die Nutzer*innen den Eindruck, dass der Sprachassistent ihre Spracheingabe richtig versteht.

Die Befragungsergebnisse zeigen, dass die Nutzer*innen besonders verärgert sind, wenn sie akustisch missverstanden werden. Auch eine falsche Interpretation der Nutzerabsicht führt zu Irritationen. Nachsichtiger zeigen sich die Befragten, wenn der Assistent eine Anpassung der Aussprache verlangt oder ihren Dialekt nicht versteht.

3.3.4   Unzufriedenstellende Qualität der Antworten

Eine zufriedenstellende Antwort würde bedeuten, dass die Nutzer*innen den Eindruck haben, dass der Assistent klar und deutlich antwortet und damit die Absicht der Nutzer*innen erfüllt (vgl. Pearl, 2016). Dieses Ziel wird aktuell noch nicht immer erreicht. Nutzer*innen sind besonders irritiert, wenn der Sprachassistent nicht antwortet, aber auch mehrfache Wiederholungen und zu lange Antworten ärgern die Nutzer*innen. Beim Design soll deshalb auf kurze und abwechslungsreiche Antworten des Assistenten geachtet werden.

3.3.5   Conversational Design

Da Basis-Funktionalitäten wie Verständlichkeit und Antwortqualität der Sprachassistenten immer besser werden, rückt das Thema „Conversational Design" weiter in den Vordergrund. Conversational Designer gestalten die Dialoge und berücksichtigen dabei sowohl die technischen Beschränkungen als auch die Bedürfnisse der Benutzer*innen. Sie definieren den Fluss und die zugrunde liegende Logik der Interaktionen (vgl. Pearl, 2016).

In unserer Studie konnten wir folgende Irritationen aus dem Bereich des Conversational Designs identifizieren:

Nutzer*innen ärgern sich …
… wenn unnötige Informationen gegeben werden, bevor man eine Funktion nutzen kann.
… wenn es keine Möglichkeit der Korrektur gibt und man bei einem Fehler wieder von vorne anfangen muss.
… wenn man die Eingaben mehrmals bestätigen muss.

Die VUI-Designerin Cathy Pearl geht auf diese Probleme in ihrer Abhandlung über die Prinzipien von Conversational Experiences ein (vgl. Pearl, 2016). Sie erklärt, dass es wichtig ist, verschiedene Strategien in das Design miteinzubeziehen, wenn die Benutzer*innen ein System regelmäßig einsetzen. Anfänger*innen und erfahrene Benutzer*innen haben unterschiedliche Informationsbedürfnisse und das System sollte dies berücksichtigen. Idealerweise sollte die Anwendung so gestaltet werden, dass sie die situativen Bedürfnisse der Benutzer*innen erfüllt. Wenn der Benutzer oder die Benutzerin beispielsweise bereits weiß, wie die Anwendung zu bedienen ist, sollten überflüssige Anleitungen vermieden werden, während sie für unerfahrene Benutzer*innen hilfreich sein können.

Darüber hinaus ist ein stabiles und gut durchdachtes Fehlermanagement notwendig, um Nutzerirritationen zu vermeiden. Konversationsdesigner*innen sollten nicht nur dafür sorgen, dass Prozesse im Normalbetrieb reibungslos ablaufen, sondern insbesondere die Situationen berücksichtigen, in denen Probleme auftreten. Wenn beispielsweise eine Aussage falsch verstanden wird, sollte der Benutzer oder die Benutzerin immer die Möglichkeit haben, zurückzugehen und die Spracheingabe zu korrigieren (vgl. Pearl, 2016).

Schließlich sind Bestätigungsstrategien ein wichtiger Teil des Konversationsdesigns. Die Aufforderung an Benutzer*innen, ihre Spracheingaben jeweils immer zu bestätigen, kann zwar eine höhere Genauigkeit gewährleisten, führt aber andererseits auch aufgrund redundanter Eingaben zu Irritationen. Daher müssen VUI-Designer*innen fallspezifisch die Möglichkeiten einer Bestätigung der Eingabe berücksichtigen. Wenn ein Benutzer oder eine Benutzerin beispielsweise eine Geldtransaktion über den Sprachassistenten ausführen möchte, wäre eine Bestätigung von großer Bedeutung, während sie sicherlich nicht von hoher Relevanz wäre, wenn rein zur Unterhaltung ein Quiz gespielt wird (vgl. Pearl, 2016).

3.3.6 Stimme des Assistenten

Abschließend möchten wir auf die Stimme des Sprachassistenten eingehen. Die Befragungsteilnehmer*innen stuften die Stimmeigenschaften des Assistenten grundsätzlich nicht als Grund für Irritationen ein. Eine 2019 durchgeführte Forschungskooperation von voicebot.ai, Voices.com und pulselabs fand allerdings heraus, dass Nutzer*innen klare Präferenzen zwischen einer menschlichen und einer synthetischen Stimme haben (vgl. Voicebot, 2019). Laut der Studie bevorzugen die Nutzer*innen eine menschliche Stimme und beschreiben die synthetischen Stimmen als „monoton, roboterhaft und computerisiert". Außerdem stellten sie eine leichte Präferenz für weibliche Stimmen fest.

Auf Basis dieser Erkenntnisse soll im Folgenden dargestellt werden, wie Voice UX gemessen und interpretiert werden kann, um eine optimale Gestaltung eines Dialogs mit einem Sprachassistenten realisieren zu können.

4 Voice User Experience messen und optimieren

Es gibt verschiedene Methoden, um das Nutzererleben bei der Anwendung von interaktiven Applikationen zu messen und zu optimieren. Da Sprachanwendungen allerdings weder visuell noch haptisch sind, können die UX-Messmethoden für grafische Benutzeroberflächen nicht immer eins zu eins für Sprachanwendungen übernommen werden (vgl. Seaborn & Klein, 2021).

Wenn das Nutzererleben in alle Entwicklungs- und Nutzungsphasen der Sprachapplikation mitberücksichtigt wird, kann allerdings eine gute Voice UX entstehen, die die Bedürfnisse und Anforderungen der Nutzer*innen in den Mittelpunkt stellt und ihnen die notwendigen Rahmenbedingungen bietet, um einen Dialog mit einem Sprachassistenten erfolgreich und zufriedenstellend halten zu können.

In diesem Kapitel möchten wir einen kurzen Überblick darüber geben, wie die Voice UX in den verschiedenen Entwicklungsphasen optimiert werden kann und dadurch Nutzerirritationen vermieden bzw. frühzeitig aufgedeckt werden können.

4.1 Konzeption

In der Konzeptionsphase sollen die Markenpersönlichkeit des Unternehmens, das den Sprachassistenten anbietet, und der Use Case, in dem der maschinengestützte Dialog eingesetzt werden soll, identifiziert werden (vgl. Kahle & Meißner, 2020, S. 43–68). Wenn die Ziele und Zielgruppe für die geplante Interaktion festgelegt sind, soll das spezifische Szenario ausgearbeitet werden. Zusätzlich soll eine Persona des Systems konzipiert werden – also eine virtuelle Persönlichkeit, die sich hinter dem Sprachassistenten verbirgt.

Wenn Menschen eine Stimme hören, messen sie dieser Stimme automatisch bestimmte Merkmale bei oder bewerten den Charakter der Person (vgl. Kahle & Meißner, 2020, S. 58). Auch wenn visuelle Hinweise fehlen, z. B. beim Radiohören oder beim Hören einer Stimme am Telefon, bilden Menschen Urteile über das Gegenüber, die nur auf akustischen Informationen basieren (Borkenau & Liebler, 1992; Mileva et al., 2018).

Wenn dies in der Konzeptionsphase des Sprachassistenten berücksichtigt wird, kann die Wahrnehmung der Nutzer*innen bewusst gesteuert werden (vgl. Kahle & Meißner, 2020, S. 58). Welche Stimme hat unser Assistent? Was für eine Persönlichkeit, welche Charaktereigenschaften stecken dahinter? Welche Begriffe werden benutzt? Die Antworten auf diese Fragen ermöglichen nicht nur die Steuerung der Wahrnehmung des Assistenten, sondern können auch beim Design der Dialoge hilfreich sein.

4.2   Umsetzung

In der Umsetzungsphase wird festgelegt, welche Software im Backend bei der Sprachverarbeitung benutzt wird und wie die Daten der Kund*innen möglichst sicher geschützt werden können. Außerdem wird der konkrete Dialog festgelegt, also der eigentliche „Fluss" der Interaktion. Hier soll frühzeitig darüber nachgedacht werden, über welche Hürden die Nutzer*innen stolpern könnten, und ein Fehlermanagement vorgesehen werden, damit die reibungslose und zufriedenstellende Nutzung auch dann gewährleistet wird, wenn Irritationen auftreten.

5   Fazit

Sprachassistenten bieten eine schnelle, intuitive und bequeme Interaktionsmöglichkeit und erfreuen sich daher einer immer größer werdenden Nutzerzahl. Das macht die Technologie auch für die Gestaltung des systemgestützten und automatisierten Kundendialogs attraktiv, denn „Voice" ist ein neuer Touchpoint im digitalen Kundenservice geworden (vgl. Kilian & Kreutzer, 2022).

Die Potenziale für einen gelungen Kundendialog sind also da, dennoch müssen noch einige Nutzerirritationen überwunden werden, die bei der Anwendung von Sprachassistenten aktuell noch aufkommen und die Interaktion stören. Neben Datenschutzbedenken wirken sich insbesondere geringe Antwortqualität und unpassendes Interaktionsdesign negativ auf die Akzeptanz des Systems bei den Kund*innen aus.

Marketingexpert*innen können das Nutzererleben bei der Anwendung von Sprachassistenten optimieren und messen, indem die Voice UX im gesamten Entwicklungsprozess berücksichtigt wird. Eine durchdachte Konzeption, ein attraktives Design und ein nutzerfreundliches Fehlermanagement können die Anwendung erfolgreicher machen. Auch frühzeitiges Testen und regelmäßige Analysen können zu einer positiven Voice UX beitragen.

Literatur

Bermuth, D., Poeppel, A., & Reif, W. (2022). Jaco: An Offline Running Privacy-aware Voice Assistant. In *2022 17th ACM/IEEE International Conference on Human-Robot Interaction (HRI)*. Sapporo, Japan, 07.03.2022 – 10.03.2022: IEEE, S. 618–622.

Borkenau, P., & Liebler, A. (1992). Trait inferences: Sources of validity at zero acquaintance. *Journal of Personality and Social Psychology, 62*(4), 645–657.

Demaeght, A., Nerb, J., & Müller, A. (2022). A survey-based study to identify user annoyances of german voice assistant users. In F. Fui-Hoon Nah & K. Siau (Hrsg.), *HCI in business, government and organizations. 9th International Conference, HCIBGO 2022, held as part of the 24th HCI International Conference, HCII 2022, virtual event, June 26–July 1, 2022: Proceedings, Bd. 13327*. Cham, Switzerland: Springer (*Lecture Notes in Computer Science, 13327*), S. 261–271.

DIN EN ISO 9241-110:2020-10. (2020). *Ergonomie der Mensch-System-Interaktion – Teil 110: Interaktionsprinzipien*. Beuth Verlag.

Gast, O. (2018). *User experience im e-commerce. Messung von Emotionen bei der Nutzung interaktiver Anwendungen*. Springer Gabler.

Juang, B. H., & Rabiner, L. R. (2004). *Automatic Speech Recognition – A Brief History of the Technology Development. Georgia Institute of Technology, Atlanta und Rutgers University and the University of California*. https://web.ece.ucsb.edu/Faculty/Rabiner/ece259/Reprints/354_LALI-ASRHistory-final-10-8.pdf. Zugegriffen: 15. Nov. 2022.

Kahle, T., & Meißner, D. (2020). *All About Voice. Konzeption, Design und Vermarktung von Anwendungen für digitale Sprachassistenten*. Haufe Group.

Kilian, K., & Kreutzer, R. (2022). *Digitale Markenführung. Digital Branding in Zeiten Divergierender Märkte*. Springer Fachmedien.

Kreutzer, R., & Seyed Vousoghi, D. (2020). *Voice-Marketing. Der Siegeszug der digitalen Assistenten*. Springer Gabler.

Mileva, M., Tompkinson, J., Watt, D., & Burton, A. M. (2018). Audiovisual integration in social evaluation. *Journal of Experimental Psychology: Human Perception and Performance, 44*(1), 128–138.

Mycroft, A. I. (2022). https://mycroft.ai/. Zugegriffen:15. Nov. 2022.

Norberg, P., Horne, D., & Horne, D. (2007). The privacy paradox: Personal information disclosure intentions versus behaviors. *Journal of Consumer Affairs, 41*(1), 100–126.

Pearl, C. (2016). *Designing voice user interfaces. Principles of conversational experiences. Sebastopol.* O'Reilly Media.

Rhasspy. (2022). https://rhasspy.readthedocs.io/en/latest/. Zugegriffen: 15. Nov. 2022.

Schönherr, L., Golla, M., Eisenhofer, T., Wiele, J., Kolossa, D., & Holz, T. (2020). *Unacceptable, where is my privacy? Exploring accidental triggers of smart speakers.* https://arxiv.org/pdf/2008.00508. Zugegriffen: 15. Nov. 2022.

Seaborn, K., & Urakami, J. (2021). Measuring voice UX quantitatively. In Y. Kitamura, A. Quigley, K. Isbister, & T. Igarashi (Hrsg.), *Extended abstracts of the 2021 CHI conference on human factors in computing systems* (Article 416, S. 1–8). Association for Computing Machinery.

Voicebot.ai, Voices.com, pulselabs. (2019). *What consumers want in voice app design.* https://voicebot.ai/wp-content/uploads/2019/11/what_consumers_want_in_voice_app_design_voicebot.pdf. Zugegriffen: 15. Nov. 2022.

Annebeth Demaeght, M. A. ist seit 2019 wissenschaftliche Mitarbeiterin an der Hochschule Offenburg und unterstützt dort Forschungsvorhaben sowie die Lehre am Lehrstuhl für Direktmarketing und E-Commerce. Ihre Arbeits- und Forschungsgebiete sind u. a. Voice User Experience, stimmbasierte Emotionsmessung, Mediaplanung und Dialogmarketing. Seit Anfang 2020 promoviert sie in Kooperation mit der PH Freiburg zum Thema „Stimmbasierte Emotionsmessung bei der Anwendung sprachgesteuerter Assistenzsysteme".

Prof. Dr. Josef Nerb ist seit 2005 als Professor für Pädagogische Psychologie an der University of Education in Freiburg (PH Freiburg) tätig. Seine Forschungsinteressen verbinden sozial- und emotionspsychologische Ansätze mit Lehren und Lernen. Neben verhaltenswissenschaftlichen empirischen Studien verwendet er Methoden der Künstlichen Intelligenz zur Modellierung von kognitiven und emotionalen Vorgängen.

Prof. Dr. Andrea Müller ist seit 2012 als Professorin für Direktmarketing und E-Commerce an der Hochschule Offenburg tätig. Die Diplomwirtschaftsingenieurin leitete von 2016 bis 2021 verschiedene Masterstudiengänge zum Thema Marketing und E-Commerce. Davor forschte sie fast zehn Jahre am Fraunhofer-Institut für Arbeitswirtschaft und Organisation in Stuttgart. Prof. Müller leitet seit mehr als 25 Jahren Forschungs- und Entwicklungsprojekte in den Themenfeldern Multi-Channel-Management, User Experience und E-Commerce.

Online User Reviews and Goal-Directed Consumer Behavior: A Qualitative Study

Matthias B. Schulten

Contents

Abstract

With the rapid growth of the Internet and the increasing ability of its users to generate and publish content, active online communities have emerged. These online communities often provide a wealth of product information in form of online user reviews, which increasingly affect consumers' perceptions and impressions of products. Several studies suggest that these impressions are influenced by the goals consumers pursue when reading online user reviews. Surprisingly, little research has explicitly linked research on goal-directed consumer behavior and online user reviews. Based on literature analyses and qualitative research the author proposes a framework for such a linkage. The framework provides a theoretical account which allows for the identification of novel constructs that have not been the subject of past research on online user reviews. Moreover, various theoretical and managerial implications can be derived from the framework.

M. B. Schulten (✉)
South Westphalia University of Applied Sciences, Soest, Deutschland
e-mail: Schulten.Matthias@fh-swf.de

© Der/die Autor(en), exklusiv lizenziert an Springer Fachmedien Wiesbaden   195
Gmbh, ein Teil von Springer Nature 2023, Deutscher Dialogmarketing
Verband e. V. (Hrsg.), *Dialogmarketing Perspektiven 2022/2023*,
https://doi.org/10.1007/978-3-658-40753-7_9

Keywords

Online user reviews • Goal-directed consumer behavior • Review-related
goals • Review diagnostics • Review helpfulness

1   Introduction

Online user reviews are user generated product evaluations posted on company or
third party websites. They are becoming more and more popular with consumers
as they offer inspiring and credible first-hand feedback from usage experiences
and create a sense of community on websites (Mudambi & Schuff, 2010, p. 186;
Weber Shandwick, 2010, p. 2; Benlian et al., 2012, p. 241). As a result, they
increasingly shape consumer impressions of websites and products and influence
their purchase processes.

Various studies (e.g. Bailey, 2005; Dabholkar, 2006; Sen & Lerman, 2007;
Mudambi & Schuff, 2010; Kwon & Sung, 2012) suggest that consumers pursue certain goals when reading reviews. Astonishingly, online user reviews have
hardly been researched in the context of consumer goals. This is surprising inso-
far as goals influence the processing of online reviews and consequently the
perception of the products and websites they cover. Against this background the
paper on hand aims at trying to answer the following questions: 1) What is the
state of research regarding online user reviews? 2) How does goal-directed reading of online user reviews affect consumer behavior? 3) Which theoretical and
managerial implications arise?

The paper is organized as follows: First, existing research streams on online
user reviews are discussed. Second, Bagozzi's and Dholakia's (1999) considerations regarding goal setting and goal striving in consumer behavior are introduced.
Third, a new framework linking online user reviews and goal-directed consumer
behavior is developed based on two qualitative studies. Fourth, various managerial and theoretical implications are derived from this framework. The paper
concludes with a short discussion of its limitations and propositions for future
research.

2   Literature Review

As stated in the introduction, online user reviews have hardly been researched
in the context of consumer goals. This is surprising considering that, according

to the author's research, there are more than hundred scientific studies on online user reviews to date.

Most of these studies can be assigned to two research streams. The first research stream is based on market response models which typically focus on aggregate data and observable, quantitative surrogates of the psychological effects of online user review (cf. Mudambi & Schuff, 2010, p. 195). Non-observable, psychological processes play a minor role in these models, which is why they provide only little insight into goal-directed behavior. Figure 1 gives an overview over the most relevant work in this research stream.

The second research stream is based on consumer response models, i.e. models that use individual data and direct measures of non-observable, psychological constructs. These studies allow for deeper insights into the psychological processes behind online user reviews and thus goal-directed behavior. Unfortunately, the number of studies in this research stream is relatively small (cf. Fig. 2). Moreover, they usually concentrate on very specific aspects of online user reviews, e.g. virtual reviewer presence (Naylor et al., 2012), reader self-construal (Kwon & Sung, 2012), or perceived helpfulness of reviews (Yin et al., 2014).

Taken together, it becomes clear from the analysis of these two research streams that research on goal-directed reading of online user reviews is still in its infancy and that there is a need for research in this regard. An examination of the theoretical foundations of goal-directed consumer behaviour should be the starting point for this.

3   Goal Setting and Goal Striving in Consumer Behavior

Goals play an essential role in the purposive behavior of consumers. They are mental images or other end point representations associated with affect toward a specific action, e.g. reading and reflecting online user reviews (Bagozzi & Dholakia, 1999, p. 19).

According to Bagozzi and Dholakia (1999, p. 20 f.) goal-attainment activities follow a certain (circular) sequence in which, figuratively, the consumer addresses seven questions. They assume that after setting a goal (question I: "What are the goals I can pursue, and why do I want to pursue them?"), the consumer is motivated to form a goal intention, which is targeted either at specific acts as end performances or particular outcomes (II: "What is it for which I strive?") to be achieved through the execution of specific plans. The goal intention is then followed by a more specific plan to take action (III: "When, where, how, and how

Study	Research area	Independent key variables – Observable	Independent key variables – Non-observable	Mediating key variables – Observable	Mediating key variables – Non-observable	Dependent key variables – Non-observable	Dependent key variables – Observable	Contextual – Related to signaling	Contextual – Related to screening	Contextual – Related to decision situation	Research data
Godes & Mayzlin (2004)	TV shows	Word-of-mouth (WOM) volume and dispersion	x		x		TV show rating	x	x	x	Secondary data from Nielsen ratings and primary data from usenet newsgroup conversations
Chevalier & Mayzlin (2006)	Books	Average star rating, fraction of one-/five-star reviews, number of reviews, fraction of books with no reviews, review length, price	x		x		Sales ranks on Amazon.com and bn.com	x	x	x	Primary data from amazon.com and bn.com
Clemens, Gao, & Hitt (2006)	Craft beers	Rating dispersion, average of high(low)-end reviews, mean rating, review number	x		x		Sales growth	x	x		Secondary data from ratebeer.com and the Association of Breweries
Chen & Tseng (2011)	Digital cameras, mp3 players	Believability, objectivity, reputation, relevancy, timeliness, completeness, appropriate ease of information, ease of understanding, concise representation	x		x		Quality score	x	x	x	Primary data from amazon.com
Moon, Bergey, & Iacobucci (2010)	Movies	Movie genre, movie type (sequel / original), Motion Picture Association of America (MPAA) rating, running time, production budget, individual viewer rating history, movie genre preference, collective community opinion (e.g. average rating and standard deviation)	x		x		Individual viewer movie rating (incl. trend analysis), movie revenues	Ad spendings for movie	x	x	Primary data from the Yahoo Movies message board, the Rotten Tomatoes Web site, and the Netflix Prize site
Mudambi & Schuff (2010)		Product review extremity star rating, review depth word count	x		x		Percentage of people who found the review helpful	x	x	Product type (search vs. experience)	Primary data from amazon.com
Zhu & Zhang (2010)	Video games	Average game rating, variation of ratings, number of reviews	x		x		Incremental sales	Game popularity	Game online mode	x	Primary data from GameSpot.com and secondary data from NPD
Willemsen et al. (2011)	Cameras, DVD players, running shoes, sunscreen	Purchase price, star rating, elapsed date, length, disclosure real name / location, top 1000 reviewer, expertise claims, review valence, argument density, argument diversity	x		x		Number of useful votes out of total number of votes	x	x	Product type (search vs. experience)	Primary data from amazon.com
Zhou & Duan (2010)	Software	Average user rating, rating variance, number of received user reviews, product price, software age, CNET editorial rating	x		x		Downloads over time	x	x	Total number of software programs listed in category	Primary data from CNET
Baek, Ahn, & Choi (2013)	Diverse (23) product categories	Rating, rating inconsistency, reviewer real name, word count, percentage of negative words (review sentiment), product review number, product price	x		x		Proportion of positive answers to total answers to question asking if the review is helpful	x	x	Product types (search vs. experience; high- vs. low-priced)	Primary data from amazon.com
Ho-Dac, Carson, & Moore (2013)	Blue-ray and DVD players	Amazon sales rank, number of positive (negative) product reviews, advertising expenditures, price, average price of others, total number of models	x		x		Amazon sales rank, number of positive (negative) reviews	Brand strength	x	Category maturity	Primary data from amazon.com and secondary data from Nielsen
Ludwig et al. (2013)	Books	Product star rating (variation), affective content (variation), review quantity, price discount, linguistic style match, percentage of review helpfulness votes	x		x		Conversion rate	x	x	x	Primary data from amazon.com
Floyd et al. (2014)	Meta-analysis of diverse product categories	Review valence, critics' reviews, third-party reviews, product involvement, product benefits, frequency of purchase, geographic setting (U.S.)	x		x		Sales elasticity	x	x	x	Secondary data from literature research
Wang, Liu, & Fang (2015)	Movies, cameras, books	User review variance, user review volume, user review valence, critic review volume, critic review valence, running time, studio, MPAA rating, movie genre	x		x		Sales	Product cost, critic review variance	x	Product extension (extension vs. new product)	Primary data from the Yahoo Movies message board, Metacritic.com, and an experiment; secondary data from BoxOfficeMojo
Kokkodis & Lappas (2015)	Cameras, books	Purchase information (feature vector of uniqueness), star rating, review sentiment, total number of votes of the review, personal information about the reviewer, reviewer badges, review length	x		x		Ratio between helpful votes and the number of total votes	x	x	Product type (search vs. experience)	Primary data from amazon.com
Weathers, Swain, & Grover (2015)	DVD players, laptop computers, digital camcorders, vacuum cleaners, outdoor grills, skin care products	Individual (mean) product evaluation, difference between individual and mean evaluation, product price, reviewer self-claimed expertise, review length, balancing of potential benefits and problems, references to other brands (reviews), description of usage situation, listing of features, number of positive (negative) features	x		x		Review helpfulness votes	x	x	Product type (search vs. experience)	Primary data from amazon.com

Fig. 1 Literature review on market response models (excerpt)

Study	Research area	Independent key variables: Observable	Independent key variables: Non-observable	Mediating key variables: Non-observable	Dependent key variables: Non-observable	Dependent key variables: Observable	Related to signaling	Related to screening	Related to decision situation	Research data
Buda & Zhang (2000)	Stereo receiver	Product rating	Source credibility (experts vs. shoppers)	x	Product attitude	x	x	Information presentation order, message framing (positive vs. negative)	x	Primary data from an experiment
Bailey (2005)	Product review websites; no specific industry/product focus	Gender	Opinion leadership, susceptibility to informational influence		Awareness of product review websites	Extent of usage of product review websites	x	x	x	Primary data from a survey
Smith, Menon, & Sivakumar (2005)	Restaurant	Peer expertise, peer support	Trust in peer recommender	Perceived recommender influence	Preference for recommender	Product choice, search effort, sponsored ad click-through	x	Shopping goal (hedonic vs. utilitarian)	x	Primary data from experiments
Dabholkar (2006)	Rating Web Sites; information search on laptop computers	Provision of information on many alternatives, provision of opportunities for customization (or control) of information	Credibility of Rating Web Site	x	x	Usage of Rating Web Sites	x	x	x	Primary data from qualitative research and an experiment
Kumar & Benbasat (2006)	Music (CD)	Support regarding provision of recommendations and consumer reviews	x	x	Perceived usefulness of the website, social presence of the website	x	x	x	x	Primary data from an experiment (using Amazon.com)
Kwon & Sung (2011)	Digital camera, hotel	x	Self-construal (independent / interdependent)	Review attitudes, brand attitudes	Purchase intentions	x	x	Message framing (promotion- vs. prevention-focused)	x	Primary data from experiments
Sen & Lerman (2007)	Consumer electronics, videos, DVDs, magazines, books, CDs	Review valence (positive / negative)	x	Attributions regarding reviewer motivations (internal or non-product related vs. external or product related)	Review usefulness, review attitude, product attitude	Helpfulness rating	x	Product type (hedonic vs. utilitarian)	x	Primary data from an observation study and two experiments
Bhuian, Titah, & Hess (2012)	Music (CD)	x	Type of online product recommendation (OPR; provider recommendation vs. consumer review)	Trusting beliefs, perceived usefulness of OPR, perceived ease of use of OPR, perceived affective quality of OPR	Intentions to reuse OPR, intentions to purchase based on OPR	Product choice, search effort, sponsored ad click-through	x	x	Product type (search vs. experience)	Primary data from an experiment
Naylor, Lamberton, & West (2012)	Clothing, restaurants	Virtual presence	(Ambiguous) age, gender match with reader	Inferred commonality, sameness of the fans / shoppers, attractiveness of the brand through social media, social influence of the fans / shoppers shown	Brand liking, willingness to interact with their brand through social media, purchase intention	x	x	x	x	Primary data from experiments
Purnawirawan, de Pelsmacker, & Dens (2012)	Hotels	Ratio of positive and negative product reviews, sequence of review presentation	Recall of review information	Review impression, perceived usefulness	Attitude towards the hotel, staying intention	x	x	x	x	Primary data from an experiment
Li et al. (2013)	Mobile phone, laptop	Review authorship (expert written vs. customer written), content abstractness (concrete vs. abstract)	Perceived source credibility, perceived content diagnosticity, perceived vicarious expression	x	Product review helpfulness	x	x	x	x	Primary data from an experiment
Jiménez & Mendoza (2013)	Cell phone, hotel	Level of detail in a review (general review vs. detailed review), agreement among reviewers regarding the evaluation of a product (low vs. high)	x	Review credibility	Purchase intentions	x	x	x	Product type (search vs. experience)	Primary data from experiments
Yin, Bond, & Zhang (2014)	Consumer/Shopping, Yahoo! Shopping websites	Substantive content, rating, length, reading difficulty, store reputation, store popularity	Emotions embedded in reviews (anxiety vs. anger)	Perceived cognitive effort	Perceived review helpfulness	x	x	x	x	Primary data from experiments and from Yahoo! shopping websites

Fig. 2 Literature review on consumer response models

long should I act to achieve my goal?") as well as by an initiation and control of the action (IV: "Am I making progress towards my goal?"). Subsequently the consumer evaluates the success or failure in attaining the goal (V: "To what degree have I achieved/failed to achieve my goal?"), before he uses what he has learned by achieving or not achieving the goal as feedback (VI: "How do I feel about achieving/not achieving my goal?") for future actions (VII: "Which actions will I take?"). Thus, pursuing goals helps him to drive behavior.

Unfortunately, little is known about the process of setting and pursuing goals when reading and reflecting online user reviews. In order to better understand this process and to integrate the existing research, a qualitative research study was conducted.

4   Qualitative Research on Online User Reviews

The qualitative research study was performed in two steps. Firstly, 14 individual interviews were conducted with German consumers who regularly (at least every two weeks) read online user reviews. The interviewees were from different population groups (with/without higher education, single/married, with/without children, employed/self-employed) and age groups (17–64 years). Both sexes were equally represented (50% each), offering as wide an insight as possible into the process of setting and pursuing goals which takes place when a consumer reads online user reviews. These semi-structured, explorative interviews were based on the questions on the process of setting and pursuing goals as detailed in Sect. 3 (questions I to VII; related to the reading of online user reviews).

A focus group followed the interviews, consisting of five retail experts with a strong academic background (master's degree or Ph.D.), at least four years of professional e-commerce experience, and an online shopping experience of at least 15 years. This focus group had two purposes: One was aimed at discussing the interviewees' statements in light of the process of setting and pursuing goals as suggested by Bagozzi and Dholakia (1999, p. 20 f.) and other existing literature. The second aimed at structuring and expanding on these statements. The conceptual article of Bagozzi and Dholakia (1999) was therefore given the experts in advance. Furthermore, the experts received the interview minutes as well as the literature review presented in Figs. 1 and 2.

The results of the qualitative research study are summarized in Fig. 3 using exemplary statements from the 14 interviews, based on the process of setting and pursuing goals suggested by Bagozzi and Dholakia (1999). They will be presented in the following.

#	Process of setting and pursuing goals	Role of online user reviews	Statement 1 from interviews	Statement 2 from interviews	Statement 3 from interviews	Identified variables and constructs
1	Goal setting	Making better decisions more easily	„I was looking for a television recently. So I went to a specialist shop, talked to the sales persons and took some brochures home. In the end, that turned out to be too much for me – a total information overload. I couldn't make out what was really important anymore. In the end, I read through the reviews on Amazon in order to see clearly again." (1, I)	„I tend to collect a lot of information, especially before important purchases. When I bought my washing machine, for example. In addition, I will often check with a review portal to verify my choice. After all, I don't want to make a wrong decision." (2, VI)	„Online user reviews are helpful when you need to make a quick decision. I usually use them to save myself time and stress." (3, X)	• Using available information more effectively • Making more informed purchase decisions • Increasing confidence in product choice • Reducing unnecessary search and evaluation costs • Avoiding emotional stress during the purchase process
2	Goal formation intention	Using reviews as decision-making heuristic	„Before I travel, I will specifically look for hotel reviews." (4, III)	„I like to take my time reading online user reviews. Especially with expensive purchases." (5, IV)	„When I want to make a quick purchase decision, I often read online user reviews. The recommendations there are usually quite helpful." (6, X)	• Intention to read reviews
3	Action planning	Defining attributes (#) to be considered	„I try to make a point of not purely relying on the star ratings for products, but to also look at the text. It amazes me how they sometimes don't correspond at all." (7, II)	„I use Goodreads and also write reviews there. Of course I check to see if my reviews are commented on and how they are rated. But I don't just do that with my own reviews, I also look at others. I go about it rather systematically." (8, XIV)	„A while ago I read a fake hotel review. Since then I have made a point of not only reading the product review, but also checking who wrote it." (9, III)	• Product related attributes • Review related attributes • Reviewer related attributes
4	Action initiation and control	Diagnosing considered attributes	„Usually I check whether the quality of the product is OK and meets my requirements. The amount of product reviews plays a role, since it gives me a feeling for how popular the product is." (10, XIII)	„Some reviewers hit the wrong note completely. I find that very irritating, the walls come right up. Fairness comes first! I also get irritated with fancy reviews that are full of technical terms. What does the reviewer want to prove to me?" (11, IV)	„You keep hearing about fake reviews. I make a point of looking who wrote the review. Is that person trustworthy? Does he know what he is talking about? Both have to be given otherwise the review is worthless in my eyes." (12, XI)	• Product related diagnostics • Review related diagnostics • Reviewer related diagnostics
5	Goal attainment / failure	Evaluating overall review help-/ inefficiency	„In the end, I read reviews to find out which product is the best for me. Reviews should help me here. After all, I want to be sure of my case." (13, VI)	„A star rating alone will not get me to buy something. The content of a review has to convince me, too, otherwise it doesn't help me at all. Some reviews leave me with a rather bad gut feeling." (14, V)	„For me it is decisive that I like the review. If that is not the case, it doesn't matter how. I feel the rating is I will not buy that product." (15, VIII)	• Choice confidence • Review contentment
6	Feedback reactions	Developing cognitive, affective, and conative (re)actions	„If a review supports my rating, I tend even more towards purchasing the product." (16, VI)	„I tend to be more satisfied with pages that offer many good reviews than with pages where that is not the case." (17, IX)	„If a review doesn't satisfy me, I will simply read another. If needs be, I will go to another site to do so." (18, V)	• Purchase intention • Website satisfaction • Intention to read further reviews
7	Reader behavior	Taking review and purchase related actions	„It has actually happened that I bought a product after a user review convinced me of it." (19, VII)	„Amazon has a lot of reviews on its site. They are part of the reason why I regularly visit Amazon.de." (20, VII)	„I like to rate good reviews as 'helpful'. That also has to do with recognition for the reviewer." (21, VII)	• Product purchase • Website visits • Review helpfulness vote
8	Contextual variables	Variables related to decision situation complexity	„I find purchase decisions difficult if there is a wide variety of products to choose from. In those cases I resolve to read reviews especially thoroughly." (22, I)	„I usually only browse through the reviews when I am looking for products that aren't as important to me and where I can easily assess the quality myself." (23, X)	„When buying new products that I don't know much about, I need a lot of information. I read reviews very thoroughly in those cases." (24, IV)	• Product alternatives (#) • Product type • Product innovativeness • Lack of product knowledge
		Variables related to product quality signaling	„If there is a strong brand behind the product, I will trust the brand. I have never actually thought about it much, but there is a possibility that I read less reviews if it is a strong brand." (25, III)	„A good sales rank is a sign for high product quality. In such cases I don't really need to read any more online reviews. Why else would so many people buy that product?" (26, X)	„If the product is rated very good in magazines and by experts, online user reviews are hardly relevant for me." (27, XIII)	• Brand strength • Sales rank • Third-party recommendations
		Variables related to product quality Screening	„How much time I spend on a review depends on my motivation. Sometimes it is more, sometimes less." (28, XIII)	„Sometimes I resolve to read them as thoroughly. But when I'm tired I don't read them as thoroughly, so I might miss something or another." (29, IV)	„With some reviews I simply give up. Recently I was on a site where there were also some Spanish reviews between all the German ones. I didn't understand a word." (30, V)	• Reader motivation to process information • Reader ability to process information

Arabian numeral = Number of interview statement. Roman numeral = Number of interviewee.

Fig. 3 Results of the qualitative research study

Goal setting: In view of the goals pursued when reading online user reviews, the interviews and the subsequent focus group led to the development of a three-tiered goal hierarchy (similar: Bagozzi & Dholakia, 1999, p. 24). It seems reviews are often taken into account in order to more effectively taking advantage of available information during the purchase process (subordinate goal; cf. interview statement 1; Fig. 3; similar: Smith et al., 2005, p. 15). The readers want to make a more informed purchase decision (focal approach goal), respectively avoid unnecessary search and evaluation costs during the purchase process (focal avoidance goal). Lastly, they want to increase their product choice confidence through online user reviews (superordinate approach goal; cf. interview statement 2; Fig. 3; similar: Bailey, 2005, p. 99), respectively avoid (emotional) stress during the purchase process (superordinate avoidance goal; cf. interview statement 3; Fig. 3). Online user reviews therefore aid readers in making better decisions more easily (similar: Dabholkar, 2006, p. 262).

Goal formation intention und action planning: Goal setting is connected to the intention of reading online user reviews (cf. interview statements 4, 5, and 6; Fig. 3). The interviews showed that online user reviews are used as a sort of decision-making heuristic in order to quickly reach satisfactory decisions (similar: Smith et al., 2005, p. 15). In the phase of action planning, the reader defines the review attributes that are to be considered while reading. The attributes mentioned in the interviews can be classed into three groups as follows: product-, review-, and reviewer-related attributes (cf. interview statements 7, 8, and 9; Fig. 3). With regard to product-related attributes, the interviewees very often stated that they take note of the (average) star rating, the review variance and the review volume (similar: Chevalier & Mayzlin, 2006; Clemons et al., 2006; Zhu & Zhang, 2010). However, the review contents were considered as more relevant. Special attention was given to the description of product features and usage situations (similar: Weathers et al., 2015). Review sentiment, too, played a notable role for the interviewees (similar: Kokkodis & Lappas, 2015). Regarding review-related attributes, especially review length, review objectivity, and ease of understanding were an issue (similar: Chen & Tseng, 2011; Weathers et al., 2015). The third category of attributes—reviewer-related attributes—was not mentioned as often as the first two categories. Nonetheless, it was still a regular topic during the interviews since they are often used to discern between real and fake online user reviews. Attributes such as reviewer rank, reviewer history, as well as information on reviewer identity and verified purchases were taken into account in this regard (similar: Moon et al., 2010; Willemsen et al., 2011; Kokkodis & Lappas, 2015). Furthermore, some interviewees noted that they preferred reviews in which the linguistic style of the review author was similar to their own (similar: Ludwig et al., 2013).

Action initiation and control: Action planning is followed by action initiation and control. From the interviews it can be concluded that the diagnosis of the considered attributes is the focus in this phase. Product related attributes were used to rate product quality, product adequacy, and product popularity (cf. interview statement 10; Fig. 3). Review related attributes, on the other hand, play an important role in assessing the review substance, fairness (cf. interview statement 11; Fig. 3), and simplicity. Last but not least, reviewer-related attributes serve to get a picture of the reviewer expertise and trustworthiness (cf. interview statement 12; Fig. 3), as a well as of the congruence between reviewer and reader.

Goal attainment, feedback reactions, and reader behavior: Based on these diagnostics, an assertion of the goal attainment is finally made in the form of an overall evaluation of review usefulness or helpfulness. In how far a review is considered as useful or helpful depends especially on the perceived product choice confidence resulting from the product-related diagnostics, and the review contentment resulting from the review-related diagnostics (cf. interview statements 13, 14, and 15; Fig. 3). Various interview statements (e.g. interview statement 12; Fig. 3) suggest that these relationships are moderated by reviewer-related diagnostics. Choice confidence and review contentment in turn affect the cognitive, affective, and conative reactions of the review reader. According to the interviewees (cf. interview statements 16, 17, and 18, Fig. 3), these are manifested in product purchase intentions, website satisfaction, and intentions to read further reviews, which in turn leads to another run through of all phases (circular process of setting and pursuing goals; cf. Bagozzi & Dholakia, 1999). Eventually, these cognitive, affective, and conative feedback reactions result in review and purchase related actions such as product purchases, review helpfulness votes, and website visits (cf. interview statements 19, 20, and 21; Fig. 3). The interviewees' statements lead to the assumption that choice confidence and review contentment interact with each other. They also suggest that purchase intentions and helpfulness votes apply only when choice confidence and review contentment are both given (cf. interview statements 14 and 15; Fig. 3).

Contextual variables: During the interviews, the interviewees repeatedly mentioned contextual variables which influence the process of setting and pursuing goals. Various statements (cf. interview statements 22, 23, and 24; Fig. 3) suggest that the complexity of the decision-making situation, which depends on product type (high complexity for high-priced experience goods with hedonic character, little complexity for low-priced search goods with utilitarian character; similar: Sen & Lerman, 2007; Mudambi & Schuff, 2010; Willemsen et al., 2011; Benlian et al., 2012; Baek et al., 2013; Jiménez & Mendoza, 2013; Kokkodis & Lappas, 2015; Weathers et al., 2015), product innovativeness (high complexity for products with a high degree of innovativeness; similar: Wang et al., 2015), the number of product alternatives (high complexity for a large amount of product alternatives; similar: Zhou & Duan, 2010), and product knowledge (high complexity for lack of product knowledge), influences the degree of volitional goal setting and pursuing. As a result decision-making situations of reduced complexity go along with rather minimal, widely unconscious goal-directed activities. Consequently, the described process of goal setting and pursuing, when reading online user reviews, is applicable only in part to such purchase decisions (similar: Bagozzi & Dholakia, 1999, p. 20 f.). Furthermore, some statements give evidence that product quality signals such as brand strength (similar: Ho-Dac et al., 2013), sales rank, and other third-party recommendations reduce the intention to read reviews (cf. interview statements 25, 26, and 27; Fig. 3). Last but not least, the statements of the interviewees suggest that variables related to product quality screening, e.g. motivation and ability to process information (cf. interview statements 28 29, and 30; Fig. 3), have a positive effect on the number of review attributes to be considered as well as the intensity of the diagnostics.

The qualitative research study on hand therefore gives broad insight into the process of setting and pursuing goals when reading online user reviews. Fig. 4 summarizes the relationships between the identified variables and constructs in form of a conceptual framework (including attributes that have been object of scientific research [cf. Figs. 1 and 2], but were not specifically addressed by the interviewees in the study). The directions of the arrows in conjunction with the plus or minus signs are to be understood as propositions. They were derived from the interviews and represent the assumed positive or negative effects of one variable on another variable. The theoretical and practical implications of the qualitative research study will be described in the following.

5   Theoretical and Managerial Implications

The study at hand gives important insights how goal-directed reading of online user reviews affects consumer behavior. It has several implications. At least three of them are of theoretical nature: Firstly, it tackles a neglected research topic of high practical relevance. To the best of the author's knowledge it is the first study to look at reading online user reviews in the light of goal-directed consumer behavior using Bagozzi's and Dholakia's (1999) process of setting and pursuing goals as theoretical basis. Secondly, by applying this theoretical basis to online user reviews, the study at hand identifies several mediating variables and constructs

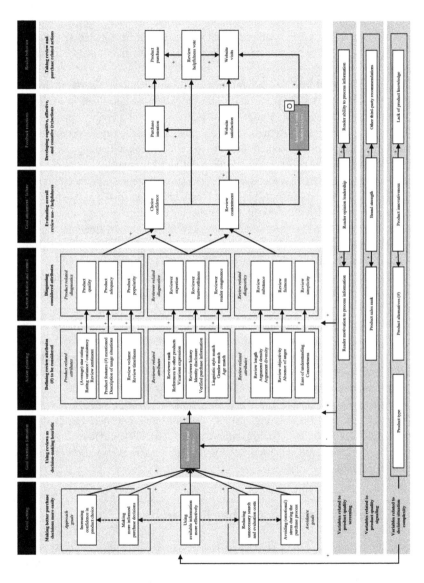

Fig. 4 Process of goal setting and pursuing, when reading online user reviews

such as review simplicity, review fairness, choice confidence, and review content-ment, heretofore widely ignored. As a result, it enhances our understanding of the cognitive and affective processes behind online user reviews. Thirdly, it unco-vers interesting contextual variables that allow for more differentiated statements on the psychological process behind online user reviews than already existing papers.

The study at hand also has several managerial implications. Firstly, it shows that online user reviews are particularly relevant when the consumer is confron-ted with many innovative, high-priced experiential goods of a hedonic nature and perceives few other quality signals (e.g. sales rank or third-party recommendati-ons). Companies whose customers are often in such decision-making situations, should invest enough effort into providing online user reviews. Secondly, the study at hand illustrates that the approach of many companies to concentrate on providing only a few review attributes such as star ratings, is not very effective. The interviews yielded the insight that readers use online reviews to conduct product-, reviewer-, and review-related diagnostics. If a review does not satisfy the reader, he or she will look for further (review) information and possibly leave the website (similar: Smith et al., 2005, p. 31). Companies should there-fore make sure their online user reviews are highly diagnostic regarding product, review, and reviewer. Finally, questions on usability result from such an approach since the extensive provision of review attributes will not only increase the dia-gnosability of a review, but also the evaluation costs for the reader. Especially readers whose ability to process information from online user reviews is not so well developed, might be unable to cope. Therefore it is increasingly relevant for companies to provide the right reviews and review information for each situation in a manner which is easily understood. In this context the deliberate control-ling of the review sequence and the information presentation order, as well as framing of messages become increasingly relevant for companies (cf. Buda & Zhang, 2000; Kwon & Sung, 2012; Purnawirawan et al., 2012). Alternatively, the reader should be offered opportunities for filtering review information (similar: Dabholkar, 2006).

6   Limitations and Further Research

The study at hand is a first step towards a better understanding of how goal-directed reading of online user reviews affects consumer behavior. However, like any study, it has several limitations that may be addressed by further research.

For example, the scope of the qualitative research study can be extended. Additional interviews—especially with consumers outside of Germany, i.e. from other cultures—might help to identify further variables and constructs, as well as improving already obtained insights. Furthermore, it should be noted that the present study is exploratory. Therefore, confirmation of the causal relationships described in Fig. 4 is still pending. Especially quantitative studies in the form of experiments would lend themselves to this end. Last but not least, while the study on hand was able to identify numerous variables and constructs, these must still be further operationalized in order to conduct quantitative research.

Regardless of these limitations, the literature review at the beginning of this paper shows that research on the process of setting and pursuing goals when reading and reflecting online user reviews is still at an early stage. As this is a highly dynamic field, it will offer a wide range of research opportunities for years to come.

References

Baek, H., Ahn, J. H., & Choi, Y. (2013). Helpfulness of online consumer reviews: Readers' objectives and review cues. *International Journal of Electronic Commerce, 17*(2), 99–126.

Bagozzi, R. P., & Dholakia, T. (1999). Goal setting and goal striving in consumer behavior. *Journal of Marketing, 63*(4), 19–32.

Bailey, A. A. (2005). Consumer awareness and use of product review websites. *Journal of Interactive Advertising, 6*(1), 90–108.

Benlian, A., Ryad, T., & Hess, T. (2012). Differential effects of provider recommendations and consumer reviews in e-commerce transactions: An experimental study. *Journal of Management Information Systems, 29*(1), 237–272.

Buda, R., & Zhang, Y. (2000). Consumer production evaluation: The interactive effect of message, framing, presentation order, and source credibility. *Journal of Product & Brand Management, 9*(4), 229–242.

Chen, C. C., & Tseng, Y.-D. (2011). Quality evaluation of product reviews using an information quality framework. *Decision Support Systems, 50*(4), 755–768.

Chevalier, J. A., & Mayzlin, D. (2006). The effect of word of mouth on sales: Online book reviews. *Journal of Marketing Research, 43*(3), 345–354.

Clemons, E. K., Gao, G., & Hitt, L. M. (2006). When online reviews meet hyperdifferentiation: A study of the craft beer industry. *Journal of Management Information Systems, 23*(2), 149–171.

Dabholkar, P. A. (2006). Factors influencing consumer choice of a "Rating Web Site": An experimental investigation of an online interactive decision aid. *Journal of Marketing Theory and Practice, 14*(4), 259–273.

Floyd, K., Freling, R., Alhoqail, S., Cho, H. Y., & Greling, T. (2014). How online product reviews affect retail sales: A meta-analysis. *Journal of Retailing, 90*(2), 217–232.

Godes, D., & Mayzlin, D. (2004). Using online conversations to study word-of-mouth communication. *Marketing Science, 23*(4), 545–560.

Ho-Dac, N. N., Carson, S. J., & Moore, W. L. (2013). The effects of positive and negative online customer reviews: Do brand strength and category maturity matter? *Journal of Marketing, 77*, 37–53.

Jiménez, F. R., & Mendoza, N. A. (2013). Too popular to ignore: The influence of online reviews on purchase intentions of search and experience products. *Journal of Interactive Marketing, 27*(2013), 226–235.

Kokkodis, M., & Lappas, T. (2015). *The effect of disclosing purchase information on review helpfulness: Evidence from Amazon.com.* http://people.stern.nyu.edu/mk3539/files/vp. pdf. Accessed 11 Apr 2016.

Kumar, N., & Benbasat, I. (2006). The influence of recommendations and consumer reviews on evaluations of websites. *Information Systems Research, 17*(4), 425–439.

Kwon, O., & Sung, Y. (2012). Shifting selves and product reviews: Hot the effects of product reviews vary depending on the self-views and self-regulatory goals of consumers. *International Journal of Electronic Commerce, 17*(1), 59–81.

Li, M., Huang, L., Tan, C.-H., & Wei, K.-K. (2013). Helpfulness of online product reviews as seen by consumers: Source and content features. *International Journal of Electronic Commerce, 17*(4), 101–136.

Ludwig, S., de Ruyter, K., Friedman, M., Brüggen, E. C., Wetzels, M., & Pfann, G. (2013). More than words: The influence of affective content and linguistic style matches in online reviews on conversion rates. *Journal of Marketing, 77*(1), 87–103.

Moon, S., Bergey, P. K., & Iacobucci, D. (2010). Dynamic effects among movie ratings, motive revenues, and viewer satisfaction. *Journal of Marketing, 74*, 108–121.

Mudambi, S. M., & Schuff, D. (2010). What makes a helpful online review? A study of customer reviews on Amazon.com. *MIS Quarterly, 34*(1), 185–200.

Naylor, R. W., Lamberton, C. P., & West, P. M. (2012). Beyond the "Like" button: The impact of mere virtual presence on brand evaluations and purchase intentions in social media settings. *Journal of Marketing, 76*, 105–120.

Pan, Y., & Zhang, J. Q. (2011). Born unequal: A study of the helpfulness of user-generated product reviews. *Journal of Retailing, 87*(4), 598–612.

Purnawirawan, N., De Pelsmacker, P., & Dens, N. (2012). Balance and sequence in online reviews: How perceived usefulness affects attitudes and intentions. *Journal of Interactive Marketing, 26*(4), 244–255.

Sen, S., & Lerman, D. (2007). Why are you telling me this? An examination into negative consumer reviews on the web. *Journal of Interactive Marketing, 21*(4), 76–94.

Smith, D., Menon, S., & Sivakumar, K. (2005). Online peer and editorial recommendations, trust, and choice in virtual markets. *Journal of Interactive Marketing, 19*(3), 15–37.

Wang, F., Liu, X., & Fang, E. (2015). User reviews variance, critic reviews variance, and product sales: An exploration of consumer breadth and depth effects. *Journal of Retailing, 91*(3), 372–389.

Weathers, D., Swain, S. D., & Grover, V. (2015). Can online product reviews be more helpful? Examining characteristics of information content by product type. *Decision Support Systems, 79*, 12–23.

Weber, S. (2010). *Buy it, try it, rate it – Study of consumer electronics purchase decisions in the engagement era.* https://www.webershandwick.com/uploads/news/files/ReviewsSu rveyReportFINAL.pdf. Accessed 12 Apr 2016.

Willemsen, L. M., Neijens, P. C., Bronner, F., & de Ridder, J. A. (2011). "Highly Recommended!" the content characteristics and perceived usefulness of online consumer reviews. *Journal of Computer-Mediated Communication, 17*(2011), 19–38.

Yin, D., Bond, S. D., & Zhang, H. (2014). Anxious or angry? Effects of discrete emotions on the perceived helpfulness of online reviews. *MIS Quarterly, 38*(2), 539–560.

Zhou, W., & Duan, W. (2010). Online user reviews and professional reviews: a bayesian approach to model mediation and moderation effects. *ICIS 2010 Proceedings Paper, 256*, 1–17.

Zhu, F., & Zhang, X. (2010). Impact of online consumer reviews on sales: The moderating role of product and consumer characteristics. *Journal of Marketing, 74*, 33–148.

Prof. Dr. Matthias Schulten is Professor for Marketing at South Westphalia University of Applied Sciences. His work and research focuses on online marketing, innovation management and digital business management.

Bezahlen für mehr Privatsphäre: Verbreitung und Ausgestaltung des Pur-Modells bei deutschen Medien

Timo Müller-Tribbensee

Inhaltsverzeichnis

Zusammenfassung

Der österreichische „Standard" war im Mai 2018 die erste Zeitung, welche von Nutzern Geld für Privatsphäre verlangt. Dabei wird der Zugriff auf die Webseite durch einen Banner versperrt, bis sich Nutzer zwischen zwei Alternativen entscheiden – entweder a) Einwilligung in die Sammlung von personenbezogenen Daten mittels Cookies oder b) Abschluss eines kostenpflichtigen Abonnements. Auch bei deutschen Medien findet der Ansatz, für welchen sich der Begriff Pur-Modell etabliert hat, Anklang und wird dort anstelle

T. Müller-Tribbensee (✉)
Goethe-Universität Frankfurt, Frankfurt am Main, Deutschland
E-Mail: mueller-tribbensee@wiwi.uni-frankfurt.de

© Der/die Autor(en), exklusiv lizenziert an Springer Fachmedien Wiesbaden   211
GmbH, ein Teil von Springer Nature 2023, Deutscher Dialogmarketing
Verband e. V. (Hrsg.), *Dialogmarketing Perspektiven 2022/2023*,
https://doi.org/10.1007/978-3-658-40753-7_10

eines sonst üblichen Cookie-Banners eingesetzt. Trotz der Debatte um das kontroverse Prinzip „Bezahlen für mehr Privatsphäre" ist bisher wenig über das Pur-Modell bekannt. Dieser Beitrag beschäftigt sich mit der Verbreitung und Ausgestaltung des Pur-Modells bei deutschen Medien. Die Untersuchung zeigt, dass im November 2022 bereits 22 % der Medien das Pur-Modell verwenden. Der Ansatz hat sich also in der Medienlandschaft von einem Nischenphänomen hin zu einem wichtigen Pfeiler der Monetarisierung entwickelt. Bezüglich der Ausgestaltung kann man nicht von dem einen Pur-Modell, sondern von drei Kategorien – unbeschränkt, Freemium und Hybrid – sprechen, welche sich hinsichtlich des Zugangs zu den Artikeln unterscheiden. Generell ermöglicht die Einwilligungsoption den kostenfreien Zugriff auf Inhalte, geht aber mit einer umfangreichen Liste an Datenverarbeitungen einher. Die datenschutzfreundlichere Bezahlvariante kostet bei den untersuchten Angeboten zwischen 1,99 € und 9,99 € pro Monat, verspricht, keine Daten an Werbetreibende weiterzugeben, beinhaltet aber zumeist ebenfalls die Analyse der Nutzungsdaten für interne Zwecke.

Schlüsselwörter

Pur-Modell • Cookie Banner • Tracking • Privatsphäre • Bezahlschranke • Digitale Geschäftsmodelle

1   Einleitung

Im Mai 2018 überraschte die österreichische Tageszeitung „Der Standard" mit einem neuen Modell zur Monetarisierung der digitalen Inhalte (Der Standard, 2018). Der Zugriff auf die Webseite und Artikel wurde mithilfe eines Banners versperrt und die Nutzer des Online-Nachrichtenportals vor die Wahl zwischen zwei Alternativen gestellt: Entweder a) Einwilligung in die Sammlung von personenbezogenen Daten mittels Cookies und Verwendung für personalisierte Werbung oder b) Abschluss eines Abonnements ohne Werbung und Daten-Tracking (Abb. 1).

In Deutschland waren „Der Spiegel" und „Zeit" die ersten großen Zeitungen, welche im Februar und März 2020 die Idee übernahmen (Der Spiegel, 2020; Grieß, 2020). Seitdem findet der Ansatz, für welchen sich im deutschsprachigen Raum der Begriff Pur-Modell etabliert hat, auch bei deutschen Medien Anklang und wird zumeist auf Webseiten und Apps anstelle eines sonst üblichen Cookie-Banners eingesetzt.

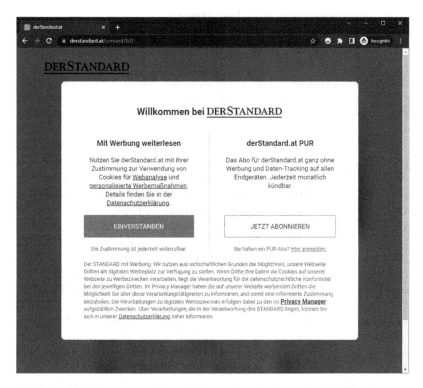

Abb. 1 Pur-Modell der österreichischen Zeitung „Der Standard" (30.11.2022)

Während sich digitale Medien wirtschaftliche Vorteile versprechen, befürchten andere, dass Privatsphäre im Internet bald nur noch gegen Bezahlung möglich ist (Feiler & Schrems, 2018). Gleichzeitig hängt der Zugang zum Schutz der eigenen Daten von der konkreten Ausgestaltung ab, wie beispielsweise dem Preis für die Bezahlvariante oder den Verarbeitungszwecken der Daten im Falle der Einwilligungsoption. Bisher ist allerdings wenig über Pur-Modelle bekannt. Im Rahmen dieses Beitrags sollen daher die folgenden beiden Fragestellungen beantwortet werden:

- Wie verbreitet ist das Pur-Modell bei deutschen Medien?
- Wie sieht die Ausgestaltung des Pur-Modells aus?

2 Hintergründe zum Pur-Modell

2.1 Hinweise auf Unterschiede zwischen Pur-Modellen

Betrachtet man exemplarisch die Pur-Modelle des österreichischen „Standards" und des deutschen „Spiegels", wird deutlich, dass sich die Ausgestaltung der Einwilligungs- und Bezahloption zwischen verschiedenen Medien unterscheiden kann.

Wählt man beim „Standard" die Einwilligungsoption, kann ein Nutzer alle Artikel mit Werbung lesen[1]. Gleichzeitig stimmt man der Verwendung von Cookies für die Webanalyse und personalisierten Werbemaßnahmen zu. Die Bezahloption wiederum ist ein monatliches Abonnement und kostet nach Ablauf der vergünstigen Probemonate 8 € pro Monat. Der Abonnent profitiert davon, die Artikel werbefrei lesen zu können. Weiterhin verspricht „Der Standard", keine Daten über das Nutzungsverhalten zu sammeln, nutzerbezogene Daten zu analysieren oder an Dritte weiterzugeben (Der Standard, 2022).

„Der Spiegel" hingegen unterscheidet zwischen dem Pur-Modell und einer zusätzlichen Bezahlschranke für Premium-Artikel (sogenannte „Spiegel Plus Artikel"). Sowohl die Einwilligungs- als auch die Bezahloption des Pur-Modells ermöglichen in der Basis-Version nur den Zugriff auf einen Teil der Inhalte der Webseite. Um auch die Premium-Artikel lesen zu können, müssen Nutzer für ein zusätzliches Digital-Abonnement bezahlen, welches nicht Bestandteil des Pur-Modells ist. Diese Unterscheidung spiegelt sich auch in der Preisgestaltung wider. Während die Einwilligungsoption kostenfrei ist und mit der Zustimmung zu Werbe- und Analyse-Cookies einhergeht, gibt es für die als monatliches Abonnement gestaltete Bezahloption zwei unterschiedliche Preise. In der Basis-Version zahlen Nutzer 4,99 € pro Monat, Abonnenten der Premium-Version hingegen erhalten die Bezahloption des Pur-Modells zu einem vergünstigten Preis von 1,99 €[2]. Auch beim „Spiegel" ist die Bezahloption an den Vorteil von Werbefreiheit geknüpft. Hinsichtlich des Datenschutzes spricht „Der Spiegel" jedoch von keiner Weitergabe der Daten an Werbetreibende und schließt Nutzeranalysen für interne Zwecke im Gegensatz zum „Standard" nicht aus (Der Spiegel, 2022).

---

[1] Dies umfasst nicht die Artikel des ePapers als digitale Version der Printausgabe, für welche ein zusätzliches Abonnement notwendig ist.

[2] Das „Spiegel Plus Abonnement" für den Zugriff auf die Premium-Artikel kostet nach Ablauf eines vergünstigten Probemonats 19,99 € pro Monat (Stand 30.11.2022).

Es lässt sich schlussfolgern, dass sich die beiden Angebote hinsichtlich der Zugangsbeschränkungen zu den Inhalten sowie bei der Bezahloption beim Preis und der Datenverarbeitung unterscheiden (siehe Tab. 1).

2.2   Auffassungen der Datenschutzbehörden

Mehrere Datenschutzbehörden befassten sich bereits mit der rechtlichen Zulässigkeit des Pur-Modells. Die ausschlaggebenden Regelwerke bilden hierbei die Europäische Datenschutz-Grundverordnung (DSGVO) und die ePrivacy-Richtlinie. Letztere wurde in Deutschland durch das Telekommunikations-Telemedien-Datenschutz-Gesetz (TTDSG) in nationales Recht umgesetzt. Zusammen legen die beiden Gesetze fest, dass Webseiten-Betreiber für die Speicherung von Cookies auf dem Endgerät und die Sammlung von personenbezogenen Daten eines Nutzers eine sogenannte Rechtsgrundlage benötigen. In der Praxis hat sich dabei die Rechtsgrundlage der Einwilligung als Standard etabliert, wobei Nutzer beispielsweise mittels eines Cookie-Banners um ihre Zustimmung gebeten werden (Skiera et al., 2022).[3] Auch beim Pur-Modell greifen Webseiten-Betreiber auf die Einwilligung zurück, indem sie Nutzer vor die Wahl stellen, entweder für den Zugriff auf die Inhalte zu bezahlen oder der Sammlung personenbezogener Daten zuzustimmen.

Bei der Beurteilung der Rechtmäßigkeit der Einwilligung im Pur-Modell kommt der Bedingung der Freiwilligkeit der Entscheidung eine besondere Bedeutung zu (Art. 4 Nr. 11 DSGVO). So muss sichergestellt werden, dass Nutzern eine freie oder echte Wahl möglich ist (Erwägungsgrund 42 DSGVO). Gemäß den Leitlinien zur Einwilligung des Europäischen Datenschutzausschusses kann eine vergleichbare Dienstleistung, für welche keine Einwilligung zur Verwendung personenbezogener Daten notwendig ist, eine freie Wahl ermöglichen (Europäischer Datenschutzausschuss, 2020). Somit stellt sich für das Pur-Modell die Frage, ob die Bezahlvariante als vergleichbare Alternative zur Einwilligungsoption angesehen werden kann.

Die deutsche Datenschutzbehörde äußerte sich in einer Pressemitteilung dem Pur-Modell gegenüber positiv und hält die Möglichkeit einer alternativen

---

[3] Anstelle der Einwilligung könnte die Speicherung von Cookies und Verwendung von personenbezogenen Daten auch auf Basis der Rechtsgrundlage des berechtigten Interesses stattfinden. Im TTDSG stellt dies jedoch eine Ausnahme dar, für welche u. a. der Nachweis erbracht werden müsste, dass der jeweilige Zweck eines Cookies unbedingt erforderlich ist, um den Dienst bereitzustellen. Dies ist beispielsweise im Falle von Cookies zu Werbezwecken mitunter schwierig.

Tab. 1 Vergleich des Pur-Modells von „Standard" und „Spiegel"

	Der Standard		Der Spiegel	
	Einwilligungsoption	Bezahloption	Einwilligungsoption	Bezahloption
Zugang zum Inhalt	Alle Inhalte	Alle Inhalte	Teile des Inhalts/ohne Spiegel Plus Abo Alle Inhalte/mit Spiegel Plus Abo	Teile des Inhalts/ohne Spiegel Plus Abo Alle Inhalte/mit Spiegel Plus Abo
Weitere Vorteile	–	Werbefrei	–	Werbefrei
Preis	Kostenfrei	8 € pro Monat	Kostenfrei	4,99 € pro Monat/ohne Spiegel Plus Abo 1,99 € pro Monat/ mit Spiegel Plus Abo
Datenverarbeitung	Werbe- und Analyse-Cookies	Interne Nutzungsanalysen	Werbe- und Analyse-Cookies	–

kostenpflichtigen Option für denkbar (Der Bundesbeauftragte für den Datenschutz und die Informationsfreiheit, 2020). Ebenfalls bejaht die österreichische Datenschutzbehörde die grundsätzliche Möglichkeit einer Bezahlvariante und urteilte in einer Entscheidung zugunsten eines Webseiten-Betreibers (Österreichische Datenschutzbehörde, 2022). Ähnlich positioniert sich die französische Datenschutzbehörde, welche allerdings betont, dass dies vom jeweiligen Einzelfall abhänge und die Verwendung eines angemessenen Preises voraussetze (Commission Nationale de l'Informatique et des Libertés, 2022).

Mit der möglichen zunehmenden Verbreitung von Pur-Modellen werden sich weitere europäische Datenschutzbehörden positionieren müssen. So kündigte die italienische Datenschutzbehörde bereits an, das Thema zu untersuchen (Garante per la protezione dei dati personali, 2022). Abschließend sei jedoch darauf hingewiesen, dass bisher keine höchstrichterlichen Entscheidungen bezüglich der Rechtmäßigkeit von Pur-Modellen vorliegen und somit nur von einer allgemeinen Tendenz gesprochen werden kann.

3   Studiendesign

3.1   Vorgehensweise zur Messung der Verbreitung des Pur-Modells

Als Ausgangsbasis zur Messung der Verbreitung des Pur-Modells dient eine Liste der Arbeitsgemeinschaft Onlineforschung e. V. von November 2021 mit 374 deutschen Medien (Arbeitsgemeinschaft Onlineforschung e. V., 2021). Gemeinsam decken die einbezogenen Angebote einen Großteil der deutschen Medienlandschaft ab und erreichen fast alle Internet-Nutzer in Deutschland.

Die Verwendung des Pur-Modells kann man in der Regel daran erkennen, dass beim erstmaligen Besuch einer Webseite ein Banner mit der Einwilligungs- und Bezahloption anstelle eines sonst üblichen Cookie-Banners dargestellt wird. Daher wurden im November 2022 die Webseiten der Medien automatisiert aufgerufen und ein Screenshot der jeweiligen Startseite mit dem Cookie-Banner oder Pur-Modell erstellt. Um den erstmaligen Besuch der Webseite technisch sicherzustellen, erfolgte der Aufruf der Webseiten von einer Version des Chrome-Browsers ohne Besuchshistorie und gespeicherte Cookies. Anschließend wurden alle Screenshots manuell geprüft und die besuchten Webseiten in Medien mit und ohne Pur-Modell eingeteilt.

3.2 Vorgehensweise zur Analyse der Ausgestaltung des Pur-Modells

Als Stichprobe für die Auswertung dienen alle Webseiten, für welche zuvor in der Messung die Nutzung eines Pur-Modells festgestellt wurde. Das verwendete Auswertungsschema leitet sich vom Gedanken ab, dass es sich beim Pur-Modell bei beiden Wahlalternativen um ein Austauschgeschäft zwischen der Webseite auf der einen Seite und dem Nutzer auf der anderen Seite handelt. Während Nutzer im Fall der Bezahlvariante Zugang zu den Inhalten gegen Geld erhalten, ermöglicht die Einwilligung in die Sammlung von personenbezogenen Daten den Zugriff mittels einer indirekten Vergütung. In beiden Fällen lässt sich die Austauschbeziehung mithilfe der beiden Dimensionen 1) Leistung des Mediums und 2) Gegenleistung des Nutzers charakterisieren. Im Detail untergliedert sich die Auswertung in die folgenden Aspekte:

1) **Leistung des Mediums**
   - **Zugang zum Inhalt:** Teilweiser oder vollständiger Zugang zu Webseiten-Inhalten
   - **Weitere Vorteile für Nutzer:** Werbefreiheit und sonstige Vorteile
2) **Gegenleistung des Nutzers**
   - **Preis:** Höhe des Preises, Preismodell (z. B. Abonnement) und Vertragslaufzeit
   - **Datensammlung und -verarbeitung:** Einwilligungspflichtige Datenverarbeitungszwecke (Einwilligungsoption), verbleibende Datensammlung und -verarbeitung (Bezahloption)

Alle Daten wurden manuell durch Aufrufe der Webseiten der Medien gesammelt. Als Quelle bei der Datenerhebung dienten zum einen die Banner der Pur-Modelle und zum anderen für Nutzer bereitgestellte Informationsseiten zur Einwilligungs- und Bezahloption. Für jedes Medium wurden die relevanten Auszüge mithilfe von Screenshots dokumentiert und die Informationen über die Ausgestaltung des Pur-Modells in ein Spreadsheet zur Analyse übertragen.

Bei der Erhebung der Datenverarbeitungszwecke der Einwilligungsoption wurde zusätzlich auf ein vom IAB Europe (2019) bereitgestelltes Tool („CMP Validator") zurückgegriffen. Mithilfe des Tools können die Datenverarbeitungszwecke nach Wahl der Einwilligungsoption automatisiert ausgelesen werden. Das Auslesen ist dadurch möglich, dass die eingewilligten Datenverarbeitungszwecke branchenunabhängig in einem standardisierten Format gespeichert werden (IAB Europe, 2022). Die standardisierte Speicherung ermöglicht Webseiten,

Tab. 2 Standardisierte Datenverarbeitungszwecke und zustimmungspflichtige Sonderfunktionen (vgl. IAB Europe, 2022)

Standardisierte Datenverarbeitungszwecke	Zustimmungspflichtige Sonderfunktionen
1. Informationen auf einem Gerät speichern und/oder abrufen	1. Genaue Standortdaten verwenden
2. Auswahl einfacher Anzeigen	2. Geräteeigenschaften zur Identifikation aktiv abfragen
3. Ein personalisiertes Anzeigen-Profil erstellen	
4. Personalisierte Anzeigen auswählen	
5. Ein personalisiertes Inhalts-Profil erstellen	
6. Personalisierte Inhalte auswählen	
7. Anzeigen-Leistung messen	
8. Inhalte-Leistung messen	
9. Marktforschung einsetzen, um Erkenntnisse über Zielgruppen zu gewinnen	
10. Produkte entwickeln und verbessern	

die nutzerindividuellen Zustimmungen zu dokumentieren und an Dritte, wie beispielsweise Werbepartner, weitergeben zu können.

Generell decken die standardisierten Zwecke des IAB Europe alle gängigen Datenverarbeitungen für Webseiten ab[4]. Im Detail aufgelistet betrachtet die Analyse die in Tab. 2 dargestellten vom IAB Europe standardisierten Datenverarbeitungszwecke und zwei weitere zustimmungspflichtige Sonderfunktionen.

4 Ergebnisse der Studie

4.1 Verbreitung des Pur-Modells

Seit der Implementierung des Pur-Modells durch die beiden deutschlandweit bekannten Zeitungen „Spiegel" und „Zeit" im Februar und März 2020 nimmt die Verbreitung des Pur-Modells in der deutschen Medienlandschaft zu. So zeigt die durchgeführte Untersuchung, dass im November 2022 bereits 22 % der untersuchten Medien ein Pur-Modell verwenden (siehe Abb. 2). Die Medien setzen den Banner des Pur-Modells mit der Einwilligungs- und Bezahloption dabei anstelle eines sonst üblichen Cookie-Banners ein. Die Verbreitung beschränkt sich nicht auf eine spezifische Gruppe an Medien. Stattdessen finden sich

---

[4] Einschränkend sei darauf hingewiesen, dass Webseiten auch Daten für weitere, selbst definierte Zwecke sammeln können.

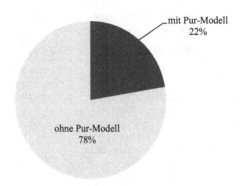

N = 372
Hinweise: Zwei Medien wurden von der ursprünglichen Liste mit 374 Medienangeboten ausgeschlossen.
(Hintergrund: Die Webseite eines Mediums war während des Zeitpunkts der Erhebung nicht erreichbar; ein
zweites Medium verlinkt auf die Webseite eines Mediums, das ebenfalls
Teil der Liste mit 374 Medienangeboten ist)

Abb. 2 Verbreitung des Pur-Modells bei deutschen Medien

Beispiele für die Verwendung des Pur-Modells bei deutschlandweit bekannten Medien, E-Mail-Anbietern, regionalen Zeitungen, Magazinen oder spezialisierten Fachportalen.

4.2   Ausgestaltung des Pur-Modells

4.2.1   Leistung des Mediums

4.2.1.1 Zugang zum Inhalt

Auch vor der Verbreitung des Pur-Modells nutzten einige Medien bereits Bezahlschranken, um Inhalte zu monetarisieren. Dabei müssen Nutzer für den Zugriff auf die Artikel ein Abonnement abschließen. Im Unterschied zum Pur-Modell wird ein solches Abonnement allerdings in der Regel nicht an Leistungen zum Schutz der Privatsphäre gekoppelt, sondern lediglich an den Zugriff zu bestimmten Inhalten. Trotz der Zugriffsbeschränkung mittels einer Bezahlschranke ist es eine gängige Praxis, Nutzern zumindest einen Teil der Inhalte kostenfrei zur Verfügung zu stellen. Meist erfolgt die Monetarisierung der frei verfügbaren Artikel mittels Werbung oder dient der Gewinnung von neuen Abonnenten.

Mit dem Aufkommen des Pur-Modells stellt sich für Medien die Frage, inwieweit Inhalte weiter frei verfügbar bleiben und wie eine bereits zuvor bestehende Bezahlschranke mit dem Pur-Modell kombiniert werden kann. Dies spiegelt sich auch in der Gestaltung des Pur-Modells wider. So zeigt die empirische Analyse, dass sich Pur-Modelle hinsichtlich der Zugangsbeschränkung zum Webseiten-Inhalt[5] in drei Kategorien einteilen lassen:

- **Unbeschränkt:** Sowohl bei Wahl der Einwilligungs- als auch Bezahloption unterliegen die Inhalte der Webseite keinerlei Zugriffsbeschränkung. Nutzer können auf alle Artikel zugreifen. (Beispiel: www.t-online.de)
- **Freemium:** Während die Einwilligungsoption lediglich Zugriff auf einen Teil der Inhalte ermöglicht, bietet die Bezahlvariante Zugang zu allen Inhalten und Artikeln auf der Webseite. (Beispiel: www.rp-online.de)
- **Hybrid:** Der vollumfängliche Zugriff auf die Inhalte ist an eine separate Bezahlschranke geknüpft. In der Basis-Version erhalten Nutzer der Einwilligungs- und Bezahloption lediglich Zugriff auf einen Teil der Inhalte. Für den Zugang zu allen Inhalten und Artikeln müssen Nutzer für ein zusätzliches Digital-Abonnement bezahlen, welches nicht Bestandteil des Pur-Modells ist. So ergeben sich für Nutzer beim hybriden Ansatz vier Kombinationsmöglichkeiten – zum einen die Entscheidung zwischen Einwilligungs- und Bezahloption des Pur-Modells und zum anderen die Wahl zwischen Kauf und Nicht-Kauf des Abonnements für die Premium-Inhalte der zusätzlichen Bezahlschranke. (Beispiel: www.spiegel.de)

Wie in Abb. 3 dargestellt, findet sich am häufigsten die unbeschränkte Version des Pur-Modells (71 %), welche den Trade-off zwischen kostenloser Nutzung mit Datenweitergabe und bezahltem Zugriff mit Privatsphäre deutlich offenlegt. Seltener treffen Nutzer auf den hybriden (19 %) und Freemium-Ansatz (10 %), welche beide besonders für Medien in Betracht kommen, die schon vor Implementierung des Pur-Modells eine Bezahlschranke nutzten.

4.2.1.2 Weitere Vorteile für Nutzer

Während die Einwilligungsoption in der Regel lediglich Zugriff auf die Inhalte der Webseite gestattet, stechen bei der Bezahlvariante insbesondere zwei weitere Vorteile für Nutzer heraus. Als Erstes bieten Medien die Bezahloption zumeist als werbefreie Nutzung an (90 %). Oftmals wird dies auch als „nahezu werbefrei" bezeichnet und mit dem Hinweis versehen, dass Eigenwerbung oder Werbung in Drittinhalten wie Podcasts nicht entfernt werden kann. Als Zweites kombinieren mehrere Medien die Bezahloption zu gemeinsamen Angeboten, sodass Nutzer mit nur einem Abonnement der die Privatsphäre schützende Zugriff auf die Webseiten

---

[5] Dies schließt nicht die Inhalte von digitalen Printausgaben (ePaper) mit ein.

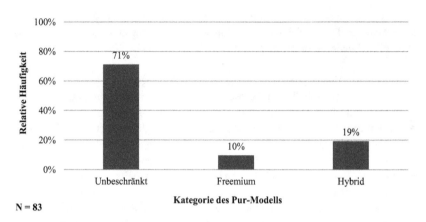

Abb. 3 Häufigkeit der drei Kategorien von Pur-Modellen

mehrerer Medien ermöglicht wird (37 %). Dabei handelt es sich zum einen um Webseiten, die sich einem größeren Netzwerk eines Anbieters anschließen, und zum anderen um Medien, die Teil von Verlagen mit mehreren Angeboten sind.

4.2.2 Gegenleistung des Nutzers

4.2.2.1 Preis

Im Austausch gegen die Einwilligung zur Nutzung der personenbezogenen Daten sind die Inhalte oder zumindest Teile davon bei allen betrachteten Medien kostenfrei zugänglich. Demgegenüber beinhaltet die Bezahlvariante eine monetäre Vergütung seitens des Nutzers. Durchwegs handelt es sich bei den untersuchten Pur-Modellen bei der Bezahloption um ein Abonnement, welches Nutzer für eine vereinbarte Mindestlaufzeit abschließen. Der überwiegende Teil der Medien bietet den Nutzern an, das Abonnement monatlich kündigen zu können (86 %). Seltener finden sich Angebote mit einer jährlichen (13 %) oder wöchentlichen Kündigungsmöglichkeit (1 %).

Wie in Abb. 4 dargestellt, variieren die Preise der Bezahloption zwischen 1,99 € bis zu 9,99 € pro Monat inklusive Mehrwertsteuer. Unterteilt man die Preise nach der Kategorie des Pur-Modells, finden sich die teuersten Angebote mit einer Spanne zwischen 4,35 € und 9,99 € bei Freemium-Modellen. Dies lässt sich möglicherweise darauf zurückführen, dass die beiden Vorteile, Privatsphäre und Zugriff auf Premium-Inhalte, beim Freemium-Ansatz in einem Angebot vereint werden. Mit einer Preisspanne zwischen 1,99 € und 4,99 € finden sich

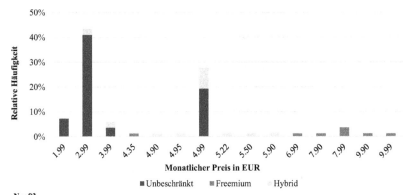

N = 83
Hinweise: Alle Preise auf Monatsbasis (ohne Preisnachlässe, Rabattaktionen und Probezeiträume/Angebot mit kürzester Mindestlaufzeit)

Abb. 4 Häufigkeit der Preise für die Bezahloption (unterschieden nach Kategorie)

vergleichsweise günstigere Angebote beim unbeschränkten Pur-Modell, welches bei der Einwilligungs- und Bezahloption den Zugriff auf alle Inhalte der Webseite erlaubt.

Eine Besonderheit stellen die hybriden Pur-Modelle dar. Dabei kostet die Bezahlvariante in der Regel zwischen 2,99 € und 5,90 € pro Monat. Allerdings bedienen sich elf der 16 Medien mit hybridem Pur-Modell einer sogenannten Bundling-Strategie. Das bedeutet, dass Nutzer die Bezahloption zu einem rabattierten Preis kaufen können, wenn sie ebenfalls das zusätzliche Abonnement für Premium-Inhalte abschließen. Im Schnitt beläuft sich das vergünstigte Angebot der Bezahloption des Pur-Modells auf 40 % des ursprünglichen Preises.

4.2.2.2 Datensammlung und -verarbeitung
Bei der Einwilligungsoption handelt es sich um eine indirekte Gegenleistung des Nutzers. Normalerweise bitten Webseiten Nutzer um die Freigabe mehrerer unterschiedlicher Datenverarbeitungen. Es stellt sich die Frage, für welche Zwecke die Zustimmung erteilt werden muss, um Zugriff auf die Inhalte der Medien zu erhalten.

Als Erstes wurde analysiert, für welche Zwecke bei den Pur-Modellen zugestimmt werden soll. Hier zeigt sich, dass die Webseiten grundsätzlich eine Zustimmung zu allen zehn standardisierten Verarbeitungszwecken erfragen (100 %). In 33 % der Fälle werden Nutzer ebenfalls um die Zustimmung zu einer oder beiden zustimmungspflichtigen Sonderfunktionen gebeten (siehe Abb. 5).

N = 83

* *Die zehn standardisierten Datenverarbeitungszwecke sind (1) Informationen auf einem Gerät speichern und/oder abrufen, (2) Auswahl einfacher Anzeigen, (3) ein personalisiertes Anzeigen-Profil erstellen, (4) personalisierte Anzeigen auswählen, (5) ein personalisiertes Inhalts-Profil erstellen, (6) personalisierte Inhalte auswählen, (7) Anzeigen-Leistung messen, (8) Inhalte-Leistung messen, (9) Marktforschung einsetzen, um Erkenntnisse über Zielgruppen zu gewinnen, und (10) Produkte entwickeln und verbessern.*
** *Die zustimmungspflichtigen Sonderfunktionen sind (1) genaue Standortdaten verwenden und (2) Geräteeigenschaften zur Identifikation aktiv abfragen*

Abb. 5   Datensammlung und -verarbeitung bei der Einwilligungsoption

Als Zweites wurde untersucht, ob die Webseiten Nutzern eine granulare Wahlmöglichkeit für die verschiedenen Datenverarbeitungszwecke erlauben. Hierbei ergaben eigene Tests, dass es bei 93 % der Webseiten nicht möglich war, die Zustimmung für einzelne oder mehrere Zwecke kostenfrei zu verweigern. Entweder bieten die Banner des Pur-Modells keine zweite Ebene mit einer granularen Wahlmöglichkeit oder die Banner erscheinen nach Abwahl einzelner Zwecke wieder und versperren erneut die Inhalte der Webseite. Die überwiegende Mehrheit der Medien setzt demzufolge voraus, dass Nutzer in alle auf dem Banner erläuterten Datenverarbeitungen einwilligen.

In Summe ermöglichen die Einwilligungen eine Vielzahl von Anwendungsfällen. Dabei verfolgen Medien insbesondere zwei Intentionen – zum einen die Vermarktung der eigenen Angebote und zum anderen die Monetarisierung mittels Werbung. Letzteres bedeutet in der Regel, dass das Browsingverhalten des Nutzers von der Werbeindustrie gesammelt und für die Auswahl von Werbeanzeigen verwendet wird. Zusammenfassend kann somit bei der Einwilligungsoption davon ausgegangen werden, dass die Daten für die Weitergabe an Werbetreibende, Nutzeranalysen und die Personalisierung von Inhalten und Angeboten genutzt werden.

Im Gegensatz dazu liegt der Vorteil der Bezahlvariante darin, dass Nutzer keine Zustimmung zur Verarbeitung der Daten geben müssen. Nichtsdestotrotz ist es notwendig, dass Webseiten auch bei der Bezahloption personenbezogene Daten der Nutzer verarbeiten. In allen Fällen ist dies für die Bereitstellung der Rechnung oder den Log-in für das Abonnement notwendig. Denkbar sind aber auch weitere Anwendungsfälle, wie zum Beispiel die Optimierung der Webseite. Daher wurden im Zuge der Analyse auch die Datensammlung und -verarbeitung beleuchtet, die bei der Bezahloption verbleiben.

Fast alle Medien beschreiben den Schutz der Privatsphäre bei der Bezahlvariante auf dem Banner des Pur-Modells mit einer der drei Formulierungen „ohne/frei von Werbetracking" (65 %), „ohne/frei von Tracking" (17 %) oder „ohne/frei von personalisiertem Tracking" (14 %). Sonstige Bezeichnungen finden sich nur bei 4 % der Webseiten. Betrachtet man die Details auf den Informationsseiten der Medien, stellen sich zwei Kategorien an Bezahloptionen mit unterschiedlichen Datenschutzversprechen heraus. Die erste und häufigere Art beinhaltet Pur-Modelle, welche Werbetracking, also die Sammlung und Weitergabe von Daten zu Werbezwecken, ausschließen (90 %). Viele der Medien weisen explizit darauf hin, dass weiterhin interne Nutzungsanalysen oder Reichweitenmessungen durchgeführt werden. Ein weiter umfassendes Datenschutzversprechen findet sich bei der zweiten Kategorie. So sprechen Medien bei den Bezahloptionen der zweiten Kategorie davon, dass die Daten weder für Werbezwecke gesammelt noch für interne Nutzungsanalysen verwendet werden (10 %). Zusammenfassend können Nutzer der Bezahloption in den meisten Fällen aber davon ausgehen, dass die eigenen Daten zwar nicht an Werbetreibende weitergegeben, das Verhalten auf der Webseite jedoch weiterhin intern analysiert wird.

5   Fazit

Im Rahmen dieses Beitrags wurde festgestellt, dass bereits 22 % der untersuchten Medien das Pur-Modell anstelle eines Cookie-Banners einsetzen. Die schnelle Verbreitung innerhalb von zweieinhalb Jahren lässt darauf schließen, dass weitere Webseiten folgen werden. Auch im europäischen Kontext könnten Pur-Modelle zunehmend an Bedeutung gewinnen. Schließlich handelt es sich mit der einheitlichen Privatsphäre-Regulierung europaweit um den gleichen Rechtsrahmen.

Bezüglich der Ausgestaltung kann man nicht von dem einen Pur-Modell, sondern von drei Kategorien – unbeschränkt, Freemium und Hybrid – sprechen, welche sich hinsichtlich des Zugangs zum Inhalt unterscheiden. Aus Perspektive der Nutzer ist sicher für alle drei Kategorien positiv anzumerken, dass das Pur-Modell weiterhin einen kostenfreien Zugang zu Inhalten oder zumindest zu Teilen davon ermöglicht. Die kostenlose Nutzung geht allerdings mit einer umfangreichen Liste an Datenverarbeitungszwecken einher. Medien ist es so möglich, die personenbezogenen Daten an Dritte, beispielsweise für die Personalisierung von Anzeigen und Inhalten oder die Analyse des Nutzerverhaltens, weiterzugeben.

Demgegenüber schränken Medien die Verarbeitungszwecke bei der kostenpflichtigen Bezahlvariante deutlich ein. Während es notwendig ist, Daten für die Rechnung, die Registrierung und den Log-in zu verarbeiten, ist es für Nutzer möglicherweise überraschend, dass auch bei der datenschutzfreundlicheren Alternative oftmals Nutzungsdaten für interne Analysen verwendet werden. Preislich bewegen sich die Angebote in einer relativ breiten Spanne zwischen 1,99 € und 9,99 € pro Monat. Für Nutzer kommt es tendenziell wahrscheinlich nicht infrage, die Bezahloption bei einer Vielzahl von Medien zu kaufen. Die Zusammenschlüsse über mehrere Medien zu einem Abonnement bilden daher ein nutzerfreundliches Angebot, um den Schutz der eigenen Daten auf einer Vielzahl von Webseiten zu ermöglichen.

Abschließend sei darauf hingewiesen, dass die rechtliche und inhaltliche Debatte um Pur-Modelle in den nächsten Jahren sicherlich noch weitergeführt und konkretisiert wird. Ähnlich wie bei Cookie-Bannern, werden sich die Datenschutzbehörden und Gerichte mit der detaillierten Ausgestaltung der Pur-Modelle befassen müssen, um rechtlich zulässige und nicht zulässige Bestandteile zu definieren.

Danksagung Dieser Beitrag wurde mit Mitteln des ERC Advanced Investigator Grants „Economic Consequences of Restrictions on the Usage of Cookies" gefördert. Besonderer Dank gilt der Unterstützung und den wertvollen Hinweisen von Prof. Dr. Bernd Skiera, Prof. Dr. Klaus Miller, Yuxi Jin und Lukas Fischer.

Literatur

Arbeitsgemeinschaft Onlineforschung e. V. (2021). *Daily digital facts.* https://www.agof. de/download/ddf_november_2021_angebote_ranking_digital-pdf/?wpdmdl=27622&ref resh=638cd95c7a7931670175068. Zugegriffen: 1. Nov. 2022.

Commission Nationale de l'Informatique et des Libertés. (2022). *Cookie walls: La CNIL publie des premiers critères d'évaluation.* https://www.cnil.fr/fr/cookies-et-autres-tra ceurs/regles/cookie-walls/la-cnil-publie-des-premiers-criteres-devaluation. Zugegriffen: 22. Nov. 2022.
Der Bundesbeauftragte für den Datenschutz und die Informationsfreiheit. (2020). *EDSA aktualisiert Leitlinien zur Einwilligung bei Internetseiten.* https://www.bfdi.bund.de/Sha reddocs/Pressemitteilungen/DE/2020/10_Leitlinien-Einwilligung-Internet-aktualisiert. html. Zugegriffen: 22. Nov. 2022.
Der Spiegel. (2020). *Werbung oder nicht? Sie haben die Wahl.* https://www.spiegel.de/backst age/spiegel-de-ohne-werbung-oder-nicht-sie-haben-die-wahl-a-81628063-a527-4c84-aa00-5ded37933bb4. Zugegriffen: 22. Nov. 2022.
Der Spiegel. (2022). *Wollen Sie SPIEGEL.de ohne Werbetracking und weitestgehend ohne Werbung nutzen?* https://abo.spiegel.de/de/c/microsites/werbefreilesen/abo. Zugegriffen: 22. Nov. 2022.
Der Standard. (2018). *Datenschutz auf Augenhöhe: Wie DER STANDARD die neue Daten-schutzgrundverordnung umgesetzt hat.* https://web.archive.org/web/20180526052850/ https://derstandard.at/2000080168278/Datenschutz-auf-Augenhoehe. Zugegriffen: 22. Nov. 2022.
Der Standard. (2022). *Fragen & Antworten.* https://abo.derstandard.at/fragen-antworten/. Zugegriffen: 22. Nov. 2022.
Europäischer Datenschutzausschuss. (2020). Leitlinien 05/2020 zur Einwilligung gemäß Verordnung 2016/679. Selbstverlag.
Feiler, L., & Max, S. (2018). *Cookies oder Zahlen: Für und Wider zum Datenschutz-Spruch.* https://www.derstandard.at/story/2000093545236/cookies-oder-zahlen-ein-fuer-und-wider-zur-datenschutz-entscheidung. Zugegriffen: 30. Nov. 2022.
Garante per la protezione dei dati personali. (2022). *Il Garante privacy apre istruttorie su uso dei cookie wall.* https://www.garanteprivacy.it/home/docweb/-/docweb-display/docweb/ 9816536. Zugegriffen: 22. Nov. 2022.
Grieß, A. (2020). *Auch Zeit Online startet werbereduziertes Pur-Abo.* https://www.turi2.de/ aktuell/auch-zeit-online-startet-werbereduziertes-pur-abo/. Zugegriffen: 21. Nov. 2022.
IAB Europe. (2019). *IAB Europe's CMP Validator for the Transparency & Con-sent Framework (TCF).* https://iabeurope.eu/all-news/iab-europes-cmp-validator-for-the-transparency-consent-framework-tcf/. Zugegriffen: 21.Nov. 2022.
IAB Europe. (2022). *IAB Europe Transparency & Consent Framework Policies.* https://iab europe.eu/iab-europe-transparency-consent-framework-policies/. Zugegriffen: 21. Nov. 2022.
Österreichische Datenschutzbehörde. (2022). *FAQ zum Thema Cookies und Datenschutz: Stand 25. Mai 2022.* https://www.dsb.gv.at/download-links/FAQ-zum-Thema-Cookies-und-Datenschutz.html#Frage_9. Zugegriffen: 22. Nov. 2022.
Skiera, B., Miller, K. M., Jin, Y., Kraft, L., Laub, R., & Schmitt, J. (2022). *The impact of the general data protection regulation (GDPR) on the online advertising market.* Selbstverlag.

Timo Müller-Tribbensee ist wissenschaftlicher Mitarbeiter am Lehrstuhl für Electronic Commerce der Goethe-Universität Frankfurt. Zuvor studierte er Betriebswirtschaftslehre an der Universität Regensburg sowie der Murray State University, Kentucky. Nach dem Studium arbeitete er als Senior Consultant für eine Unternehmensberatung, die sich mit der Entwicklung von statistischen Prognosemodellen befasst.

Seine primären Forschungsinteressen liegen im Bereich der digitalen Geschäftsmodelle und der ökonomischen Auswirkungen der Regulierung von Privatsphäre. Einen weiteren Interessenschwerpunkt stellt die Erforschung des praktischen Einsatzes von Technologien zum Schutz der Privatsphäre dar. In seinen Projekten arbeitet er primär datengetrieben und auf Basis empirischer Methoden.

Alfred Gerardi Gedächtnispreis 2022

Mit dem Alfred Gerardi Gedächtnispreis zeichnet der Deutsche Dialogmarketing Verband (DDV) seit 1986 herausragende Abschlussarbeiten aus, die an deutschsprachigen Hochschulen verfasst wurden. Ziel des Wettbewerbs, der im Gedenken an den 1985 überraschend verstorbenen damaligen DDV-Präsidenten Alfred Gerardi ausgeschrieben wird, ist die Förderung der wissenschaftlichen Auseinandersetzung mit dem Dialog- und Data-Driven-Marketing. Über mehr als drei Jahrzehnte wurden bislang bereits fast 1000 Arbeiten eingereicht, die mit ihren Themen die Entwicklung des Dialogmarketings seit den 1980er-Jahren widerspiegeln. Langjähriger Exklusiv-Sponsor des Preises ist die Printus GmbH.

Im Jahr 2022 wurden insgesamt vier Arbeiten[1] ausgezeichnet und die Gewinner konnten Urkunden und Geldpreise in Höhe von insgesamt 7500 € in Empfang nehmen: eine Dissertation, zwei Master- und eine Bachelorarbeit. Ausgezeichnet wurden Arbeiten, die sich mit aktuellen Themen des Dialogmarketings befassen, etwas Neues aufgreifen und im Ergebnis einen Wissensfortschritt mit verwertbaren Ergebnissen für die Marketingpraxis erbringen. Selbstverständlich müssen die Arbeiten dabei auch wissenschaftlichen Ansprüchen genügen.

Die Jury bilden namhafte Hochschulprofessoren und erfahrene Praktiker. 2022 waren dies unter dem Vorsitz von Bernd Ambiel (Ambiel Direkt-Marketing-Beratung): Robert Bidmon (Lehrbeauftragter Privatuniversität Schloss Seeburg), Norbert Briem M. A. (Jahns and Friends, Agentur für Dialogmarketing und Werbung AG), Prof. Dr. Gert Hoepner (Fachhochschule Aachen), Christian Klöver (below GmbH), Prof. Dr. Andrea Müller (Hochschule Offenburg), FH-Prof.

---

[1] Da zwei der eingereichten Masterarbeiten nach dem Urteil der Jury gleichwertig waren, wurde der Preis für die beste Masterarbeit geteilt.

Mag. Rametsteiner, FH St. Pölten, und Prof. Dr. Silvia Zaharia, Hochschule Niederrhein.

Über alle Details des Alfred Gerardi Gedächtnispreises informiert eine eigene Website www.aggp.de, über die stets die Informationen zur aktuellen Phase des Wettbewerbs (Ausschreibung, Teilnahmebedingungen, Einsendeschluss, Preisträger, Preisverleihung etc.) abgerufen werden können.

Die „Bibliothek" des Wettbewerbs auf der Website gibt darüber hinaus einen (fast) vollständigen Überblick über die Einreichungen der vergangenen Jahrzehnte: Eine Kurzfassung der meisten Arbeiten kann direkt eingesehen werden, die komplette Arbeit kann bei Interesse gegen Schutzgebühr auch bestellt werden. Sollten Arbeiten in Buchform veröffentlicht worden sein, so finden sich hier die bibliografischen Angaben.

Die Arbeiten der Preisträger 2022

Beste Dissertation

Moritz Tischer

„Customer Experience Management in Business-to-Business-Märkten – Eine branchenübergreifende Untersuchung zu Konzeption, Messung und Wirkungen"
Universität Mannheim Betreuer:
  Prof. Dr. Dr. h. c. mult. Christian Homburg.

Management Summary

Das Management der gesamten Kundenerfahrung (engl. Customer Experience; CX) in B2B-Märkten ist gegenwärtig sowohl für die Praxis als auch die Wissenschaft von höchster Relevanz. Für die Praxis zeigt sich die Relevanz daran, dass B2B-Kunden die Wertschöpfung in Geschäftsbeziehungen nicht mehr anhand einzelner Transaktionen, sondern anhand der gesamten CX bewerten. Eine wertschöpfende CX hat sich so noch vor dem Preis und der Qualität zum wichtigsten Kriterium bei der Anbieterwahl entwickelt. Vor diesem Hintergrund gilt eine wertschöpfende CX gegenwärtig als ein fundamentaler Erfolgsfaktor für den Aufbau langfristiger Kundenbeziehungen und für die Erzielung nachhaltiger Wettbewerbsvorteile. Trotz signifikanter Investitionen scheitern aktuell jedoch bis zu 80 % der B2B-Unternehmen an der Ausgestaltung einer wertschöpfenden CX. Vor diesem Hintergrund gehört die Frage, welche grundlegenden organisationalen Kompetenzen B2B-Unternehmen dazu befähigen, eine wertschöpfende CX zu generieren, sicherlich zu den zentralen Handlungsfeldern der Betriebswirtschaftslehre. In der betriebswirtschaftlichen Forschung existieren bisher jedoch keine B2B-spezifischen Untersuchungen, die sich mit der Fragestellung organisationaler Kompetenzen im Kontext der B2B CX auseinandersetzen. Im Ergebnis ist daher eine deutliche Diskrepanz zwischen praktischer Relevanz und wissenschaftlich fundierten Erkenntnissen festzustellen.

An dieser Stelle setzt die vorliegende Dissertation an, indem im Rahmen von zwei empirischen Studien das übergeordnete Ziel verfolgt wird, das derzeit rudimentäre Verständnis zu organisationalen Kompetenzen im Kontext der B2B CX zu erweitern. Konkret bezieht sich Studie I auf eine bisher fehlende konzeptionelle Durchdringung der Customer-Experience-Management-Kompetenz (CXMK) zur wertschöpfenden Ausgestaltung der CX in B2B-Märkten. Studie I umfasst daher

1. die Konzeptualisierung von CXMK,
2. die Abgrenzung von CXMK zu in der B2B-Forschung weitverbreiteten organisationalen Kompetenzen sowie
3. die Entwicklung einer CXMK-Typologie.

Hierzu wurden 56 branchenübergreifende Tiefeninterviews mit B2B-Managern sowie drei Validierungsworkshops mit Wissenschaftlern und B2B-Entscheidern durchgeführt. Folgende Kernergebnisse und Praxisimplikationen ergeben sich aus Studie I:

1. CXMK ist eine Kompetenz dritter Ordnung, bestehend aus drei Konstruktdimensionen. Die Konzeptualisierung liefert B2B-Praktikern ein branchenübergreifendes Verständnis zur systematischen Entwicklung und Implementierung von CXMK.
2. CXMK unterscheidet sich von bisherigen Kompetenzen bspw. in Bezug auf den Ressourceneinsatz oder die Zielsetzung. Die Ergebnisse liefern B2B-Managern ein tiefgreifendes Konzeptverständnis sowie differenzierte Erkenntnisse für den zielbasierten Aufbau organisationaler Kompetenzen.
3. In Abhängigkeit von vier B2B-spezifischen Kontingenzfaktoren ergeben sich drei grundlegend unterschiedliche CXMK-Typen. Die Ergebnisse liefern Managern ein differenziertes Verständnis für einen effizienten und effektiven Ressourceneinsatz in heterogenen B2B-Märkten.

Studie II beschäftigt sich mit der Customer-Journey-Management-Kompetenz (CJMK). Die CJMK gilt als integraler Bestandteil der CXMK und zielt auf die

gesamtheitliche und wertschöpfende Ausgestaltung aller Kontaktpunkte innerhalb von Customer Journeys ab. Bisher fehlt es jedoch an B2B-spezifischen
Untersuchungen, weshalb sich Studie II neben

1. der Erarbeitung einer Konzeptualisierung und Operationalisierung von B2B
   CJMK auch auf
2. die Untersuchung positiver und negativer Wirkungen von CJMK im Kontext von
   Kontingenzfaktoren fokussiert.

Hierzu wurde ein branchenübergreifender Datensatz erhoben, bestehend aus 38 Tiefeninterviews, einem Managerworkshop, 612 Managerbefragungen sowie Sekun-
därdaten des finanziellen Unternehmenserfolgs (n = 612). Auf Basis der Daten-
analyse konnten folgende zentrale Ergebnisse und Praxisimplikationen gewonnen
werden:

1. CJMK ist eine Kompetenz zweiter Ordnung und manifestiert sich in vier
   Konstruktdimensionen. Die Ergebnisse liefern B2B-Managern ein klares Verständnis für eine systematische Entwicklung und Implementierung von CJMK.
   Darüber hinaus liefern die Ergebnisse eine empirisch fundierte sowie einfach
   und branchenübergreifend anwendbare Messskala, die in der B2B-Praxis als
   Diagnoseinstrument genutzt werden kann, um potenzielle Defizite der CJMK
   festzustellen und fundierte Entscheidungen zur Ressourcenallokation abzuleiten.
2. Unter Verwendung objektiver Daten zeigt die Studie, dass CJMK durch zwei
   gegensätzliche Mechanismen auf den finanziellen Unternehmenserfolg wirkt.
   Zum einen geht mit CJMK eine Erhöhung der Kundenloyalität einher, zum anderen aber auch eine Erhöhung der kundenbezogenen Koordinationskosten. Beide
   Mechanismen wirken sich gegenläufig auf den finanziellen Erfolg eines Unternehmens aus. Nichtsdestotrotz überwiegt der positive Gesamteffekt durch CJMK
   deutlich. Weiterhin zeigt die Studie auf, dass die Effektivität von CJMK durch
   Kontingenzfaktoren bezogen auf die Dynamik und den Unternehmenstyp beeinflusst wird. Die Ergebnisse liefern B2B-Managern ein differenziertes Verständnis
   zu den Wirkungsweisen von CJMK und identifizieren diese als einen elemen-
   taren Treiber des Kunden- und finanziellen Unternehmenserfolgs, wodurch die
   Studie eine starke Investitionsrechtfertigung gegenüber dem Top-Management
   vermittelt. Darüber hinaus zeigt diese Studie Wege auf, wie B2B-Praktiker
   ihre kundenbezogenen Koordinationskosten senken können, um die Effektivität von CJMK zu erhöhen. Schließlich verdeutlichen die Ergebnisse, dass
   B2B-Entscheidungsträger CJMK nicht als universelle Einheitslösung betrachten
   dürfen, sondern im Kontext der Rahmenbedingungen ausgestalten müssen.

Beste Masterarbeiten

Jürgen Resch

„Unterschiede in der Wirkung von computer-generated Social-Media-InfluencerInnen im Vergleich zu menschlichen Social-Media-InfluencerInnen in der Fashionbranche auf die Glaubwürdigkeit und die Kaufabsicht bei ÖsterreicherInnen zwischen 18 und 35 Jahren"

FH St. Pölten

Betreuer: FH Prof. Dr. Markus Eiselsberg, FH Prof. Ing Dr. Harald Wimmer.

Management Summary

Durch zahlreiche Befunde wurde validiert, dass Social-Media-InfluencerInnen imstande sind, die Kaufentscheidung, die Glaubwürdigkeit und die Kaufabsicht von KonsumentInnen positiv zu beeinflussen. Erkenntnisse über die Wirkung von computer-generated Social-Media-InfluencerInnen der Fashionbranche sind bisher nicht bekannt. Um diese Forschungslücke zu schließen, wird in der vorliegenden Arbeit der Forschungsfrage nachgegangen, ob bei ÖsterreicherInnen zwischen 18 und 35 Jahren computer-generated Social-Media-InfluencerInnen im Vergleich zu menschlichen Social-Media-InfluencerInnen in der Fashionbranche eine positivere Wirkung auf die Kaufabsicht und die Glaubwürdigkeit, die den Social-Media-InfluencerInnen entgegengebracht wird.

Um diese Forschungsfrage zu beantworten, wurde eine quantitativ-experimentelle Untersuchung mittels standardisierten CAWI-Fragebogens durchgeführt. Die für Österreich repräsentative Stichprobe (n = 400) wurde nach dem Quotenverfahren über ein Online-Panel gezogen. Dabei lauten die Hypothesen wie folgt:

H1: Wenn ÖsterreicherInnen zwischen 18 und 35 Jahren Inhalte von computer-generated Social-Media-InfluencerInnen in der Fashionbranche rezipieren, dann nehmen sie sie als glaubwürdig wahr.

H2: Wenn ÖsterreicherInnen zwischen 18 und 35 Jahren Inhalte von computer-generated Social- Media-InfluencerInnen in der Fashionbranche rezipieren, dann weisen sie eine positive Wirkung auf die Kaufabsicht auf.

H3: Für ÖsterreicherInnen zwischen 18 und 35 Jahren gibt es in der Fashionbranche bei computer-generated Social-Media-InfluencerInnen im Vergleich zu menschlichen Social-Media-InfluencerInnen einen Unterschied hinsichtlich der Glaubwürdigkeit.

H4: Für ÖsterreicherInnen zwischen 18 und 35 Jahren gibt es in der Fashionbranche bei computer-generated Social-Media-InfluencerInnen im Vergleich zu menschlichen Social-Media-InfluencerInnen einen Unterschied hinsichtlich der

Kaufabsicht. Ergebnisse: Die Ergebnisse des Mann–Whitney-U-Tests zeigen signifikante Unterschiede zwischen der Gruppe der computer-generated Social-Media-InfluencerInnen und der menschlichen Social-Media-InfluencerInnen bezüglich der Glaubwürdigkeit (U = 12.835,000; p = < 0,00; CI: 0,000–0,000, α = 0,929) sowie der Kaufabsicht (U = 16.482,000; p = 0,001; CI: 0,001–0,002, α = 0,879). Ein Eta-Test validierte einen sehr starken Effekt bzw. eine sehr hohe Wirkung von computer-generated Social-Media-InfluencerInnen auf die Glaubwürdigkeit (r = 0,871, r2 = 0,758, α = 0,929) und die Kaufabsicht (r = 0,819, r2 = 0,670, α = 0,879). Auch die Ermittlung des Phi und des Cramers V validierten einen signifikant hohen Zusammenhang zwischen den computer-generated Social-Media-InfluencerInnen und der Glaubwürdigkeit (φ = 1,000; V = 1,000; p = 0,000; CI = 0,000–< 0,001, α = 0,929) sowie der Kaufabsicht (φ = 1,000; V = 1,000; p = < 0,000; CI = 0,000–< 0,001, α = 0,879).

Die Ergebnisse validieren somit in der vorliegenden Stichprobe im Kontext der Social-Media-Marketing-Kommunikation auf Instagram in der Fashionbranche, dass computer-generated Social-Media-InfluencerInnen eine signifikant positive Wirkung bzw. einen Effekt auf die Glaubwürdigkeit und Kaufabsicht von KonsumentInnen haben. Sie zeigen auch, dass menschliche Social-Media- InfluencerInnen im Vergleich zu computer-generated Social-Media-InfluencerInnen eine signifikant höhere positive Wirkung auf die Glaubwürdigkeit und die Kaufabsicht ausüben. Basierend auf diesen Ergebnissen kann die Forschungsfrage dahin gehend beantwortet werden, dass bei ÖsterreicherInnen zwischen 18 und 35 Jahren computer-generated Social-Media-InfluencerInnen im Vergleich zu menschlichen Social-Media-InfluencerInnen in der Fashionbranche keine positivere Wirkung auf die Kaufabsicht und die Glaubwürdigkeit, die den Social-Media-InfluencerInnen entgegengebracht wird, haben. Weiteres konnten alle Hypothesen verifiziert werden.

Christoph Seidl
„Empirische Untersuchung zur Kundenzufriedenheit und Loyalität bei Unternehmen der Unterhaltungsbranche – eine quantitative Studie am Beispiel Netflix und Amazon Prime Video" FOM Hochschule für Oekonomie & Management Betreuer: Prof. Dr. Wolf-Dieter Hiemeyer.

Management Summary
Die quantitative Forschungsstudie untersucht den Ursache-Wirkungs-Zusammenhang von Leistungsfaktoren auf die Kundenzufriedenheit und Kundenloyalität der Unternehmen Netflix und Amazon Prime Video. Die vorliegende Arbeit geht der Forschungsfrage nach, welchen Einfluss die Leistungsfaktoren Attraktivität des Produktangebots, Preiszufriedenheit, E-Portalqualität,

E-Servicequalität und Markenimage auf die Zufriedenheit und Loyalität eines Abo-Kunden haben.

Die Zielsetzung der Arbeit war es, ein Messmodell für den Erfolg von Paid-Content- und Abo-Modellen zu entwickeln. Die Arbeit erfüllt alle Anforderungen des AGGP:

- Aktuelles Thema: Die Forschungsstudie liefert das erste reliable und valide Messmodell für ein Subscription Business Model am Markt.
- Data-Driven-Marketing: Neben metrischen Daten (CTR, Verweildauer, Page Impressions) fließen in die Analyse der Leistungsfaktoren, der Kundenbedürfnisse, der Kundenzufriedenheit und Loyalität in der Studie erstmals quantitative Daten der Verhaltensabsicht der Kunden ein.
- Wissensfortschritt mit verwertbaren Erkenntnissen für die Marketingpraxis: Die wissenschaftliche Herausforderung der Masterarbeit bestand darin, dass es noch keine vergleichbare Forschungsstudie gibt.
- Praxisbezug: Die Masterarbeit legt am Beispiel von Netflix und Amazon das erste reliable und valide Messmodell für ein On-Demand-Modell vor. Sie liefert eine Hypothesenprüfung, eine Analyse der Leistungsfaktoren eines Abo-Modells sowie Handlungsempfehlungen für zwei Global-Player-Unternehmen. Siehe auch: https://www.absatzwirtschaft.de/streaminggiganten-zum-investieren-verdammt-229.509/
- Umsetzung in der Praxis: Das Messmodell ist seit dem Abschluss der Forschungsstudie bereits im Ippen-Verlag im Einsatz. Auf Basis der Ergebnisse richtet IPPEN Media das Newsletter-Angebot von merkur.de oder fr.de an den Bedürfnissen der Kunden aus.
- Theorie: Die Arbeit basiert auf der Erfolgskette des Relationship Marketings von Manfred Bruhn. An der Umfrage haben insgesamt 1815 Abonnenten teilgenommen. Das Forschungsdesign ist künftig in weiteren Unternehmen (z. B. Sky, DAZN, Spotify, FC Bayern TV) und Branchen flexibel einsetzbar.
- Methodik: Die Hypothesenprüfung erfolgt anhand der wissenschaftlichen Methode „Strukturgleichungsmodellierung". Zudem kommt der Customer Satisfaction Index (CSI) zum Einsatz, ein international anerkannter Vergleichswert zur Messung der Kundenzufriedenheit.
- Zentrale Ergebnisse: Die Kundenzufriedenheit hat einen direkten positiven und signifikanten Einfluss auf die Kundenloyalität. Sie kann für beide Unternehmen als herausragender Treiber für das Zielkonstrukt Kundenloyalität bezeichnet werden. Die Annahme der Unternehmen, dass Produktinnovationen in Form von Eigenproduktionen einen großen Einfluss auf die Kundenzufriedenheit und Kundenloyalität haben, kann die Arbeit dagegen nicht bestätigen.

Beste Bachelorarbeit

Saara Mosböck
„Die Wahrnehmung von Print-Coupons im Vergleich zu mobilen Coupons unter besonderer Berücksichtigung der Haptik"
FH St. Pölten Betreuer: FH Prof. Mag. Dr. Markus-Maximilian Eiselsberg.

Management Summary

Die Arbeit befasste sich mit einem Vergleich der Wahrnehmung von Print- und mobilen Coupons unter besonderer Berücksichtigung der Haptik. Die konkreten Forschungsfragen lauteten dabei: Inwiefern unterscheiden sich wahrgenommene Eigenschaften von mobilen Coupons von jenen von Print-Coupons? Inwiefern unterscheidet sich die Wahrnehmung von Print- und mobilen Coupons in verschiedenen Altersgruppen? Inwiefern beeinflusst der Aspekt der Haptik die wahrgenommenen Eigenschaften von Print- und mobilen Coupons?

Nach einer Literaturrecherche und der darauffolgenden Ableitung der Hypothesen wurden im Zeitraum von 8. bis 24. April 2022 mithilfe einer Online-Befragung (CAWI) die zur Überprüfung notwendigen Daten erhoben. Diese wurden anschließend mit SPSS ausgewertet. In Bezug zur ersten Forschungsfrage konnte herausgefunden werden, dass mobile Coupons als signifikant risikoreicher wahrgenommen werden als Print-Coupons, was H2 bestätigte. Die anderen beiden Hypothesen zu Forschungsfrage 1 (H1 und H3) wurden falsifiziert. Demnach gibt es keinen signifikanten Unterschied in der wahrgenommenen Peinlichkeit und der Selbstwahrnehmung als „schlau" bei der Nutzung von Print- und mobilen Coupons. Zur Beantwortung der zweiten Forschungsfrage wurden ebenfalls drei Hypothesen aufgestellt, welche alle verifiziert wurden. Damit gibt es wesentliche Unterschiede in der Wahrnehmung von Print- und mobilen Coupons in verschiedenen Altersgruppen. Personen unter 44 Jahren nehmen die Nützlichkeit und Benutzerfreundlichkeit von mobilen Coupons als positiver wahr als Personen ab 44 Jahren (H4). In dieser jüngeren Altersgruppe wird das Sammeln von Print-Coupons als aufwendiger wahrgenommen (H5) und es werden eher mobile Coupons als Print-Coupons genutzt (H6). Ältere Personen ab 44 Jahren nutzen demgegenüber signifikant häufiger Print- als mobile Coupons. Die dritte Forschungsfrage bezog sich auf Haptik als Einflussgröße auf die Wahrnehmung der den Coupons zugeschriebenen Eigenschaften. Dabei wurde als eines der theoretischen Konstrukte der Need for Touch (NFT), also das individuelle Bedürfnis, Gegenstände vor dem Kauf von Produkten anzufassen, herangezogen. Personen, die einen höheren NFT aufweisen, präferieren dabei die Nutzung von Print-Coupons gegenüber mobilen Coupons. Dieses Ergebnis bestätigte H7. Die achte und letzte Hypothese wurde teilweise verifiziert. Demnach gibt es bei gewissen Eigenschaften einen Unterschied in der Häufigkeit der Zuordnung zu Print- und mobilen Coupons bei der Berührung des jeweiligen Mediums (Papier bzw. mobiles Endgerät). Die Eigenschaften „risikoreich", „praktisch" und „persönlich" werden signifikant häufiger mobilen Coupons bei der Berührung von mobilen Endgeräten zugeordnet. Print-Coupons hingegen werden bei der Berührung des Papiers häufiger mit „billig" assoziiert. Bei den Eigenschaften „nützlich", „hochwertig", „attraktiv" und „teuer" zeigten sich jedoch entgegen den Erwartungen keine signifikanten Unterschiede.

Mit freundlicher Unterstützung von:

Sponsoren und Partner:

Schweizer Dialogmarketing Verband

Der Service-Verband

JAHNSAND**FRIENDS**

Medienpartner:

Exklusivsponsor des Alfred Gerardi Gedächtnispreises ist die Firma:

CPSIA information can be obtained
at www.ICGtesting.com
Printed in the USA
LVHW052048270623
750909LV00005B/144